Les Amériques

2e édition

Ouvrage dirigé par

Alexandra Monot

Rédigé par

Laurent Braquet
Diplômé de l'IEP d'Aix-en-Provence
et professeur au lycée
Gustave-Flaubert à Rouen

Alexandra Monot
Professeur agrégée et docteur
en géographie à l'université
de Strasbourg

Philippe Sierra
Agrégé et docteur en géographie,
professeur au lycée Raymond-Naves
à Toulouse

Bréal

La première et la quatrième partie de cet ouvrage ont été rédigées par Alexandra Monot, la deuxième par Laurent Braquet et la troisième par Philippe Sierra.

Édition : Myriam Pasek
Maquette, mise en page et infographie : Loïc Pennanéac'h
Cartographie : Carl Voyer
Corrections : Marie-Noëlle Garnier et Danielle Roque

ISBN : 978 2 7495 3689 7

Sommaire

PARTIE 2

Les États-Unis : économie, société, puissance

PARTIE 3

L'Amérique latine

PARTIE 4
Géopolitique des Amériques

Table des cartes

Introduction

Le présent livre est le sixième d'une collection de 7 ouvrages qui couvrent les thèmes (nommés modules dans le programme officiel) du nouveau programme des classes préparatoires aux grandes écoles de commerce, option scientifique (CPGE ECS), publié au *Bulletin officiel de l'Éducation nationale*, numéro spécial n° 5 du 30 mai 2013.

Cet ouvrage porte sur la première partie du module IV du programme, correspondant à la seconde année des classes préparatoires aux écoles de commerce :

Module IV Géodynamique continentale de l'Amérique et de l'Asie	**IV.1. Les Amériques**	IV1.1. La construction des territoires et les grandes aires culturelles IV.1.2. Les États-Unis : économie, société, puissance IV.1.3. L'Amérique latine entre développement, indépendances et dépendances IV.1.4. Géopolitique des Amériques

D'après le *BOEN* spécial n° 5, 30 mai 2013.

Selon le commentaire du programme, « l'étude du continent américain, éclairée par les héritages de la conquête, analyse la mise en valeur de l'espace, la construction des sociétés et des États et l'organisation des territoires. Les relations géopolitiques et géoéconomiques entre l'Amérique anglo-saxonne et l'Amérique latine sont posées ainsi que la question des intégrations régionales et continentales qui mettent en évidence le jeu des puissances en Amérique latine. Le rôle du Brésil est abordé du point de vue de son influence régionale et de ses ambitions mondiales. Les États-Unis font l'objet d'une approche spécifique » (*BOEN* spécial n°5, 30 mai 2013).

La première partie du programme porte sur le continent américain en général et sur la mise en valeur de ses éléments d'unités et de diversités, à travers une analyse géographique et géohistorique.

La deuxième partie s'attache à l'étude des États-Unis afin de mettre en évidence les choix opérés depuis le début des années 1990, notamment pour montrer la place et l'action du pays dans le monde et la mondialisation.

Les mutations économiques et sociales et leurs conséquences géographiques sont également posées à différentes échelles.

La troisième partie présente la situation économique et sociale du sous-continent latino-américain afin d'étudier les politiques de développement et leurs conséquences tant économiques que sociales.

Enfin, la quatrième partie offre une analyse de la géopolitique interne du continent afin d'évaluer la place des organisations régionales, des relations entre les États-Unis et l'Amérique latine, sans oublier les conflits nationaux ou régionaux qui émaillent le continent du Nord au Sud.

Les quatre parties de cet ouvrage suivent ce découpage proposé par le programme officiel.

1

La construction des territoires et les grandes aires culturelles

Introduction

Le continent américain compte près de 42 millions de km^2, répartis sur 10 fuseaux horaires et 15 500 km du nord au sud. Isolé des autres continents par les océans, il a connu un long développement endogène jusqu'à l'arrivée des colons européens au XVe siècle qui ont bouleversé les évolutions démographiques, économiques et sociales alors présentes, les modifiant durablement. Le continent se décompose en deux sous-ensembles, l'Amérique du Nord et l'Amérique du Sud, reliés par un isthme, l'Amérique centrale. La continuité de l'organisation des reliefs au nord et au sud est notable. Quatre façades maritimes ouvrent le continent sur le monde par les océans Atlantique, Pacifique, Arctique et Antarctique.

Le continent regroupe en 2016 environ 998 millions d'individus dans un contexte de transition démographique achevée ou en cours d'achèvement pour la plupart des pays, qui comportent ainsi de nombreux jeunes adultes, peu de personnes âgées et dans l'ensemble relativement peu d'enfants. Les 36 pays présentent un fort encadrement étatique qui se lit par l'importance des administrations, des statistiques ou par le rôle joué dans la mise en place des infrastructures nationales. Cependant, le clientélisme et la corruption demeurent des fardeaux pour ces États.

Les richesses naturelles, agricoles, industrielles et touristiques ont facilité une croissance économique de longue durée, dès la fin du XIXe siècle en Amérique du Nord, à partir de l'entre-deux-guerres pour l'Amérique du Sud. Néanmoins, le continent est secoué régulièrement par des crises économiques, ce qui n'a pas empêché l'émergence de nouvelles grandes puissances : les États-Unis bien sûr (*cf.* partie 2) et le Canada, mais aussi le Mexique, le Brésil et dans une moindre mesure le Chili ou l'Argentine (*cf.* partie 3). La concurrence entre ces puissances est de plus en plus marquée et tend à estomper un différentiel fondé sur une opposition entre PDEM au nord (agriculture tempérée, biens et services de forte valeur ajoutée) et pays émergents au sud (matières premières, produits manufacturés).

À l'intérieur du continent, le principe fondateur de l'État-nation se fissure avec la fin du mythe de l'unité nationale face à l'essor du multiculturalisme, avec la stigmatisation du clientélisme et de la corruption. De nouvelles logiques territoriales apparaissent : le développement d'un archipel métropolitain réticulaire, des unions douanières ou marchés communs qui prennent le pas sur les marchés nationaux, le réveil des marges géographiques et des minorités ethniques. De nouveaux enjeux font irruption : le devenir des frontières nationales avec leur porosité aux trafics de tout type ou l'émergence des régions transfrontalières, la question sociale du partage des richesses sur le continent le plus inégalitaire au monde.

À l'extérieur du continent, la relation fondatrice avec l'Europe réapparaît dans la multiplication des accords avec l'Union européenne, tandis que les relations entre les pays latino-américains et les États-Unis se tendent par un phénomène simultané de fascination et de répulsion. Enfin, le continent, traditionnellement tourné vers l'Atlantique, prend de plus en plus conscience de l'importance de sa façade pacifique.

Problématiques

- Comment s'organisent les espaces naturels des Amériques ?
- Comment se sont construits les territoires américains ?
- Quels processus sont encore à l'œuvre dans la territorialisation du continent américain ?
- Quels ont été les rôles des migrations et des richesses naturelles dans la conquête et la mise en valeur des espaces américains ?
- Comment se répartit la population sur le continent américain aujourd'hui ?
- Quelles sont les caractéristiques principales des sociétés américaines ?
- Quel est le poids des villes en Amérique et ses origines ?

Plan de la partie 1

I. Un continent transformé par la colonisation européenne

II. Des sociétés américaines originales

I

Un continent transformé par la colonisation européenne

1 La mise en valeur de l'espace par les fronts pionniers

A. Des milieux naturels similaires

L'une des caractéristiques saillantes des Amériques est leurs grands espaces, peu peuplés, peu structurés, souvent monotones par leur paysage homogène (Prairies canadiennes, Grandes Plaines étatsuniennes, Pampa argentine). Au sein des milieux précolombiens mis en valeur avec des techniques « premières », la civilisation occidentale a introduit de puissants moyens d'aménagement, d'exploitation et de prédation. Son « empreinte écologique » est très forte par rapport à celle des civilisations historiques. Depuis plusieurs siècles[1], l'heure est à la mise en valeur et à la création de richesses économiques, au prix d'une atteinte inédite et souvent définitive à une biodiversité profuse.

1. Mais il peut y avoir des décalages temporels : les premières exploitations minières apparaissent en Amérique centrale et du Sud dès le XVIe siècle, à l'ouest des États-Unis seulement au XIXe siècle.

Milieux et risques naturels en Amérique

Alexandra Monot, 2014, d'après Laurent Carroué, Didier Collet, Claude Ruiz, *Les Amériques*, Bréal, 2008.

L'Amérique se caractérise par un véritable quadrillage des milieux naturels par les grands ensembles de reliefs, la latitudinalité des climats et les influences océaniques. Ces éléments déterminent des systèmes biogéographiques originaux et variés, mais qui peuvent s'étendre sur de vastes superficies. Ils offrent une diversité de paysages et de possibilités qui ont été exploités par les sociétés humaines. Ces milieux ont été et sont sources de bienfaits et d'obstacles à leur appropriation par les hommes. Leur mise en valeur différenciée a abouti à une mosaïque de territoires aux caractéristiques différentes.

Une organisation des reliefs en bandes méridiennes

Du nord au sud, de l'Alaska à la Terre de Feu, les milieux naturels sont symétriques de part et d'autre de l'isthme de l'Amérique centrale. Trois grands types de reliefs apparaissent : des plaines ou dépressions, des hauts plateaux et des hautes montagnes.

Au nord-est du continent, le bouclier canadien est constitué de très anciennes roches magmatiques ou métamorphiques qui affleurent du fait de l'érosion glaciaire des dernières glaciations (inlandsis jusqu'au niveau de New York). Les altitudes sont peu élevées malgré la présence de quelques collines et montagnes. Pendant les périodes glaciaires, les reliefs ont été modelés par l'avancée de l'inlandsis et les sols ont été recouverts de lœss et de limon dans les zones périglaciaires. Le bouclier est défoncé de dépressions glaciaires transformées en lacs, comme les Grands Lacs ou les lacs canadiens (Athabasca, Esclaves, Ours, lacs du Québec…).

Deux systèmes montagneux se développent en Amérique du Nord. À l'est, les monts des Appalaches, qui culminent à 2 037 m, sont un massif ancien érodé, ouvert de larges vallées au centre, mais bordé vers le littoral atlantique par un escarpement (*Fall Line*). À l'ouest, se situe une mosaïque de hautes montagnes, de plateaux et de bassins, incorporés dans un massif jeune à forte instabilité tectonique. Ces hautes montagnes sont constituées des montagnes Rocheuses, chaînes plissées présentant des paysages glaciaires et volcaniques (caldeira de Yellowstone), de la chaîne des Cascades, composée de volcans actifs, qui s'étend de l'Alaska à la Californie, de dépressions le long de la faille de San Andreas et d'une chaîne côtière faillée et sismique. Entre ces deux ensembles montagneux, se trouve une vaste dépression centrale, bordée au nord-est par le bouclier canadien, au sud par le golfe du Mexique et au sud-ouest par quelques basses montagnes : les monts Ozark, à 823 m de point culminant (Arkansas et Oklahoma). Dans cette dépression se déploient de vastes plaines (nommées Prairies au Canada ou Grandes Plaines aux États-Unis), drainées par le gigantesque bassin du Mississippi et de ses affluents, qui s'étend sur 3,2 millions de km² (3e mondial).

En Amérique du Sud, la Cordillère des Andes, le long du Pacifique, forme une barrière montagneuse aux influences océaniques avec des sommets dépassant les 6 000 m. Longue d'environ 7 100 kilomètres, du Venezuela au sud du Chili, large de 200 à 1 800 kilomètres, la cordillère a une altitude moyenne de 4 000 mètres et culmine à 6 962 mètres (Aconcagua en Argentine). Elle est décomposée en chaînes de hautes montagnes (également nommées cordillères), souvent volcaniques, entrecoupées de hauts plateaux comme l'altiplano, le principal, qui s'étend du Pérou au nord de l'Argentine, en passant par la Bolivie et le Chili à 3300 m d'altitude en moyenne. À l'est, deux ensembles de plateaux sont séparés par le bassin de l'Amazone. Au nord, le plateau des Guyanes, ou bouclier guyanais, à plus de 2000 m, est, comme le bouclier canadien, constitué de roches magmatiques ou métamorphiques datant du Précambrien. Au sud, le plateau du Brésil ou bouclier brésilien, est divisé par l'incision de grandes vallées fluviales (Paraguay, Paraná, São Francisco) en plusieurs ensembles inclinés d'est en ouest, si bien que les points culminants se localisent à proximité des chaînes du littoral atlantique : plateau du Mato Grosso, du Mato Grosso do Sul, du Nordeste. Ces plateaux sont parsemés de vastes buttes à sommet plat nommées *chapadas*. Les soubassements géologiques sont variés (roches basaltiques, sédimentaires, cristallines, etc.) en fonction de leur ancienneté : là aussi, les affleurements remontent au Précambrien. Entre les boucliers (guyanais et brésilien) et les Andes, de vastes dépressions, souvent marécageuses, forment les bassins-versants des grands fleuves d'Amérique du Sud et de leurs affluents : Amazone, Paraguay, Paraná. Outre la Varzea d'Amazonie, le Pantanal est une autre plaine marécageuse, baignée par les eaux du Paraguay, inondée une grande partie de l'année lors de la saison des pluies et de la crue du fleuve.

Quant à l'Amérique centrale, son système orographique est marqué par l'importance du volcanisme actif et de la sismicité, de direction est-ouest, liés à la convergence de plusieurs plaques tectoniques. À partir du plateau d'Anahuac au Mexique, les reliefs changent d'orientation et s'organisent, au sud d'une ligne de volcans entre 4000 et 5000 mètres d'altitude, autour de la Sierra Madre du Sud (culminant à 3444 m.), séparée de la Sierra du Chiapas par l'isthme de Tehuantepec. Au-delà et jusqu'à l'isthme de Darien au Panama, se localise l'Amérique centrale, présentant une dissymétrie entre les montagnes de la façade pacifique (cordillère centrale), frôlant les 4000 m au Costa Rica, et les plaines atlantiques.

Des milieux bioclimatiques variés

Les climats sont variés et leur répartition répond à différents facteurs. Tout d'abord, trois masses d'air principales affectent le continent américain. Une masse d'air polaire, continentale, sèche et froide, descendant de l'Arctique, envahit l'espace entre les Rocheuses et les Appalaches en Amérique du Nord. La seconde masse d'air est constituée d'un air polaire maritime, froid et humide, qui s'écoule le long des deux façades océaniques (atlantique et pacifique), en Amérique du Nord depuis l'Arctique, et en Amérique du Sud depuis l'Antarctique. Face à ces masses d'air polaires, se développent des masses d'air tropicales. En effet, la troisième masse d'air est tropicale maritime, chaude et humide, qui apporte d'importantes précipitations au niveau de l'Amérique centrale et sur les côtes du golfe du Mexique et de la mer des Caraïbes.

Les climats s'échelonnent ensuite en fonction de la latitude, c'est dire si la diversité est grande puisque le continent s'étend sur près de 140°, du 83e degré de latitude nord au 56e degré de latitude sud, en d'autres termes, du nord du cercle polaire arctique au nord du cercle polaire antarctique. La position en latitude détermine d'une manière générale le niveau des températures moyennes annuelles. Les régions les plus chaudes sont celles du golfe du Mexique, des Caraïbes et de la zone équatoriale en Amérique du Sud. Les températures les plus froides sont logiquement en Alaska et au nord du Canada, en milieu polaire.

Le troisième facteur, l'océanicité, est lié aux courants marins, chauds ou froids. Par exemple, sur la façade atlantique de l'Amérique du Nord, le Gulf Stream, issu de l'Atlantique équatorial, remonte vers le nord et réchauffe le littoral atlantique jusqu'au New Jersey, alors que le courant froid du Labrador apporte des glaces flottantes jusqu'au large de New York. Sur la façade pacifique, le courant froid de Californie entraîne des précipitations plus élevées en hiver et des brouillards estivaux, caractéristiques dans la baie de San Francisco, phénomène que l'on retrouve le long des côtes chiliennes en lien avec le courant froid de Humboldt. L'éloignement par rapport aux mers et aux océans, donc la continentalité, accentue l'amplitude thermique annuelle et fait baisser le volume des précipitations.

Le quatrième facteur de répartition des climats réside dans le relief. En effet, l'altitude entraîne une dégradation des températures (– 0,6°C par 100 m en moyenne), tandis que les précipitations ont tendance à augmenter, jusqu'à un optimum pluviométrique qui dépend de la latitude et de l'exposition. Les montagnes exposées aux vents d'ouest comptent parmi les plus humides du sous-continent. La chaîne des Cascades (État de Washington aux États-Unis) reçoit ainsi plus d'un mètre de précipitations par an. A contrario, les bassins à l'abri des influences océaniques sont arides ou semi-arides.

Ces facteurs se combinent pour donner naissance à des milieux bioclimatiques particuliers, comme en Basse-Californie (Mexique) ou au Chili, où l'on trouve des déserts côtiers en façade pacifique. En effet, les courants marins froids qui bordent ces régions (courant de Californie au nord, courant de Humboldt au sud) se conjuguent avec des masses d'air sèches et des bassins d'abri.

De vastes complexes fluviaux

En termes de réseau hydrographique, il faut distinguer deux ensembles en Amérique : les régions aux conditions tropicales sèches, arides ou semi-arides, où les réseaux hydrographiques sont aréiques[2] ou endoréiques[3], et le reste du continent, dont l'ossature s'organise autour de grands bassins hydrographiques formés par quelques grands fleuves et leurs affluents (Saint-Laurent, Mackenzie et Mississippi au nord, Amazone et Paraná au sud). L'Amérique porte quelques-uns des plus grands fleuves du monde, à commencer par le plus grand, l'Amazone.

Un continent soumis aux risques naturels

Du nord au sud, le continent est soumis à d'importants risques naturels liés aux forces telluriques ou climatiques. Situés en bordure du Pacifique, les massifs montagneux sont souvent volcaniques et à haute sismicité, appartenant à la ceinture de feu du Pacifique. Plusieurs régions font régulièrement face à ces aléas : les îles Aléoutiennes en Alaska, la chaîne des

2. Aréisme : absence d'écoulement permanent en surface, caractéristique des régions désertiques. Des cours d'eau temporaires peuvent apparaître quand il pleut.

3. Endoréisme : écoulement saisonnier ou permanent de cours d'eau qui toutefois n'atteignent pas l'océan, mais aboutissent dans des plaines intérieures où l'évaporation fait son œuvre.

Cascades dans la région de Seattle, l'Amérique centrale, l'arc externe des Petites Antilles et la Cordillère des Andes. Il s'agit de volcanisme explosif aux éruptions peu nombreuses mais très brutales, qui, dans le contexte de hautes montagnes enneigées ou englacées, peut entraîner des phénomènes annexes mais violents tels des coulées de boue (lahars) et des glissements de terrain. De nombreuses catastrophes ont ainsi déjà eu lieu, souvent meurtrières. L'explosion de la Soufrière sur l'île de Montserrat en 1995 et l'éruption qui a suivi ont provoqué la destruction de la capitale Plymouth en 1997, l'explosion du mont Saint Helens en 1980, le Popocatépetl depuis 2009, le Nevado del Ruiz en Colombie depuis 2012 (lors de sa dernière éruption en 1985, des lahars ont entraîné la mort de plus de 25 000 personnes à Armero), etc. Ces volcans sont souvent situés dans des régions très peuplées et à proximité de grandes villes.

L'activité sismique n'est pas en reste, quelques-uns des plus violents séismes enregistrés l'ont été en Amérique centrale ou du Sud. Ainsi, ces dernières années, de forts séismes ont eu lieu, parfois destructeurs. En janvier 2010, l'île d'Haïti a connu une secousse tellurique de magnitude 7 qui détruisit notamment une grande partie de la capitale, Port-au-Prince, et fit entre 200 000 et 250 000 morts, quelque 300 000 blessés et plus d'un million de déplacés. Mais c'est le Chili qui détient des records de magnitude : en février 2010, un séisme de 8,8 sur l'échelle de Richter a été enregistré, faisant 520 morts, et en avril 2014 un séisme de 8,2. Ce ne sont pas moins de 12 séismes de plus de 7 sur l'échelle de Richter (destructions majeures et mortalité élevée) qui ont eu lieu en Amérique latine depuis 2001, dont deux au Pérou et quatre au Chili. Le plus grand tremblement de terre jamais enregistré, le séisme de Valdivia du 22 mai 1960, de magnitude 9,5, a rompu plus de 1 000 km de faille dans la zone de subduction du Sud Chili.

Les risques sont également climatiques et affectent majoritairement les Antilles, le golfe du Mexique et l'Amérique centrale, espaces de parcours des cyclones entre juin et novembre, au moment où les eaux des océans Atlantique et Pacifique sont les plus chaudes. Sur les quinze cyclones les plus puissants et dévastateurs à l'échelle mondiale depuis le milieu du XXe siècle, sept se sont produits entre le golfe du Mexique et la côte ouest du Mexique, faisant non seulement des victimes, mais occasionnant aussi d'importants dégâts matériels. Toutefois, la vulnérabilité des populations varie en fonction du niveau de développement du pays. Plus un pays est développé, plus le nombre de victimes est limité, car les systèmes de prévention et les normes y sont plus importants. La prévention des risques reste limitée dans l'ensemble en Amérique latine. Les normes antisismiques de construction sont peu répandues et quand elles existent peu respectées. En réalité, ce sont souvent les pays industrialisés qui sont à l'origine de la prévention. Ainsi, les géologues étatsuniens surveillent les volcans avec leurs homologues locaux. Le système d'alerte aux tsunamis ou aux cyclones est également contrôlé par les États-Unis.

Néanmoins, si les contraintes naturelles sont importantes, les potentialités le sont tout autant, que ce soit par les possibilités agricoles offertes (le continent ne porte-t-il pas quelques-uns des plus grands producteurs agricoles mondiaux que sont les États-Unis, le Brésil ou le Canada ?) ou par les richesses du sous-sol (minerais, hydrocarbures). Leur mise en valeur remonte à la conquête coloniale elle-même, ayant été l'un de ses moteurs.

B. Une mise en valeur des ressources qui passe souvent par la prédation

En Amérique, l'idée couramment admise, issue de la conquête coloniale, est que la nature est inépuisable, les territoires immenses et leur exploitation gratuite. Si un milieu est dévasté, on se déplace plus loin en poussant le front pionnier ou bien en allant au-delà. Cette représentation aboutit à des comportements prédateurs sur les ressources. L'entité État dispose de moyens d'action considérables pour mener à bien la mise en valeur : juridiques, financiers, techniques. Longtemps, la nature a été ainsi conçue comme un objet infini et gratuit. L'État peut s'appuyer sur une technostructure (administrations, grandes entreprises) comme sur des pionniers, pour qui le sort dépend de ce qui est devant eux (nature, autochtones) et de ce qui est derrière eux (grands propriétaires, firmes, migrants, État). C'est la question même de l'avancée de la frontière intérieure des États qui a été longtemps posée et l'est encore pour les géants territoriaux.

Un continent aux nombreuses ressources minières

L'une des principales motivations des conquistadors fut la recherche de richesses, ce qui a entraîné la multiplication de mythes d'eldorados et de ruées vers les métaux précieux, où l'or du Potosí (Bolivie) a effectivement transformé l'Amérique latine en eldorado. L'argent du Cerro Rico (Potosí,

Bolivie) y est exploité dès 1545, à 4 200 mètres d'altitude, dans des conditions effroyables, hier comme aujourd'hui. De manière générale, deux cas de figure principaux se sont développés : soit le sous-sol est exploité sur la base de l'initiative individuelle dans le cadre de ruées (ruée vers l'or de Californie en 1848, du Klondike canadien en 1896), soit l'État organise la mise en valeur. Aujourd'hui encore, la recherche d'or est à l'origine de zones minières aux organisations socioéconomiques particulières. Au Brésil (et jusqu'en Guyane française), la fièvre de l'or anime un million de *garimpeiros*, très actifs vers Carajás. Mais loin d'images idylliques de profusion, on y « récolte » à peine 1 à 1,5 gramme d'or par jour. Le mercure qui permet d'isoler l'or pollue les cours d'eau. On ouvre des pistes d'atterrissage en pleine forêt. Les États réagissent en expulsant les orpailleurs des réserves indiennes, mais les *garimpeiros* reviennent inlassablement. Dans la région de Carajás (État du Pará, Brésil) s'étend la plus grande mine de fer à ciel ouvert du monde. Le gouvernement brésilien a lancé son exploitation par le Programme Gran Carajás (PGC) dans les années 1970 sur 900 000 km² avec le savoir-faire de l'entreprise américaine US Steel. La mine est ouverte en 1985 et fournit 50 millions de tonnes par an (dans le Minas Gerais, c'est 60 millions de tonnes), et le Brésil devient le premier producteur mondial de fer. De nouvelles infrastructures voient le jour pour exporter le minerai : un barrage hydroélectrique pour alimenter l'exploitation (barrage de Tucuruí), un chemin de fer de 1 000 km et un port, celui d'Itaqui sur la côte atlantique, à proximité de São Luís, accessible aux navires de 350 000 tonnes, 2ᵉ plus grand port en eaux profondes du monde. Aujourd'hui, la mine appartient à Vale, un des leaders mondiaux de l'exploitation minière. La région du Carajás fournit aussi du manganèse, du cuivre et du nickel.

Mais, en général, les réserves minérales privilégient certains États (Brésil, États-Unis, Canada, Chili, Pérou, Mexique), où elles ont un fort poids politique, car exploitées par des compagnies souvent publiques, comme par exemple pour le pétrole avec la Pemex (société nationale mexicaine) ou Petrobras (société nationale brésilienne). La période coloniale a favorisé l'extraction de minerais précieux d'or, d'argent, de cuivre et d'étain qui ont donné naissance à des villes minières comme au Mexique, en Bolivie (région de Potosí) ou au Brésil (État du Minas Gerais). Aujourd'hui, ces exploitations sont peu nombreuses et regroupées au niveau du bassin de l'Amazone, en Guyane, au Brésil, au Pérou et au Venezuela, où les gisements ont été nationalisés par Hugo Chavez en août 2011. Le Chili est aussi un grand pays minier (le désert de l'Atacama est d'ailleurs surnommé le « pays des mille mines »), notamment de cuivre (avec Chuquicamata, la plus grande mine de cuivre à ciel ouvert du monde dans le Norte Grande) pour lequel le pays est le 1er producteur mondial avec 32 % de la production mondiale en 2012 (5,37 millions de tonnes) et détient la 1re réserve mondiale (28 % des réserves mondiales connues). Les principales productions minières américaines se localisent aujourd'hui majoritairement au niveau des massifs montagneux (Rocheuses, Sierras Madres mexicaines, Andes), ainsi que dans le bassin de l'Amazone et le Grand Nord canadien. Les principaux minerais exploités sont le cuivre, l'or, l'argent, le nickel, l'étain, le charbon ou le fer.

Principaux minerais américains en 2012

Minerais	**Parmi les 15 premiers producteurs mondiaux** (rang)	**Part de ces pays dans la production mondiale** (en %)	**Part de ces pays dans les réserves mondiales** (en %)
Cuivre	Chili (1) Pérou (2) États-Unis (3) Canada (7) Mexique (8)	52	52
Fer	Brésil (3) États-Unis (8) Canada (9) Venezuela (13) Mexique (14)	17	28
Houille (charbon)	États-Unis (2) Colombie (11) Canada (14)	16	29
Nickel	Canada (5) Brésil (6) Colombie (9) Cuba (10) Rép. dominicaine (13)	25	23
Or	États-Unis (3) Pérou (6) Canada (7) Mexique (11) Brésil (13) Chili (14)	26	28

D'après les données des *Images économiques du monde, 2014*, Armand Colin, 2013.

De nouveaux minerais ou gisements sont régulièrement découverts sur un continent qui demeure encore largement vide et sauvage. Ainsi, en 2008, d'importants gisements de lithium, terre rare servant aux batteries, ont été découverts en Bolivie, représentant près de la moitié des réserves mondiales. De nombreuses firmes, françaises, japonaises ou sud-coréennes, se sont montrées immédiatement intéressées, mais le pays mise sur une mise en valeur nationale de ses ressources.

Ces richesses minières ont donné naissance à de vastes régions industrielles, d'industries lourdes, comme dans la région des Grands Lacs en Amérique du Nord, mais le plus souvent il n'y a pas d'adéquation entre la localisation des espaces miniers et les bassins industriels, notamment en Amérique latine. En effet, privilégiant pendant longtemps les exportations de matières premières, ce n'est que récemment que les pays ont développé des industries de mise en valeur de ces productions, le plus souvent dans des espaces littoraux permettant là aussi l'exportation des produits transformés. Ainsi, en Amérique du Sud, les principales régions industrielles se localisent au Brésil dans un triangle entre Belo Horizonte, São Paulo et Rio de Janeiro, en Argentine entre Rosario et Buenos Aires, au Chili entre Valparaiso et Santiago, en Colombie autour de Bogota, au Venezuela autour de Caracas et au Mexique autour de Mexico et de Monterrey. Enfin, ces ressources ont permis aux États qui les détiennent soit de s'enrichir, soit de payer leurs dettes aux institutions internationales (Banque mondiale, FMI), comme le Venezuela en avril 2007. Mais certains ont désormais des comportements de rentiers qui les conduisent à ne pas régler les problèmes économiques internes, comme le Venezuela, gangrené par une inflation record.

L'importance des hydrocarbures

Le continent américain porte certes le plus important consommateur mondial d'hydrocarbures, les États-Unis (20 % de la consommation mondiale), mais aussi d'importants producteurs dont certains sont excédentaires (production > consommation), comme le Canada et sept pays en Amérique latine : Mexique, Argentine, Bolivie, Venezuela, Colombie, Équateur et Paraguay. Il y a ainsi une différence fondamentale entre l'Alena, qui représente 21,8 % de la consommation mondiale d'énergies, et l'Amérique latine, à peine 5,3 %.

Hydrocarbures américains en 2015

	Parmi les 20 premiers producteurs mondiaux (rang)	Part de ces pays dans la production mondiale (en %)	Part de ces pays dans les réserves mondiales (en %)
Pétrole	États-Unis (2) Canada (4) Venezuela (10) Brésil (11) Mexique (12) Colombie (19)	28,1	33,4
Gaz	États-Unis (1) Canada (5) Mexique (16)	27,6	6,8

D'après les données des *Images économiques du monde, 2014*, Armand Colin, 2013.

Le pétrole se localise majoritairement dans les bassins amazonien et texan, sur les piémonts des Rocheuses, des Andes (Colombie, Équateur, Pérou, Bolivie Argentine) et en Alaska sur la mer de Beaufort. De nombreux gisements sont *offshore* dans le golfe du Mexique, au Brésil au large de Rio de Janeiro et au niveau des Malouines au sud de l'Argentine, mais ce sont souvent des gisements en eaux profondes nécessitant des technologies de pointe que seuls les États-Unis et plus récemment le Brésil possèdent.

De nombreux pays américains sont exportateurs d'hydrocarbures : Canada, Venezuela, Trinidad et Tobago, Équateur, Bolivie, Mexique, tandis que d'autres sont dépendants des importations : États-Unis, Chili, Amérique centrale et Caraïbes. Les tensions autour de ces ressources sont importantes, comme le montre la guerre du gaz en Bolivie en 2003 et 2005, ou le conflit latent entre l'Argentine et le Royaume-Uni à propos des Malouines (guerre des Malouines en 1982, retour des tensions en 2012). Ces conflits sont soit interétatiques soit liés aux revendications indigènes, qui espèrent profiter de cette manne (*cf.* partie 4).

C. Un processus de front pionnier inachevé

Les formes historiques de mise en valeur

L'histoire de l'Amérique s'identifie à celle d'un espace « sauvage » progressivement maîtrisé, appropriation et mise en valeur de l'espace ont joué et jouent par conséquent un grand rôle. La conquête totale et la maîtrise de l'ensemble des espaces nationaux se sont majoritairement réalisées après les indépendances (*cf. infra*). L'immensité des territoires explique qu'encore aujourd'hui de larges espaces appropriés politiquement sont faiblement mis en valeur, parfois à cause de contraintes trop fortes, parfois dans une volonté des États de faire de la terre et de son sous-sol une réserve pour des développements futurs.

Trouver des ressources et agrandir le domaine des puissances européennes ont été aux sources de la colonisation du continent. Dès le XVe siècle, les conquêtes du sol et du sous-sol sont intimement liées dans l'appropriation puis la territorialisation du Nouveau Monde. Différentes formes de territorialisation ont vu le jour en Amérique : la conquête, la mise en valeur de l'espace et le front pionnier. La conquête est un phénomène d'expansion, une dynamique qui sous-entend appropriation, assujettissement, domination, prise, ou soumission. Elle est une notion importante pour comprendre la géographie de l'Amérique. Ces territoires ont été gagnés sur les populations natives qui ont été largement spoliées, repoussées et parquées (*cf. infra*). La mise en valeur correspond à un « processus par lequel une étendue inoccupée ou faiblement occupée devient productrice de richesses. En général, l'expression comporte l'idée d'une intervention extérieure, à nouveaux frais et nouveaux capitaux, et à de nouveaux usages de l'espace, pour une autre valorisation de celui-ci en en extrayant une production marchande » (R. Brunet, *Les Mots de la géographie*, 1992). Comme la notion de conquête, la notion de front pionnier est essentielle pour comprendre le rapport à l'espace en Amérique. Ces fronts pionniers sont des espaces mouvants qui accompagnent les processus d'appropriation du territoire national. Le front pionnier est une limite provisoire d'expansion d'une société au sein d'un espace plus vaste, en cours de mise en valeur. « L'action principale, symbolique, mais pas univoque, est celle des défrichements et des feux opérés dans des savanes ou des forêts. Ces défrichements s'opèrent en même temps que la création de pistes, et que la construction de points de peuplement permanents » (Hypergéo). Produit d'un lieu et d'un projet, le front pionnier associe à une dynamique spatiale un système d'acteurs variés. Il peut correspondre à un aménagement collectif, soit organisé par une autorité (projet politique) soit résultant des actions convergentes d'intérêts individuels. Ce rapport à un espace mobile est non seulement profondément ancré dans l'histoire des nations américaines, mais est encore possible grâce à l'immensité des territoires.

Une territorialisation progressive du continent

L'importance de l'appropriation territoriale par les jeunes nations est souvent passée par un redécoupage administratif du territoire et une régulation du foncier, afin de mieux administrer, aménager et occuper les espaces immenses. C'est le cas très tôt aux États-Unis, dès l'indépendance. Le gouvernement fédéral planifie alors son essor vers l'ouest par le modèle du *grid pattern* – système fédéral de division des terres fondée sur les méridiens et les parallèles. Le cadastre est établi avant l'arrivée des colons pour créer des droits de propriété solides et éviter les grandes appropriations. Les levers de terrain commencent dès 1785, puis un nouvel État fédéré à part entière est créé dès lors que la population atteint les 60 000 adultes libres. Au sein de chacun de ces nouveaux États, des ordonnances prévoient un découpage géométrique en *townships* de format carré de 6 milles de côté (9,6 km), subdivisés en 36 sections d'1 mille carré (640 acres, soit environ 260 ha), qui pouvaient être débitées en parcelles plus petites, mais toujours géométriques. Le Homestead Act de 1862 attribue gratuitement 64 hectares, soit un quart de section, aux nouveaux colons des Grandes Plaines. Ces parcelles étaient toujours orientées en fonction des méridiens et des parallèles. Les trois quarts du territoire des États-Unis, ainsi que la Prairie canadienne, ont été subdivisés selon cette trame, ce qui explique en grande partie les paysages agraires d'*openfield* entre Appalaches et Rocheuses.

Dans les territoires latino-américains, l'appropriation de l'espace a été organisée différemment par les Couronnes espagnole ou portugaise et les conquistadors. La conquête s'est développée à partir de plusieurs piliers : la ville, l'évangélisation, l'exploitation des ressources minières et les grands domaines agricoles. En effet, l'ordre colonial reposait en grande partie sur la ville : la fondation d'une ville est un acte politique, permettant le contrôle des hommes et des ressources du territoire, ce qui a conduit parfois au réemploi des villes précolombiennes (Mexico, la Tenochtitlán aztèque) comme marque très symbolique à la fois de continuité du pouvoir et de domination des colons. Si la structuration par les villes et les richesses minières date du XVIe siècle, l'appropriation des terres est plus tardive (XVIIe siècle).

La population paysanne autochtone est alors regroupée en villages, les « réductions » indigènes, limitrophes des villes. Ce regroupement permet aux conquérants, peu nombreux, de mieux contrôler les populations, de les utiliser comme main-d'œuvre dans les grands domaines ruraux grâce au système de corvée, de lever le tribut plus facilement, et facilite bien évidemment la christianisation. De grands domaines ruraux, *haciendas* (élevage extensif) et *encomiendas* (plantations), permettent l'encadrement des campagnes. Ils trouvent leur origine dans le mode d'attribution des terres par le pouvoir espagnol. En remerciement de leur participation à la Conquête, la Couronne espagnole octroyait aux conquérants de vastes espaces inaliénables. Se constitue alors peu à peu une oligarchie foncière qui repose sur quelques grands propriétaires assortis d'une masse de paysans sans terre. Ce système, porteur d'inégalités sociales (en 1911, 95 % des paysans mexicains étaient sans terres), a obligé le Mexique, pays précurseur en Amérique latine, puis d'autres pays d'Amérique latine, à une réforme agraire dès 1915. En effet, à la suite de fortes tensions sociales dans les campagnes, en pleine révolution, l'État mexicain entreprit une importante réforme, qui fut inscrite dans la Constitution de 1917 (article 27). La réforme a porté en tout sur une centaine de millions d'hectares, soit 50 % des terres agricoles du pays et près de 3 millions de paysans en ont bénéficié, ce qui est considérable.

❷ Des organisations territoriales souvent héritées de la colonisation

Le continent américain est marqué par de faibles densités humaines qui perdurent : 25 hab./km² en moyenne, contre 32 en Europe (Russie incluse), 36 en Afrique, 135 en Asie (hors Russie) et 56 à l'échelle mondiale. Cet espace était déjà considéré comme vide par les Européens à leur arrivée. Si les moyennes sont basses, la répartition du peuplement est originale, favorisant les littoraux et des archipels de peuplement séparés par de vastes espaces vides.

A. Des fronts pionniers encore actifs

Les fronts pionniers actuels en Amérique relèvent de deux types principaux : d'un côté les espaces de faible densité, voire vides, dont la mise en valeur est inachevée, et d'un autre côté les espaces de contraintes naturelles, faisant l'objet de nouvelles appropriations souvent en lien avec des richesses naturelles à exploiter.

Les espaces du vide en Amérique apparaissent très majoritairement dans les immensités planes des boucliers et bassins fluviaux du Canada à l'Argentine. Dans des États fédérés ou les provinces à très faibles densités, un peuplement en archipel s'est mis en place à partir de rares métropoles et de petites et moyennes villes. La colonisation de ces espaces s'est faite ponctuellement le long des routes, sans permettre le développement d'une population suffisamment nombreuse pour peupler ces immensités. Ces espaces ruraux, n'offrant que des terres, souvent d'agricultures pauvres ou inhospitalières, connaissent une déprise au profit des métropoles régionales qui ont, dans l'ensemble, des taux de croissance supérieurs à ceux de leur région. Les réseaux urbains sont incomplets et fondés sur des villes commerciales (foires aux bestiaux, industries agroalimentaires). Les rares métropoles sont issues des nœuds de transports. La richesse de ces métropoles est faible. Par exemple, les six principales métropoles étatsuniennes du vide (Minneapolis, Denver, Kansas City, Las Vegas, Oklahoma City, Salt Lake City), villes millionnaires, regroupent l'équivalent du produit urbain brut d'une métropole comme Los Angeles ou la moitié de celui de New York.

Si les espaces du vide semblent s'être assoupis sur des utilisations plutôt traditionnelles de l'espace (cultures de la pomme de terre dans les Andes, élevage extensif de la Pampa ou du Pantanal, etc.), il n'en est pas de même dans les nouveaux fronts pionniers. La conquête actuelle du nord du Canada ou de l'Alaska par la mise en place de nouvelles implantations humaines pour l'exploitation de ressources est un exemple flagrant de ces nouveaux fronts pionniers. Le Grand Nord est marqué d'un côté par des conditions naturelles difficiles et d'un autre côté par la dualité des activités. Les activités traditionnelles sont encore très usitées, comme la pêche (morue, flétan, saumon) et la chasse (phoque, renard, ours), pratiquées de façon ancestrale par les autochtones. Ces activités ont été à l'origine de l'arrivée de colons et de la création de grands empires marchands du XVIe au XIXe siècle, autour de grandes compagnies européennes (comme celle de la baie d'Hudson). L'industrialisation de ces activités au cours du XXe siècle a créé de grands ports commerciaux et des industries locales comme les conserveries. De nouvelles activités sont en plein essor. En 1896, débute la ruée vers l'or du Klondike canadien, qui, depuis 1991, a laissé la place aux diamants. Le potentiel minier de l'Arctique est considérable, mais se heurte à des difficultés d'extraction (le permafrost ou sol gelé en permanence). Les territoires canadiens (Yukon, Nord-Ouest, Nunavut) sont les mieux servis : argent, zinc, cuivre, nickel ou fer s'ajoutent aux sables bitumineux au nord des provinces du Manitoba et de l'Alberta. Les hydrocarbures ont été découverts dans les années 1920 (Yukon et Alaska), mais exploités seulement à partir des années 1970, dans le delta du Mackenzie, en mer de Beaufort ou au North Slope. Le pétrole de Prudhoe Bay (1977) fournit désormais 25 % du pétrole des États-Unis et est acheminé par oléoducs vers le port libre de glace de Valdez. D'autres ressources sont exploitées : la forêt boréale pour son bois, ou les fleuves pour l'hydroélectricité (la compagnie Hydro-Québec exploite deux bassins fluviaux : La Grande et Manicouagan). La mise en valeur économique a abouti à une maîtrise croissante des territoires. Les fronts pionniers sont le résultat de la mise en valeur des ressources naturelles, mais ils ont modifié la société nordique. Au XIXe siècle, l'Alaska comptait 90 % d'autochtones, contre moins de 15 % en 2015. La croissance démographique a aussi été forte : + 70 % en quarante ans. Le développement de grands centres urbains en est la conséquence. Les villes sont majoritairement littorales, souvent issues de villages inuits ou de comptoirs marchands. Leur essor s'appuie sur la multiplication des infrastructures (administratives, hospitalières, scolaires), la desserte aérienne et l'offre de services. Mais elles connaissent une ségrégation sociale importante, avec des quartiers d'immeubles collectifs où s'entassent les autochtones. L'exploitation des ressources et les fronts pionniers ont débuté dans les années 1970, lors de l'essor des groupes écologistes et d'une forte résistance des autochtones. Aussi, la protection de la biodiversité a été utilisée comme un moyen de négocier les concessions minières ou pétrolières, ce qui explique le nombre de parcs nationaux (11 au nord du Canada) ou de réserves naturelles (11 % du territoire d'Alaska est protégé) et leur imbrication avec les territoires exploités.

D'autres espaces connaissent des fronts pionniers : les espaces arides (au sud-ouest des États-Unis, au nord-ouest du Mexique, sur la côte chilienne) par des programmes de développement agricole par irrigation, et l'Amazonie, qui fait l'objet d'un front pionnier régulièrement renouvelé depuis le XVIIIe siècle.

Le front pionnier amazonien au Brésil

L'Amazonie est la principale zone de fronts pionniers en Amérique latine, offrant de vastes espaces vides et plats. Attaquée de toute part, depuis les Andes et depuis le Brésil (par l'est ou le sud), son utilisation et le front pionnier sont anciens. L'Amazonie précolombienne se constitue de petits groupes amérindiens sédentaires, installés sur des buttes de « terres noires » dans la Varzea (terre submersible), en grands villages, chefferies, cultivant dans des clairières sur brûlis maïs, manioc, haricots, tandis que sur les terrasses et dans les hautes terres les groupes sont semi-nomades. L'alimentation est complétée avec la chasse. L'un dans l'autre, pour faire vivre 150 personnes, il faut un territoire de 20 km de diamètre, ce qui aboutit à de faibles densités de l'ordre de 2 hab./km².

En 1751, la découverte du latex, grâce à Charles Marie de la Condamine, va bouleverser les structures socioéconomiques de cet espace. En 1772 sont produites les premières gommes en Angleterre. En 1838, c'est la mise au point de la vulcanisation du caoutchouc par l'Américain Charles Goodyear. La fièvre du caoutchouc atteint son apogée entre 1879 et 1912 dans l'Amazonie brésilienne, en amont de Manaus. Se met en place une économie de cueillette prédatrice : les *seringueiros* saignent l'hévéa, qui, au bout de six jours, fournit une coulée de latex. Mais un ingénieur anglais, mandaté par son gouvernement, dérobe 70 000 graines d'hévéa en 1876, ce qui va permettre à l'Angleterre de créer des plantations en Malaisie : c'est la fin du premier cycle de front pionnier en Amazonie.

En 1950, Getúlio Vargas, alors président du Brésil, crée la SVPEA (Surintendance de valorisation de l'Amazonie), sur 5 millions de km². De nouvelles routes sont construites, comme la Belém-Brasilia en 1956 (asphaltée en 1974), puis Cuiabá-Porto Velho en 1959 (asphaltée en 1980), la mythique Transamazonienne lancée en 1972 reliant la côte atlantique au Pérou par un périple de 3 000 km à travers l'enfer vert, la Porto Velho-Manaus-Boa Vista (et son prolongement vers Georgetown au Guyana et Caracas au Venezuela) asphaltée en 2000. Ce nouveau front pionnier, dirigé par l'État fédéral brésilien, a pour objectif de « fournir de la terre sans hommes à des hommes sans terre », afin de régler les problèmes agraires du pays. En 2011, 744 300 km² ont déjà été déboisés, soit l'équivalent d'une fois et demie la surface de la France, ce qui représente 19 % de la surface forestière totale de l'Amazonie. Le rythme de déforestation s'est ralenti depuis 2008, passant de 25 000 km² par an à 6 238 km² en 2011, avant de repartir à la hausse.. Le fonctionnement du front pionnier est très organisé, selon une division de l'espace en 3 bandes parallèles à la route :

- des lots pour de petits cultivateurs le long des routes. Chaque famille reçoit 2 ha nettoyés (déforestés et souches enlevées), une maison, 6 mois de revenus. 159 000 familles s'y sont installées durant les quinze premières années. Des cultures intensives ont été mises en place : riz (vendu), manioc et haricots (autoconsommés);

...

- puis de grandes fermes d'élevage extensif bovin (0,6 tête/ha), les *fazendas*, en arrière des cultivateurs, relevant à 80 % de latifundia, nécessitant très peu d'emplois (1 pour 330 têtes de bétail). Ces exploitations se sont avérées très rentables, du fait du boom de la consommation de viande au Brésil ;
- au-delà, des espaces en réserve non défrichés, soit forestiers soit indiens. En 2010, l'Amazonie brésilienne compte 20 % d'espaces naturels protégés et 21,7 % de territoires indigènes protégés, soit 2,1 millions de km². Ces protections relèvent du Programme pilote adopté en 1990 pour la préservation des forêts de l'Amazonie brésilienne (PPG7), financé en partie par le G7 et l'UE, géré par la Banque mondiale. En 1991, le gouvernement brésilien lance des zones économico-écologiques en Amazonie.

Mais, dans les faits, l'Amazonie demeure un front pionnier violent et difficilement contrôlable, du fait de la multiplication des assassinats ou de la corruption. De nombreux Indiens et petits colons sont chassés en toute illégalité. Sur 2 500 km de routes, seulement 10 % ont été goudronnées. Près d'un million de Brésiliens ont tenté leur chance en Amazonie depuis le lancement du front pionnier contemporain. La Transamazonienne, son symbole, est devenue la *Transamargura* (« transamertume »), « reliant la pauvreté du Nordeste à la misère de l'Amazonie » (Martine Droulers, *L'Amazonie : vers un développement durable ?*, Armand Colin, 2004).

B. Une forte littoralisation des populations

Le peuplement allochtone à partir du XVe siècle s'est effectué par la mer, depuis l'océan Atlantique, par l'intermédiaire de comptoirs et de missions, qui deviendront pour certains des nœuds structurant le territoire. À ce type d'appropriation de l'espace, mis en place par l'Espagne catholique, répond une logique toute différente des colons protestants anglo-saxons favorisant les colonies de peuplement. L'Amérique est pour ces derniers un refuge pour les persécutés, avant que la Couronne d'Angleterre n'attribue une charte (1606) permettant aux deux compagnies de Virginie d'établir des colonies sur la rive atlantique. La pénétration à l'intérieur de ce vaste espace est plus tardive, et donne lieu à des conflits armés en Amérique du Nord entre les colons, et entre colons et autochtones, tandis qu'au sud le traité de Tordesillas (1494) a partagé les nouvelles terres entre Espagne et Portugal.

De cette colonisation, il demeure un gradient d'occupation de l'Amérique à partir de nébuleuses littorales, principalement atlantiques, entre Belém et Buenos Aires, entre Barranquilla et Caracas, entre Boston et

Washington, quelles que soient les conditions offertes par ces littoraux. L'intérieur du continent est souvent vide ou quasi vide (*cf. infra*). Cette localisation des populations ne répond pas systématiquement aux contraintes naturelles, mais s'inscrit dans la logique de l'histoire de la conquête coloniale. Le littoral est alors la porte d'entrée des colonies (pour les hommes, pour les marchandises et les idées) et, par les ports qui l'animent, il maintient un lien ombilical avec la métropole européenne. Cette logique est renforcée aujourd'hui par celle de la mondialisation qui favorise la façade pacifique, comme le montre l'essor de la Californie.

Mais certaines régions rompent avec ce schéma d'une traditionnelle dichotomie intérieur vide/littoraux pleins, puisque c'est la partie centrale qui est alors la plus peuplée. Au Mexique, l'histoire précoloniale joue un rôle important dans la répartition actuelle, qui se calque sur les hautes densités du modèle centralisateur aztèque. Le climat joue lui aussi un rôle important dans la mise en valeur et donc l'appropriation du territoire : le Nord aride est organisé autour d'un élevage très extensif de bovins jusqu'à ce que l'essor économique de l'espace frontalier ne draine des migrants dans la seconde moitié du XXe siècle. Les Andes présentent une autre anomalie, celle d'une haute montagne peuplée, notamment dans sa partie centrale.

C. Un peuplement en archipel

Au-delà de la densité moyenne faible du continent, il faut distinguer à différentes échelles des espaces pleins. À l'échelle continentale, on peut mettre en valeur deux espaces aux plus fortes densités, notamment du fait de l'exiguïté des territoires nationaux : l'Amérique centrale, avec une moyenne de 89 hab./km^2, et les Caraïbes, avec une moyenne de 184, alors que l'Amérique du Nord, avec une moyenne de 23, et l'Amérique du Sud, avec une moyenne de 24 sont des sous-continents à faibles densités. À l'échelle des sous-continents, la répartition diffère encore. En Amérique centrale comme aux Caraïbes, espaces pleins, il existe des pays à densité plus faible, comme le Nicaragua (48 hab./km^2) ou les Bahamas (28 hab./km^2), tandis que d'autres ont des densités très élevées : la Barbade avec 750 hab./km^2 ou le Salvador avec 305 hab./km^2. Ce sont principalement les îles qui ont des densités très élevées : Grenade, Haïti, Saint-Christophe-et-Niévès ou Sainte-Lucie dépassent les 330 hab./km^2.

À l'échelle régionale, les populations se concentrent sur quelques espaces : le littoral brésilien de Recife à Salvador, la mégalopole en formation de Vitoria (Brésil) à Buenos Aires (Argentine) en passant par Rio de Janeiro, São Paulo, Curitiba, Porto Alegre et Montevideo. Ces aires urbaines littorales se prolongent vers l'intérieur des terres, de Buenos Aires vers Rosario et Córdoba dans la Pampa argentine, de São Paulo vers Brasilia et de Rio vers Belo Horizonte. Sur la mer des Antilles, on observe également un alignement littoral de Caracas (Venezuela) à Barranquilla (Colombie), puis, dans les Andes, de Bogotá (Colombie) à Santa Cruz (Bolivie), en passant par Cali (Colombie), Quito (Équateur), Cuzco (Pérou) et La Paz (Bolivie). Sur le littoral pacifique de l'Amérique du Sud, trois régions isolées sont à fortes densités : en Équateur la région de Guayaquil, au Pérou celle de Lima et au Chili celle de Valparaíso-Santiago à Puerto Montt. À l'intérieur des territoires nationaux, l'occupation demeure limitée à quelques grandes villes (Asunción au Paraguay, Manaus en Amazonie). En Amérique centrale, les régions à fortes densités se localisent en priorité sur le littoral pacifique. En Amérique du Nord, les façades maritimes atlantique, pacifique et du golfe du Mexique présentent de vastes conurbations ou méga-régions (Richard Florida) : la Pugetopolis (Vancouver, Seattle, Portland), la San-San (San Francisco à San Diego) pour la côte pacifique, la méga-région texane de Dallas-Fort Worth à San Antonio et Houston, la Floride d'Orlando à Miami, la Mégalopolis (de Boston à Washington) sur la côte atlantique et la Main Street America de Chicago à Québec, associant les Grands Lacs et la vallée du Saint-Laurent.

Cette organisation du peuplement en archipel semble être un trait historique de l'occupation de l'espace américain. En effet, avant l'arrivée des Européens, les populations autochtones étaient réparties en îlots de densités plus fortes afin de tirer le maximum de profits des ressources des territoires : pacages d'altitude, terres de maïs ou de pommes de terre, zones chaudes de coca, alors même que les tribus étaient pour la plupart nomades ou semi-nomades. Les densités humaines étaient aussi très faibles, vraisemblablement inférieures à 1 hab/km² sur 80 % de l'espace, à l'exclusion de l'arc caribéen, de l'Amérique centrale et de la cordillère des Andes, où se sont développées les civilisations précolombiennes. La répartition actuelle des densités des sous-continents semblent ainsi être un héritage maintenu dans le temps par croissance cumulative et modifiée en partie par la colonisation et l'esclavage en plantations autour du golfe du Mexique et de la mer des Antilles.

D. L'importance des espaces « vides »

A contrario, de vastes espaces demeurent vides, principalement au centre des sous-continents nord et sud-américains. Le Canada utile ne représente qu'une part restreinte du territoire national. Au delà du 50e parallèle, le peuplement se distend, laissant place aux peuples autochtones du Grand Nord. Aux États-Unis et au Mexique, la barrière montagneuse des Rocheuses et la présence de grandes zones désertiques, tels le Sonora, le Chihuahua, le grand désert de Mohave, ont aussi imposé des limitations au peuplement et façonnent encore aujourd'hui la distribution spatiale de la population. En fait, les contrastes de peuplement, s'ils ont pu aujourd'hui partiellement se défaire de ces contraintes naturelles (accroissement de 14 % de la population en Alaska en dix ans, de plus de 18 % au Nunavut, malgré leur climat subpolaire, les terres boréales se peuplent), demeurent majeurs et ce notamment entre plaines et montagnes, ou plus encore entre l'intérieur et l'extérieur de ce subcontinent.

En Amérique du Sud, l'intérieur du sous-continent voit se succéder une série d'immensités peu occupées qui s'égrènent du nord au sud, de l'Amazonie à la Patagonie en passant par le Chaco et la Pampa et avec un prolongement vers le Nordeste brésilien (caatinga et sertão). L'Amazonie en est l'espace emblématique, convoité et rêvé : plus de 5,5 millions de km² de forêt équatoriale représentant 35 % de la surface forestière mondiale, aux dimensions impressionnantes d'environ 3 000 km sur 2 000. Sa pénétration s'est effectuée historiquement par le fleuve et ses affluents, plus récemment par la route (*cf. supra*). Les Indiens y ont laissé peu d'empreinte écologique du fait d'une économie de cueillette. Depuis une cinquantaine d'années, les dynamiques nouvelles menées à partir de routes percées dans la forêt sont très critiquées : déforestation massive, élevage extensif, polyculture, mines, pétrole et gaz vers les Andes. Pour les pays qui l'occupent (Brésil, Guyana, Surinam, Venezuela, Colombie, Pérou, Bolivie), l'Amazonie représente une frontière à conquérir et à mettre en valeur.

De la Patagonie au Nordeste, un immense intérieur vide se déploie, entre les Andes à l'ouest et la Serra do Mar à l'est. Mais les mises en valeur y sont déjà anciennes : mines du Minas Gerais, élevage extensif bovin du Sertão, du Pantanal et de la Pampa, ou ovin de Patagonie, céréaliculture de la Pampa dans la plaine du Paraná. Mais, en dehors de quelques régions très occupées (dont Brasilia), le vide relatif et l'immensité des espaces prédominent. Une fois quittés les 500 km de bande littorale, les densités chutent à moins de 5 habitants au km². Néanmoins, depuis les années 1980, le plateau du Mato Grosso fait l'objet d'un important front pionnier par le soja qui s'étend vers l'Amazonie au nord et vers le Chaco à l'ouest. Les principaux cours d'eau, Paraná et ses affluents (Paraguay) ou le Rio São Francisco (Brésil), sont ponctués de barrages hydroélectriques afin de permettre irrigation pour l'agriculture et hydroélectricité pour les industries lourdes. La zone d'Itaipu aux trois frontières (Brésil, Paraguay, Argentine) est la plus développée aujourd'hui. En effet, l'intégration de ces espaces intérieurs vides est l'une des priorités politiques des principaux États concernés, Brésil, Bolivie, Paraguay, Argentine.

3 Des populations largement immigrées

Les populations américaines sont majoritairement issues des mouvements migratoires opérés depuis la fin du XVe siècle en provenance d'Europe, aussi, aujourd'hui, les peuples natifs sont souvent minoritaires dans les différents pays, à quelques exceptions près.

A. Les migrations européennes

Les migrations ont connu plusieurs phases sur le continent. Du XVIe au XIXe siècle, les migrations ont d'abord été ibériques vers l'Amérique centrale et du Sud à partir du XVIe siècle, puis du nord de l'Europe de l'Ouest (Anglais, Irlandais, Français, Hollandais) vers l'Amérique du Nord à partir du XVIIe siècle. Mais, jusqu'au XIXe siècle, les Européens étaient peu nombreux en Amérique, la grande période d'immigration commence alors. Entre 1850 et 1930, 14 millions de migrants sont venus s'installer en Amérique latine, dont 50 % d'Ibériques et une partie d'Asiatiques, Chinois et Japonais au Pérou, Javanais au Surinam, Indiens aux Caraïbes et Guyanes, et 40 millions en Amérique du Nord. Entre 1880 et 1914, ce sont près d'un million de migrants par an qui débarquent en Amérique (21 millions pour les seuls États-Unis), principalement au nord du continent. À partir de la seconde moitié du XIXe siècle et les indépendances, les origines des migrants se diversifient. Ce sont toujours majoritairement des Européens, mais désormais issus surtout de l'Europe centrale (Allemands), du Nord

(Scandinaves), de l'Est (Slaves) et du pourtour méditerranéen (Italiens). L'Amérique du Nord attire alors davantage du fait d'une forte croissance économique et de l'essor du rêve américain.

Cinq pays sont à l'origine de la colonisation du Nouveau Monde : l'Espagne (qui a financé les voyages de Christophe Colomb, « découvreur » du continent en 1492), le Portugal (à l'origine de la colonisation du Brésil, découvert en 1500 par le navigateur Cabral), l'Angleterre au nord (États-Unis et Canada), la France (des Antilles au Québec, en passant par la Louisiane et la plaine du Mississippi, à partir des années 1530) et les Pays-Bas (peu à peu chassés par les Anglais et les Français, il ne reste plus que quelques îles dans les Antilles néerlandaises). De ces colonisations, deux organisations socio-spatiales sont ressorties : d'un côté une Amérique anglo-saxonne (États-Unis et Canada) et d'un autre côté une Amérique latine beaucoup plus métissée ; d'un côté le mythe d'un *melting pot*, creuset multiculturel, qui s'est transformé en *salad bowl*, une mosaïque multiculturelle, dans une Amérique du Nord anglo-saxonne, d'un autre côté une population empreinte de latinité et de métissage en Amérique centrale et du Sud.

Quatre pays ont principalement accueilli des populations européennes : le Canada (encore à plus de 80 % peuplé de populations d'origine européenne), les États-Unis (63 %), l'Argentine (85 %) et l'Uruguay (88 %). Ce sont les pays dits neufs. Les migrants étaient motivés soit par la recherche d'une perspective d'avenir (qu'ils n'avaient pas dans une Europe en plein boom démographique), soit par la fuite de difficultés religieuses (persécutions des minorités religieuses en Europe au XVIe siècle) ou économiques (la grande famine en Irlande en 1845-1846, suite à la crise de la pomme de terre, a conduit au départ de plusieurs milliers d'Irlandais vers les États-Unis).

B. Une question indienne non résolue, entre indianité et indigénisme

Cependant, les colons européens ne sont pas arrivés sur des terres vierges d'hommes. On ignore le nombre exact d'Amérindiens présents sur le continent à l'arrivée des Européens. Les estimations sont floues, allant de 20 à 80 millions d'individus. Il n'en restait que 12 millions en 1600. Décimés par la conquête ibérique au sud, maltraités et relégués à l'ouest dans des réserves par la conquête européenne au nord, ils ont subi une sévère crise démographique.

La question indienne en Amérique

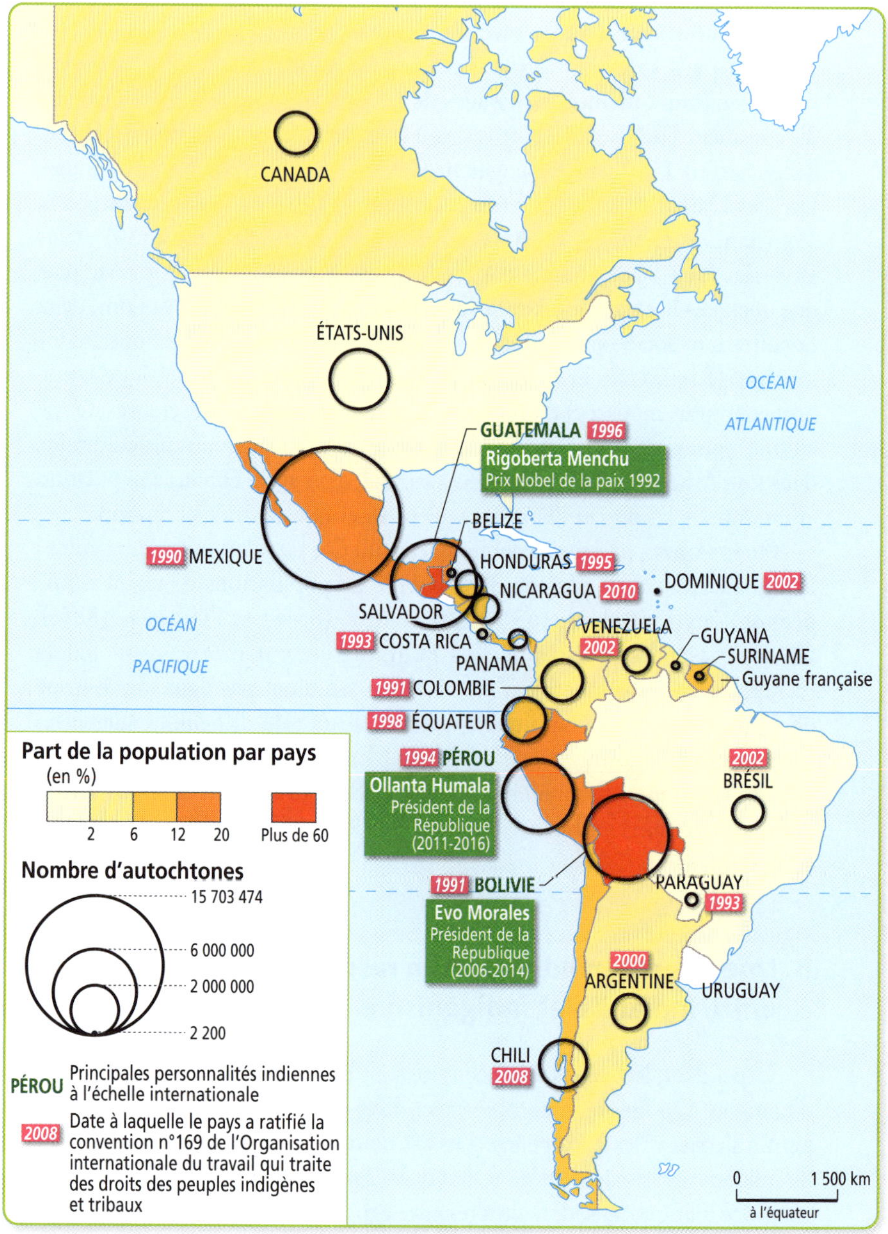

D'après l'*Atlas des minorités*, Le monde-La Vie, 2011, et Irène Bellier, *Peuples autochtones dans le monde*, L'Harmattan, 2013.

Si des massacres sont avérés (les contemporains eux-mêmes les dénonçaient, comme Las Casas en 1542), notamment dans le cadre de conversions forcées au catholicisme, les causes principales sont à chercher dans l'introduction souvent involontaire d'agents pathogènes destructeurs face à des populations non immunisées contre rougeole, rhume, ou variole. Les mauvais traitements et l'épuisement de la main-d'œuvre indienne dans les *encomiendas* ou les mines sont encore une autre explication, sans oublier la désorganisation des économies et sociétés indiennes avec l'arrivée des colons et les déplacements des Amérindiens conduisant à des disettes, voire des famines. Il faudra attendre 1914 pour retrouver un niveau de population amérindienne antérieur à la conquête coloniale. Aujourd'hui, partout le renouveau démographique amérindien est marqué, mais sans doute faut-il aussi y voir une renaissance de la conscience indienne. En effet, dans de nombreux recensements en Amérique, le rattachement à telle ou telle communauté culturelle se fait sur des bases déclaratives individuelles. Comment expliquer autrement qu'en l'espace de deux recensements, à une décennie d'écart, la part des autochtones ait doublé dans certains pays depuis le début du XXIe siècle ?

En 2011, près de 45 millions d'autochtones vivent en Amérique, inégalement répartis. Les populations les plus nombreuses se concentrent au Mexique (plus de 15 millions), en Bolivie, au Guatemala (près de 6 millions chacun) et au Pérou (4 millions). Certains pays sont à peuplement majoritaire indien : le Guatemala et la Bolivie (plus de 60 % chacun), d'autres ont d'importantes minorités amérindiennes (Belize, 18 % de la population ; le Mexique, 14 %, comme le Pérou ; le Chili, 11 % ; l'Équateur, 10 %, comme le Nicaragua et le Honduras), tandis qu'ailleurs ils sont très minoritaires (Caraïbes, États-Unis, Venezuela, Brésil, Paraguay, Uruguay, Argentine, Costa Rica : moins de 3 %). L'Amérique indienne est ainsi celle de l'Amérique centrale et des Andes, celle des civilisations urbaines précolombiennes, tandis que les terres de parcours des tribus nomades ou semi-nomades sont désormais occupées par des populations allochtones. Mais, il faut considérer plusieurs types de populations amérindiennes.

Dans l'espace arctique et nordique, les Inuits sont l'ethnie majoritaire, constituée de nomades pêcheurs ou chasseurs, dispersés sur des territoires immenses, mais en situation littorale. Ils sont environ 100 000 (45 000 au Canada et 44 000 en Alaska). En Alaska, il faut ajouter la présence de quelques tribus amérindiennes (les Aléoutes et les Gwich'ins) qui regroupent quelques milliers d'individus. La plupart ont subi des politiques d'intégration et d'assimilation par l'école ou la sédentarisation forcée aux XIXe et XXe siècles. La plupart de ces groupes ont obtenu depuis les années 1970 une certaine reconnaissance culturelle et identitaire, souvent en contrepartie d'accords sur l'exploitation des ressources naturelles. En 1971, les États-Unis proclamaient l'Alaska Native Claims Settlement Act (ANCSA), qui accordait l'autonomie économique et des indemnisations financières aux autochtones, contre un accord sur l'exploitation des hydrocarbures. Le Nunavik, territoire administratif inuit du Québec, a été créé en 1975 sur 500 000 km² avec une autonomie politique et économique après acceptation du développement hydroélectrique. Cependant, les accords récents ont transmis aux groupes indigènes l'exploitation des ressources. Ainsi, en 1999, le Nunavut, un territoire autonome canadien de 2 millions de km² où vivent 20 000 Inuits (80 % de la population régionale), a accordé l'autonomie politique, la possession foncière de 350 000 km² et des droits miniers aux autochtones.

Dans les immenses plaines et bassins du continent, au nord comme au sud, des tribus nomades et semi-nomades de chasseurs cueilleurs ont disparu ou ont été repoussées vers des réserves (Canada et États-Unis) ou dans des espaces à fortes contraintes naturelles (comme l'Amazonie). Ces communautés sont soit protégées (*cf.* réserves indiennes d'Amazonie, qui couvrent près du quart de la surface forestière), soit ont obtenu des régimes spéciaux d'autonomie de gestion, comme dans les réserves indiennes des États-Unis, qui ont obtenu en 1980 l'autorisation d'ouvrir des casinos afin de permettre des flux financiers (estimés à 22 milliards de dollars par an). Dans certains cas, ils ont aussi obtenu des compensations financières ou la restitution d'une partie des terres spoliées (Canada dès 1887). Si les conditions de vie des Amérindiens se sont globalement améliorées en Amérique du Nord (leurs revenus ont progressé de 27 % depuis les années 1990 aux États-Unis), les communautés souffrent toujours de nombreux problèmes : sida, violence, alcoolisme, pauvreté (aux États-Unis, le revenu moyen des Natifs ne représente que 60 % du revenu moyen national) ou isolement sont des fléaux qui les touchent particulièrement.

En Amérique centrale et dans les Andes, se localise un troisième groupe d'Amérindiens : les descendants des civilisations précolombiennes. En effet, en Amérique centrale, principalement entre Mexico et le Nicaragua, se sont succédé d'importantes civilisations précolombiennes organisées autour de cités-États ou d'empires. Aux Olmèques (1200 à 400 av. J.-C.) succèdent les Mayas, installés du sud du Mexique au Honduras actuels, qui atteignent leur apogée aux Ve-IXe siècles, puis les Toltèques (IXe-XIIe siècles) et enfin l'empire aztèque, davantage recentré au nord, avec pour capitale Tenochtitlán (Mexico actuelle), qui à l'arrivée des Espagnols comptait près de 200 000 habitants. Cet empire prospère s'effondra rapidement entre 1519 et 1521 suite à la conquête menée par Hernán Cortés, qui utilisa les failles du pouvoir impérial aztèque en soutenant les cités rebellées contre les impôts de l'empereur. Cependant, des poches de résistance se maintiendront jusqu'à la fin du XIXe siècle, notamment dans les communautés mayas du Yucatán. En Amérique centrale, les Indiens n'étaient pas parqués dans des réserves, mais regroupés dans des réductions, souvent tenues par les jésuites, qui permettaient de contrôler les populations indigènes tout en les faisant travailler dans les grandes propriétés foncières rurales, les *encomiendas*. Leur présence était ainsi admise et encouragée dans les campagnes comme force de travail mais interdite dans les villes, ce qui explique encore en grande partie la répartition rurale des Indiens actuellement. Par exemple, au Mexique, ils se concentrent majoritairement dans le sud du pays et à 27 % dans les campagnes. Dans les Andes, les descendants des Incas sont répartis en plusieurs communautés. À l'arrivée des Espagnols, en 1525, l'empire inca était à son apogée, contrôlant un immense territoire couvrant les régions actuelles de la Colombie, de l'Équateur, du Pérou, de la Bolivie, ainsi qu'une partie de l'Argentine et du Chili. Ce territoire ne couvrait pas moins de 3 500 kilomètres du nord au sud et 800 kilomètres d'est en ouest. Un immense réseau de routes pavées reliait toutes les villes et les quatre régions administratives de l'Empire : 25 000 kilomètres de voies permettaient aux piétons et aux caravanes de lamas de voyager aisément sur le territoire. Peuples sédentaires, les Incas vivaient de l'agriculture et de l'élevage. Selon les régions et le type de sol, ils produisaient des pommes de terre (dans les montagnes) et du maïs (dans les vallées). La production maraîchère était composée de piments, de tomates, d'avocats, de coca et de goyaves. À ces produits agricoles s'ajoutaient les produits de l'élevage : oiseaux sauvages, canards, cochons d'Inde. En Amérique centrale et du Sud, les minorités indiennes sont traitées différemment selon les États mais, en général, ces communautés sont plus pauvres que la moyenne. Depuis le début des années 1990, quasiment tous les pays ont entériné la convention 169 de l'Organisation internationale du travail (OIT) sur les droits des peuples indigènes et approuvent les initiatives gouvernementales de réforme constitutionnelle visant à reconnaître le caractère pluriculturel et pluriethnique des nations, avant de signer la déclaration des Nations unies du 13 septembre 2007 reconnaissant le droit à l'autonomie des peuples premiers. De nouvelles législations en faveur des Indiens sont mises en œuvre, dans le domaine de l'éducation, des droits sur la terre, de l'accès à la justice et à la représentation politique (Colombie, Équateur, Venezuela). Enfin, des degrés variables d'autonomie politique locale sont reconnus aux communautés indiennes.

Dans les années 1930 se développe un mouvement indigéniste (mené par des non-Indiens) à l'échelle du continent, qui aboutit en 1941 à la tenue du premier Congrès de l'indigénisme interaméricain à Michoacán au Mexique, qui demande la mise en place de politiques d'intégration par assimilation, puis en 1949, le second congrès milite pour la reconnaissance des langues et des traditions indiennes. S'enclenche alors un processus d'affirmation des nations indiennes, ou indianité, sur tout le continent, en plusieurs phases. La première représente le combat pour le multiculturalisme et contre la discrimination, qui permet dans certains cas l'inscription dans la constitution nationale d'État multiculturel (réforme constitutionnelle mexicaine de 1992) et même la reconnaissance d'organisations coutumières à l'échelon administratif inférieur (État d'Oaxaca au Mexique en 1992). La seconde phase, enclenchée dans les années 1960, correspond à une politisation du mouvement et d'un combat pour l'obtention des droits civiques, juridiques et sociaux. Aux États-Unis, le mouvement se structure autour de l'American Indian Movement, revendiquant un Red Power, sur le modèle des luttes afro-américaines. Les manifestations sont brutales, mais symboliques : l'occupation d'Alcatraz et de Wounded Knee. Dans les années 1970 et 1980, la troisième phase s'organise autour d'une volonté d'autodétermination politique et économique en s'appuyant sur les mouvements internationaux de protection de l'environnement et du développement durable. Sont alors dénoncés les agissements des firmes et des autorités dans les réserves ou sur les terres indiennes, dommageables à l'environnement et aux modes de vie indigènes, comme en Amazonie. Par exemple, les Indiens Dénés (établis entre les États-Unis et le Canada, au niveau du Mackenzie) luttèrent en 1974 contre les projets de construction d'un pipeline dans la vallée du Mackenzie, suite à la mise en exploitation du gisement pétrolier de Prudhoe Bay en Alaska.

Néanmoins, si les avancées sont indéniables en matière juridique, sociale et économique, des points d'achoppement demeurent entre les autochtones et les autorités nationales, notamment sur la question de la terre, comme l'attestent les mouvements indigènes – zapatiste au Mexique depuis 1992 ou katariste[4] en Bolivie. Ces mouvements paysans indigènes visent l'accès à la terre des Indiens, la modernisation des outils de production agricole, et la reconquête puis la consolidation d'une identité indienne. Depuis les années 1990, les combats ont encore changé de nature. Désormais, les indigènes veulent leur part des bénéfices dans les exploitations minières et d'hydrocarbures sur leurs terres ancestrales, la nature passe alors au second plan, comme en Bolivie (gaz, lithium), au Pérou (cuivre, argent, plomb), ou en Équateur (pétrole).

C. Des populations afro-américaines héritées de la traite négrière : la question du métissage

Les premières migrations massives vers l'Amérique sont africaines et forcées, du XVIe au XVIIIe siècle, dans le cadre de l'économie du commerce triangulaire et de la traite des Noirs. Les insuffisances démographiques des Indiens et des colons sont compensées par l'apport d'esclaves africains comme main-d'œuvre dans les plantations tropicales de coton, de tabac ou de canne à sucre, du Sud-Est des États-Unis au Brésil. Environ 5 millions de Noirs sont transférés entre 1500 et 1850, ce qui va entraîner en Amérique du Sud et dans les Caraïbes un important métissage. Aujourd'hui, les populations afro-américaines se concentrent dans les Antilles, principalement dans les Grandes Antilles à plus de 75 % noires, en Amérique centrale, aux Guyanes, au Brésil du Nordeste à Rio de Janeiro, dans le Vieux Sud et dans les grandes métropoles du Nord-Est des États-Unis (les Afro-Américains représentent en 2010 13,6 % de la population étatsunienne). D'autres implantations plus minoritaires sont liées aux descendants d'esclaves marrons en fuite (Colombie, Équateur).

4. Le katarisme, en référence au leader indigène Túpac Katari qui dirigea un soulèvement autour de La Paz à la fin du XVIIIe siècle, est un courant qui contribua à rénover le syndicalisme paysan bolivien, jusque-là allié aux régimes militaires. Ses leaders cherchèrent à élaborer une idéologie indianiste sur laquelle appuyer leurs luttes. Le katarisme a « reconstruit » une identité indigène, là où les militaires comme les gouvernements du MNR ne voulaient voir que des « paysans ». De là découle une idéologie théorisant la double oppression du paysan, par sa condition économique, mais aussi par sa condition d'indigène victime de discriminations au sein d'un État colonial. Ses principaux dirigeants, comme Genaro Flores, jouèrent par la suite un rôle clé dans la lutte pour le rétablissement de la démocratie. Les liens avec les militaires furent définitivement rompus avec la fondation de la CSUTCB, en 1979, et son adhésion à la Centrale ouvrière bolivienne (COB) l'année suivante, première étape de la construction d'un syndicalisme paysan de lutte en Bolivie, dont est issu le président indigène Evo Morales.

Aujourd'hui, il n'y a plus de question noire en Amérique centrale et du Sud du fait des métissages, mais la question reste posée en Amérique du Nord, surtout aux États-Unis, où la reconnaissance de leurs droits a été tardive (citoyenneté américaine seulement depuis 1964, *affirmative action* lancée en 1966) et s'est effectuée dans la violence dans les années 1960 (Black Power, marche sur Washington en 1963). Les tensions interethniques demeurent fortes, comme le montrent le maintien du Ku Klux Klan dans le Vieux Sud ou les émeutes de Los Angeles en 1992. Mais désormais, se greffent sur la question ethnique et sociale (les Noirs américains ont un revenu moyen équivalent à 60 % du revenu moyen des États-Unis) les trafics illégaux et la criminalité, qui s'expriment à travers les gangs (*cf.* partie 4). Néanmoins, ces données ne doivent pas masquer le fait que l'ascension sociale des Noirs est réelle aux États-Unis depuis les années 1960.

En Amérique latine, la norme est le métissage de populations. Le métis est une figure valorisée dans la culture latino-américaine, notamment comme un moyen de transcender les différences ethniques et sociales. Au Brésil, 45 % de la population est noire ou métisse.

D. Des populations mobiles

Largement issues des migrations, les sociétés américaines continuent pour nombre d'entre elles à croître grâce à l'immigration. De plus, de nombreuses migrations internes au continent et aux pays modifient régulièrement la répartition des populations.

À l'échelle internationale, l'Amérique est un continent attractif, principalement les pays anglo-saxons du Nord, dont les États-Unis, première destination migratoire au monde. Le principal moteur de cette attractivité est la recherche de l'amélioration des conditions de vie : les flux majeurs s'établissent des pays en développement d'Amérique centrale, du Sud et des Caraïbes vers l'Amérique du Nord.

Depuis 1965, les migrants rejoignant les États-Unis sont d'origines extrêmement variées. Tous les continents sont représentés. Entre 1965 et 2015, 35 millions de migrants légaux se sont installés aux États-Unis. Le rythme des entrées s'accélère, passant d'environ 400 000 entrées annuelles moyennes dans les années 1980 à plus d'un million aujourd'hui. Si les quatre coins du monde peuvent se retrouver dans une ville américaine, les principaux flux demeurent issus de l'aire latino-américaine avec une prédominance des Mexicains et de la sphère pacifique, les Chinois étant numériquement la communauté la plus importante (infléchissement au tournant des années 2000). En réponse à un marché du travail en constante évolution, l'immigration tend aujourd'hui à se spécialiser. Ainsi peut-on remarquer l'arrivée récente d'une migration indienne et pakistanaise, recrutée pour travailler dans l'informatique : 100 000 entrées en 2000-2001 (J.-M. Zaninetti, *Les États-Unis d'Amérique face au défi du développement durable*, Lavoisier, 2008). Aux États-Unis, on compte un nouvel immigrant, légal ou clandestin, toutes les 37 secondes : 50 % provenant des pays latino-américains (13,3 % pour le seul Mexique, premier pays émetteur ; puis les Dominicains, 5e origine des migrants en 2010 avec 5,2 % ; les Cubains, 6e avec 3,2 % ; les Haïtiens, 8e avec 2,2 % ; et les Colombiens, 9e avec 2,1 % – soit 26 % des migrants pour ces cinq nations), 30 % d'Asiatiques (Chinois, 6,8 % des entrées en 2010, en seconde position devant les Indiens, 6,6 % ; puis les Philippins, 4e avec 5,6 % ; les Vietnamiens, 7e avec 2,9 % et les Sud-Coréens, 10e avec 2,1 % – soit 24 % des migrants pour ces cinq seules nations). Les Européens ne représentent plus que 15 % des migrants aux États-Unis. La principale porte d'entrée n'est plus Ellis Island mais Los Angeles. Ils se répartissent géographiquement principalement dans les villes du Nord-Est, en Californie, en Floride, et pour les Hispaniques d'une façon générale dans les États frontaliers du Mexique, là où à l'échelle de ces États la minorité hispanique peut devenir une majorité de la population, comme au Nouveau-Mexique où ils représentent 55 % de la population. Le Canada connaît une évolution similaire, mais les origines des migrants sont moins diverses et principalement asiatiques (Chine, Inde et Philippines forment les trois principales origines, comptabilisant 35 % des entrées) vers la province de la Colombie-Britannique, et européenne (Royaume-Uni et pays francophones), notamment dans les provinces de l'Ontario et du Québec ; 70 % des migrants se retrouvent dans les trois plus grandes villes, Montréal, Toronto, Vancouver. Pour tenter de freiner ces flux migratoires très importants, les États-Unis et le Canada ont mis en place des systèmes de quotas afin de favoriser une immigration choisie. Mais face à l'ampleur des migrations clandestines en provenance d'Amérique latine (le nombre d'illégaux estimé passant de 3,5 millions en 1990 à 12 millions en 2015), les États-Unis ont entrepris en 2006 la construction d'un mur à la frontière avec le Mexique.

Chaque vague migratoire a son histoire, ses temporalités, ses réseaux. Mais la migration n'est pas une rupture, au contraire, elle permet le maintien d'un lien intense entre les migrants et leurs communautés d'origine, favorisant par là l'accroissement des mobilités et la transformation des modes de communication au sein du continent. Aux États-Unis, des diasporas actives (Colombie, Salvador, Honduras, Cuba, Mexique) organisent, en s'appuyant sur les réseaux familiaux et ethniques, les filières de migration, pratiquent des transferts d'argent, les *remesas* (remises, qui ont un poids considérable dans les économies d'Amérique centrale et des Caraïbes : 23,5 % du PIB aux Bermudes en 2010, 11,7 % en Haïti, 15,1 % au Honduras en 2012), le financement de micro-projets communautaires ou d'échange d'informations, etc.

Cependant, avec l'émergence économique de certains pays latino-américains, des migrations internes à l'Amérique latine se développent vers le Mexique (mais c'est surtout dans une perspective de transit vers les États-Unis), le Brésil ou le Cône Sud (Chili, Uruguay, Paraguay, Argentine), selon les différentiels de développement économique.

Enfin, des migrations interrégionales au sein des pays sont également nombreuses. L'exode rural vers les petites et moyennes villes est encore vivace dans les pays où le taux d'urbanisation est encore faible (*cf. infra*), mais aussi des régions de fortes densités vers des régions peu peuplées, comme les fronts pionniers au Brésil (Mato Grosso, Amazonie), en Argentine (vers la Pampa et la Patagonie) ou au Pérou (*cf. supra*).

Ainsi, le continent américain a été transformé en profondeur par la colonisation européenne, qui a modifié l'occupation et la mise en valeur des espaces par une pratique de fronts pionniers encore actifs aujourd'hui, par une forte littoralisation des populations accentuant le nombre et l'importance des espaces vides. Surtout, la conquête européenne du continent a provoqué un bouleversement démographique sans précédent, en permettant et en favorisant l'arrivée de populations allochtones très nombreuses, européennes et africaines dans un premier temps, qui ont modifié les structures des populations au détriment des autochtones, largement marginalisés sur le continent, mais selon des évolutions différenciées entre un essor du métissage au sud et un multiculturalisme plus marqué au nord. Ces évolutions expliquent aussi la construction originale des sociétés américaines.

II

Des sociétés américaines originales

1 Des sociétés homogènes ?

A. Un continent culturellement homogène, mais aux différences internes marquées

En apparence, les origines européennes communes de la formation des nations et des États donnent à croire que le continent est culturellement homogène. Mais, dans les faits, de nombreuses différences apparaissent.

Des langues et des religions souvent communes

Les langues sont majoritairement européennes et réparties en deux ensembles linguistiques distincts. L'anglais s'est imposé au nord au Canada et aux États-Unis, langue des premiers colons et langue de communication aisée pour les fortes minorités anglo-saxonnes originelles, l'espagnol et le portugais au sud, langues des conquistadors. Cependant, à l'échelle régionale, des mosaïques linguistiques se révèlent. Au Canada, les minorités francophones sont nombreuses dans les provinces du Québec et du Nouveau-Brunswick. En 2011, plus de 10 millions de Canadiens étaient francophones (dont 7 millions de langue maternelle), soit près de 30 % de la population fédérale. Si leur nombre augmente en valeur absolue, elle diminue en valeur relative depuis trente ans. La répartition des francophones du

Canada évolue aussi. Traditionnellement très présents à l'est du pays, dans la vallée du Saint-Laurent (Québec : 79,7 % de la population ; Nouveau-Brunswick : 33 %) du fait de l'histoire de la colonisation du pays, ils sont aujourd'hui disséminés à travers tout le pays et en forte augmentation dans les territoires du Nord (Yukon : 4,8 % de la population ; Nord-Ouest : 3,1 %), tandis qu'ailleurs ils forment de petites minorités : entre 0,8 % de la population provinciale à Terre-Neuve et Labrador et 4,7 % en Ontario.

En Amérique latine, la diversité linguistique provient majoritairement des langues indiennes. Le Centro antropológico de documentación de América latina y a recensé 409 groupes ethnolinguistiques, largement concentrés en 11 groupes principaux qui, à eux seuls, représentent plus de 73 % du total. Parmi les groupes les plus importants, on relève les Quechuas (plus de 11 millions) et les Aymaras (1,6 million), présents dans les Andes, notamment au Pérou et en Bolivie, les Quichés (environ 800 000) au Guatemala, et enfin les Nahuas (environ 1,5 million) et les Mayas (moins d'un million) au Mexique et en Amérique centrale. Il faudrait ajouter le mapuche, parlé par un demi-million de locuteurs dans le sud du Chili et en Argentine.

Enfin, les Caraïbes présentent une situation beaucoup plus complexe, avec une véritable mosaïque linguistique correspondant aux rivalités coloniales passées et à la présence encore importante de territoires anglophones, néerlandais ou francophones.

L'uniformisation linguistique a été de mise avec la colonisation qui a imposé aux groupes indigènes les langues européennes des colonisateurs pour faciliter la communication, la christianisation, l'assimilation – ou l'acculturation – et l'administration. La conséquence en est la disparition de nombreuses langues indiennes avec leurs locuteurs : arawak, karib, etc. Néanmoins, aujourd'hui, les migrations internationales ont des conséquences majeures sur la répartition linguistique du continent, notamment en Amérique du Nord. En effet, l'apport massif d'Asiatiques introduit de nouvelles langues externes au continent, complexifiant la mosaïque linguistique, tandis que l'arrivée massive d'Hispaniques aux États-Unis impose peu à peu un bilinguisme espagnol dans les États de la Sun Belt, de la Californie à la Floride.

Au niveau religieux, là aussi, une apparente unité cache de nombreuses différences. Les missionnaires espagnols et portugais ont joué un rôle essentiel dans la colonisation, notamment par des conversions souvent forcées des Amérindiens, dénoncées d'ailleurs par les jésuites comme un moyen de spolier les tribus et de les mettre en esclavage (*cf.* la controverse de Valladolid en 1550 et 1551 entre les jésuites et les franciscains sous l'arbitrage du légat du pape).

À l'échelle du continent, deux ensembles se distinguent également : une Amérique du Nord protestante face à une Amérique latine catholique. Certes, les deux religions appartiennent au christianisme, mais les guerres de religion qui les ont opposées sur le territoire européen les ont séparées. En Amérique du Nord, la religion a une place primordiale dans le fonctionnement social (81 % des Étatsuniens et 82 % des Canadiens se disent chrétiens), servant de socle à la cellule sociale à l'échelle du quartier. Le dimanche, la communauté se retrouve à l'office religieux (40 % des Américains disent assister aux services religieux au moins une fois par semaine) puis souvent à un brunch commun. C'est alors l'occasion de régler les problèmes ou de discuter de projets d'amélioration de la vie quotidienne du quartier. Le président des États-Unis ne prête-t-il pas serment sur la Bible de servir la nation alors même que la Constitution ne l'y oblige pas ? Les États-Unis ont été fondés par des minorités religieuses protestantes pourchassées en Angleterre, ce qui se traduit aujourd'hui encore par une grande tolérance religieuse, le poids de la religion dans la vie politique (*cf.* poids croissant du mouvement politique du Tea Party) et la multiplication des sectes. Ainsi, aux États-Unis et au Canada, environ 340 000 Églises et groupes religieux accueilleraient quelque 160 millions de membres. De nouveaux phénomènes se développent, comme les évangélistes, qui fondent des méga-églises accueillant 2 000 participants ou plus par semaine lors d'offices religieux à grand spectacle avec chants, danses et prédications, dont le nombre a doublé de 2000 à 2008, passant de 600 à plus de 1 200. En dehors du protestantisme (53,9 % de la population aux États-Unis, 29 % au Canada), d'autres religions sont en plein essor en Amérique du Nord, comme le catholicisme (25,2 % aux États-Unis, 43,6 % au Canada) grâce à l'immigration hispanique qui a vu le nombre de ses pratiquants doubler en un demi-siècle aux États-Unis, mais aussi les religions asiatiques (bouddhisme, hindouisme), en lien avec l'immigration asiatique. Au Canada, les catholiques sont majoritaires au Québec, où ils représentent 83,4 % des croyants, et au Nouveau-Brunswick (53,6 %) ; partout ailleurs, ils ne sont que la seconde confession, derrière le protestantisme. Enfin, d'autres minorités religieuses peuvent être localement importantes, comme l'Église de Jésus-Christ des saints des derniers jours (les mormons), particulièrement implantée dans l'Utah et dans la ville de Salt Lake City fondée par ses premiers adeptes.

Les religions en Amérique latine en 2011

Pays	Part des catholiques (en %)	Part des protestants (en %)	Autres religions (en %)	Sans religion (en %)
Mexique	87,8	8,7	-	3,5
Guatemala	55	40	5	–
Belize	50	13	27	10
Salvador	57	21	6	16
Honduras	65	25	10	-
Nicaragua	60	30		10
Costa Rica	75	13	2	10
Panama	85	15		
Cuba	45	5		50
Haïti	55	26	19	
République dominicaine	65	16	19	
Colombie	95	3	2	
Venezuela	70	29		1
Équateur	85	2	3	
Pérou	85	11		4
Bolivie	78	16	3	3
Brésil	73	18	2	7
Paraguay	90	6	4	
Chili	70	15	4	8
Uruguay	54	11	26	9
Argentine	70	9	21	

D'après les données de *L'Atlas des religions*, La Vie-Le Monde, 2011.

En Amérique latine et dans les Caraïbes, le catholicisme est la religion dominante, concernant 80 % de la population, mais avec des situations très variées. Le Mexique est ainsi le deuxième pays catholique au monde avec 87,8 % de la population déclarant s'y rattacher. Si la majorité des pays latino-américains restent catholiques très pratiquants, il faut toutefois noter l'essor rapide et important des églises pentecôtistes et évangéliques, notamment dans les minorités noires ou indiennes et dans les milieux défavorisés, en ville comme à la campagne, principalement en Amérique centrale et dans les Caraïbes, répartition qui montre une diffusion depuis les États-Unis. En Amérique latine, ils ne représentaient pas plus de 15 % de la population en 2010, contre plus de 20 % aujourd'hui, et même 26 % au Brésil. De plus, des cultes plus ou moins syncrétiques entre les religions traditionnelles d'Afrique occidentale et le catholicisme, comme le vaudou (53 % des Haïtiens le pratiqueraient) ou la santería, ou entre les rites amérindiens issus du chamanisme et le catholicisme, existent également.

Ainsi, la traditionnelle partition du continent américain entre Amérique anglo-saxonne et Amérique latine correspond bien à une division culturelle interne entre, d'un côté, une culture anglaise et protestante et, de l'autre, une culture ibérique et catholique. Néanmoins, les diversités internes de situation sont nombreuses, principalement en fonction des minorités ethniques ou nationales. Ces deux Amériques présentent également des évolutions démographiques différentes, même si une uniformisation des comportements se renforce.

B. Des évolutions démographiques différentes

Canada et États-Unis : des pays démographiquement développés

Canada et États-Unis ont un profil démographique très similaire ; un accroissement massif et rapide de la population dans la première partie du XXe siècle induit par une importante immigration et une fécondité soutenue, un effet amplificateur après la Seconde Guerre mondiale avec le *baby boom*, puis un tassement de la fécondité et une croissance qui aujourd'hui est très largement alimentée par une immigration toujours dynamique. La réduction généralisée de la mortalité et l'amélioration sanitaire de la population, malgré des accès aux structures de santé encore améliorables, ont eu un effet indéniable sur l'allongement de l'espérance de vie, mais aussi sur l'accentuation de fait du vieillissement de la population. Les écarts entre espérances de vie à la naissance se sont considérablement resserrés sur l'ensemble de la zone. En 2010, l'espérance de vie à la naissance d'un Canadien était de 81,4 ans et 78,9 ans pour un Étatsunien. Dans ces conditions, le défi du millénaire devient l'amortissement du vieillissement de la population. L'immigration et une fécondité flirtant avec les seuils de renouvellement des générations limitent pour l'instant le phénomène. Si l'ensemble de la zone demeure globalement plus jeune que les pays européens, la situation devrait évoluer assez rapidement à l'horizon 2020. En effet, le basculement massif des classes d'âge pleines des *baby boomers* canadiens et américains dans les plus de 65 ans et parallèlement l'atténuation de la dynamique démographique vont considérablement impacter l'indice de dépendance[5] et l'âge médian. En 2010, l'âge médian du Canada (39,7 ans) et des États-Unis (37,2 ans) demeurait inférieur à 40 ans et inférieur à « la vieille Europe ». Mais dans un contexte mondial de vieillissement de la population[6], l'Amérique du Nord va connaître une accélération du phénomène. Les défis de gestion et d'amortissement du vieillissement sont similaires – place et gestion des aînés, maîtrise du coût des dépenses publiques liées aux retraites… – voire accentués par le développement des classe les plus âgées, les plus de 80 ans. Enfin, notons quelques impacts spatiaux plus spécifiques aux États-Unis en ce qui concerne la répartition de ces populations âgées. Globalement, la population rurale est plus âgée que celle des villes, principalement dans les hautes plaines centrales. Les Appalaches regroupent des parts de plus de 65 ans supérieures aux autres régions, hormis certaines zones spécifiques du Sud : la Floride dans son ensemble, espaces ruraux comme urbains, et les zones rurales de Californie particulièrement attractives et dotées en maisons de retraite.

Géographie de la population des Amériques au 1er juillet 2013

	Population (en millions)	**Taux de natalité** (en %)	**Taux de mortalité** (en %)	**Taux d'accroissement** (en %)	**Accroissement migratoire** (en %)	**Indice de fécondité** (nombre d'enfants/femme)	**Part des moins de 15 ans** (en %)	**Part des 65 ans et plus** (en %)
Amériques	***958***	***1,6***	***0,7***	***1,0***	***0***	***2,1***	***25***	***10***
Amérique du Nord	**469,1**	**1,4**	**0,6**	**0,8**	**0,2**	**1,9**	**21,6**	**11,6**
Canada	35,3	1,1	0,7	0,4	0,7	1,6	16	15
États-Unis	316,2	1,3	0,8	0,5	0,2	1,9	19	14
Mexique	117,6	1,9	0,4	1,5	-0,2	2,2	30	6
Amérique centrale	**45,4**	**2,1**	**0,5**	**1,6**	**-0,1**	**2,2**	**33,3**	**5,4**
Belize	0,3	2,2	0,4	1,8	0,5	2,6	35	4
Costa Rica	4,7	1,6	0,4	1,2	0,3	1,9	25	7
El Salvador	6,3	1,8	0,5	1,2	-0,8	2,2	31	7
Guatemala	15,4	3,2	0,5	2,6	-0,2	3,9	41	4
Honduras	8,6	2,6	0,5	2,2	-0,2	2,9	38	4

5. L'indice de dépendance est le rapport entre les moins de 15 ans et les plus de 64 ans.

6. En 2010, l'indice conjoncturel de fécondité moyen mondial était de 2,5 enfants/femme et 86 pays à travers la planète sont en deçà du seuil de renouvellement des générations.

	Population (en millions)	**Taux de natalité** (en %)	**Taux de mortalité** (en %)	**Taux d'accroissement** (en %)	**Accroissement migratoire** (en %)	**Indice de fécondité** (nombre d'enfants/ femme)	**Part des moins de 15 ans** (en %)	**Part des 65 ans et plus** (en %)
Nicaragua	6	2,4	0,5	1,9	−0,5	2,6	34	5
Panama	3,9	2,0	0,4	1,5	0,1	2,6	29	7
Caraïbes	**37,6**	**1,8**	**0,8**	**1,0**	**−0,4**	**2,4**	**26**	**9**
Antigua et Barbuda	0,1	1,4	0,5	0,9	0	2,1	26	7
Bahamas	0,3	1,3	0,6	0,7	0,6	1,7	26	6
Barbade	0,3	1,2	0,8	0,4	0,1	1,8	22	12
Cuba	11,3	1,2	0,8	0,4	−0,4	1,8	17	13
Dominique	0,1	1,3	0,8	0,5	−0,6	2,0	22	11
Grenade	0,1	1,7	0,8	0,9	−0,8	2,0	27	7
Haïti	10,4	2,6	0,9	1,7	−0,4	3,5	36	4
Jamaïque	2,7	1,5	0,6	0,9	−0,6	2,1	29	8
République dominicaine	10,3	2,2	0,6	1,6	−0,3	2,6	31	6
Saint-Christophe-et-Niévès	0,1	1,3	0,7	0,6	0,1	1,8	23	8
Saint-Vincent-et-les-Grenadines	0,1	1,9	0,8	1,1	−0,9	2,2	26	7
Sainte-Lucie	0,2	1,6	0,7	0,9	0,1	2,0	25	9
Trinité et Tobago	1,3	1,5	0,9	0,6	−0,2	1,8	21	9
Curaçao	0,2	1,3	0,9	0,4	1,9	2,1	20	14
Amérique du Sud	**401**	**1,8**	**0,6**	**1,2**	**−0,1**	**2,1**	**27**	**7**
Argentine	41,3	1,9	0,8	1,1	−0,1	2,4	25	11
Bolivie	11	2,6	0,7	1,9	0	3,2	35	5
Brésil	195,5	1,5	0,6	0,9	0	1,8	25	7
Chili	17,6	1,5	0,6	0,9	0	1,9	22	10
Colombie	48	1,9	0,6	1,3	−0,1	2,3	28	6
Équateur	15,8	2,2	0,5	1,7	0	2,7	32	6
Guyana	0,8	2,1	0,7	1,4	−0,8	2,6	37	3
Paraguay	6,8	2,4	0,6	1,8	−0,1	2,9	33	5
Pérou	30,5	2,0	0,5	1,5	−0,3	2,6	30	6
Surinam	0,6	1,8	0,7	1,1	−0,2	2,3	28	7
Uruguay	3,4	1,4	1,0	0,4	−0,2	2,0	22	14
Venezuela	29,7	2,1	0,5	1,6	0	2,4	29	6

D'après les données du Population Reference Bureau, décembre 2013.

Les pays latino-américains : des transitions démographiques plus ou moins achevées

Après une longue période de sous-peuplement, liée à la chute démographique des populations indigènes et à la faiblesse des migrations du XVIe au XIXe siècle, le continent américain a connu une phase de croissance démographique à partir du milieu du XIXe siècle, en grande partie liée aux vagues migratoires (*cf. supra*), qui concernent principalement trois pays : les États-Unis, le Canada et l'Argentine, et sont d'origine européenne. La migration vers le Nouveau Monde sert alors en partie d'exutoire au trop-plein de population en Europe, qui est alors en pleine transition démographique avec un important accroissement démographique. Ce n'est qu'au XXe siècle que le continent entre en transition démographique. C'est d'abord l'Amérique du Nord, dès le début du XXe siècle, puis les grands pays d'Amérique latine à partir des années 1920 (Brésil, Mexique, Pérou, Colombie, le Cône Sud) et plus récemment, à partir des années 1950, une grande partie de l'Amérique centrale et les autres pays de l'Amérique du Sud. Ces évolutions conduisent à un doublement de la population du continent entre 1930 et 1960. En effet, à partir des années 1930, la baisse de la mortalité par l'amélioration de l'hygiène et de la médecine se généralise alors que la fécondité demeure élevée. L'accroissement naturel est alors rapide. La baisse de la natalité est plus tardive, notamment parce que les sociétés sont encore fortement marquées par le poids de la religion catholique, mais rapide. En vingt-cinq ans, entre 1960 et 1985, les taux de natalité vont rapidement chuter, avec l'apparition de nouveaux comportements liés à l'essor de l'alphabétisation, de l'urbanisation et la hausse du niveau de vie.

À l'échelle sous-continentale, l'Amérique centrale est la moins avancée dans le processus, avec un accroissement naturel annuel moyen de 1,6 %, contre 1 % dans les Caraïbes et 1,2 % en Amérique du Sud. Néanmoins, c'est l'Amérique du Sud qui présente aujourd'hui les indices de fécondité les plus bas, avec 2,1 enfants par femme contre 2,4 en moyenne aux Caraïbes et 2,2 en Amérique centrale.

Il faut distinguer trois groupes de pays en fonction de leur avancée dans la transition démographique :

- Les pays qui ont achevé leur transition démographique ont aujourd'hui des taux d'accroissement naturel inférieurs à 0,9 % et des taux de natalité inférieurs à 1,5 %, de mortalité inférieurs à 0,8 % et des indices de fécondité de l'ordre de 2 enfants par femme. On peut y classer : le Chili, l'Uruguay, le Brésil et surtout des pays caribéens (Bahamas, Barbade,

Cuba, Dominique, Grenade, Saint-Christophe-et-Niévès, Sainte-Lucie, Trinité et Tobago). On peut également y ajouter l'Argentine, même si le taux d'accroissement y est un peu plus élevé (1,1 % par an) ainsi que la fécondité (2,4 enfants par femme), car la situation démographique semble s'y être stabilisée à ces chiffres depuis plus d'une décennie maintenant; de même, la Jamaïque et le Costa Rica en Amérique centrale avec un accroissement de 1,2 % mais une fécondité à 1,9.

- Les pays qui sont déjà bien avancés dans la seconde phase de la transition démographique. La mortalité s'y situe à des niveaux bas, inférieurs à 0,5 %, mais avec une natalité encore relativement élevée, variant entre 1,5 % et 2 %, et mathématiquement des accroissements naturels entre 1 et 1,5 %. Les indices de fécondité y sont encore entre 2 et 2,5 enfants par femme. Il s'agit : en Amérique centrale, du Salvador et du Mexique, dans les Caraïbes, de Saint-Vincent-et-les-Grenadines, et en Amérique du Sud de la Colombie, du Surinam et du Venezuela, et dans une moindre mesure du Pérou, car l'indice de fécondité y est encore élevé (2,6 enfants par femme) tandis que l'accroissement naturel est tombé à 1,5 %.
- Enfin, les pays qui connaissent une transition démographique moins avancée, en seconde phase. Les taux de natalité y demeurent élevés, plus de 1,9 % par an, même si les taux de mortalité sont inférieurs à 3,1 %, et des indices de fécondité de plus de 2,5 enfants par femme. On peut inclure dans ce groupe en Amérique centrale : le Belize, le Honduras, le Guatemala, le Nicaragua et Panama; dans les Caraïbes, Haïti et la République dominicaine, et en Amérique du Sud la Bolivie, l'Équateur, Guyana et le Paraguay. Les trois pays les moins avancés dans ce processus sont le Guatemala (accroissement de 1,9 % par an, fécondité de 3,1 enfants par femme), Haïti (accroissement de 1,7 % par an avec de forts taux de natalité à 2,6 % et de mortalité à 0,9 %, fécondité de 3,2 enfants par femme) et la Bolivie (accroissement de 1,9 % par an, fécondité de 3 enfants par femme).

C. La question des inégalités socioéconomiques

L'Amérique latine est le continent le plus inégalitaire au monde, avec 174 millions de pauvres en 2012 et 73 millions d'indigents. Cependant, les taux de pauvreté et d'indigence ont diminué sur la période 1990-2012, grâce à une croissance économique soutenue, notamment pendant la période 2003-2012, avec une croissance moyenne annuelle du PIB de 4 %, malgré la crise de 2008-2009, et de quelques progrès dans la répartition des richesses. La pauvreté (personne vivant avec moins de 4 dollars/jour, soit à peine 3 euros/jour) touche encore 30,4 % de la population latino-américaine et caribéenne (contre 48,4 % en 1990). La baisse est importante au Pérou, en Équateur, Argentine, Uruguay et Colombie. Néanmoins, deux pays voient leur taux de pauvreté augmenter : le Honduras (+ 1,7 % entre 2008 et 2012, avec 36,3 % de pauvres en 2012) et le Mexique (+ 1,5 %). Quant à l'indigence (moins de 2 dollars/jour), elle touche encore 12,8 % de la population en 2012, contre 22,6 % en 1990. Ainsi, en vingt ans, 50 millions de personnes sont sorties de la pauvreté.

Les mesures de lutte contre la pauvreté ont en partie porté leurs fruits, mais elles sont remises en cause par la faiblesse de la modernisation des structures économiques des pays latino-américains. C'est d'autant plus préoccupant que la distribution du revenu reste profondément inégalitaire et que la majorité de la population appartient à des « classes moyennes » qui se situent juste au-dessus du seuil de pauvreté, et qui restent très vulnérables. C'est particulièrement vrai pour les groupes les plus fragiles, notamment les indigènes et afro-descendants. L'essor des classes moyennes est indéniable, principalement dans les pays émergents du sous-continent, où elles représentent 55 % de la population. Mais les populations souffrent encore des conséquences du très fort accroissement démographique des cinq dernières décennies, se traduisant par un manque criant d'infrastructures de base en termes d'éducation, de santé, de logement et d'emploi, alors que de nouveaux défis surgissent, liés au vieillissement de la population, dont les effets seront importants sur les systèmes de santé et de sécurité sociale.

Les pays latino-américains sont touchés différemment par la pauvreté et l'indigence. Ainsi, les niveaux les plus bas sont enregistrés en Argentine (4,3 % de pauvres et 1,7 % d'indigents), au Chili et en Uruguay (5,9 % et 1,1 %), suivis par le Brésil (18,6 % et 5,4 %), le Costa Rica (17,8 % et 7,3 %), Panama, le Pérou (25,8 % et 6 %), avec des taux inférieurs à la moyenne du sous-continent. La Colombie, le Mexique et l'Équateur enregistrent des taux de pauvreté entre 30 et 39 %. La Bolivie, le Guatemala, le Honduras, le Nicaragua, la République dominicaine, le Salvador et le Paraguay sont les plus pauvres, avec des taux supérieurs à 40 %. À noter, le cas particulier du Venezuela qui avait réussi à réduire considérablement la pauvreté sous l'ère Chavez, mais qui replonge depuis 2013. Le taux de pauvreté y est passé de moins de 24 % en 2010 à plus de 48 % en 2016.

Toutefois, la distribution du revenu reste profondément inégalitaire : 40 % des ménages les plus pauvres perçoivent 15 % du revenu total, alors que les 10 % les plus riches détiennent en moyenne 34 % du revenu total. Entre les deux, on trouve la majorité de la population dans « des classes moyennes » très hétérogènes en termes de conditions de vie, lesquelles perçoivent des revenus qui les situent au-dessus du seuil de pauvreté, mais qui sont loin des niveaux des deux déciles les plus élevés. Le Brésil, le Guatemala et le Honduras sont les pays les plus inégalitaires en 2012 (indice de Gini entre 0,567 et 0,585), alors que le Salvador, l'Équateur, le Pérou et l'Uruguay sont les moins inégalitaires (indice de Gini entre 0,405 et 0,449). Grâce à la période de forte croissance économique, les indices de Gini montrent une réduction de 5 % en moyenne, ce qui signifie une réduction des inégalités dans la répartition des revenus. En une décennie, les pays qui ont connu les réductions les plus importantes sont notamment la Bolivie, l'Argentine, le Nicaragua et le Salvador. À l'inverse, certains pays ont connu une augmentation de la concentration du revenu, comme le Costa Rica, le Guatemala et le Paraguay, seuls pays dont l'indice de Gini a augmenté depuis 2008.

Évolution de l'indice de Gini

Pays	2002	2008	2012
Argentine	0,578	0,519	0,475
Bolivie	0,614	0,565	0,472
Brésil	0,639	0,594	0,567
Colombie	0,569	0,522	0,536
Chili	0,564	0,584	0,516
Costa Rica	0,488	0,473	0,504
El Salvador	0,525	0,493	0,437
Équateur	0,513	0,480	0,444
Guatemala	0,542	0,585	0,585
Honduras	0,588	0,580	0,567
Mexique	0,514	0,515	0,492
Nicaragua	0,579	0,532	0,478
Panama	0,567	0,524	0,531
Paraguay	0,570	0,527	0,546
Pérou	0,525	0,476	0,449
Rép. dominicaine	0,537	0,550	0,517
Uruguay	0,455	0,446	0,380
Venezuela	0,500	0,412	0,405

D'après les données de la CEPAL, *Rapport sur la situation sociale en Amérique latine*, 2013.

Parmi les groupes les plus vulnérables, ont été identifiés les enfants de moins de 18 ans, les femmes et les groupes ethniques minoritaires (indigènes, afro-descendants). La pauvreté des enfants n'a pas autant diminué que dans les autres groupes de population, car le quotient entre les taux de pauvreté des enfants de moins de 18 ans et ceux des adultes a augmenté dans tous les pays latino-américains, surtout au Brésil, au Panama et en Uruguay. La pauvreté infantile moyenne est de 40,5 % en Amérique latine (55,3 % en 2000), soit 70,5 millions d'enfants de moins de 18 ans et 16,3 % d'indigents (28,3 millions d'enfants). Quelques pays concentrent des taux de pauvreté infantile très élevés, supérieurs à 71 % : la Bolivie, le Salvador, le Guatemala, le Honduras, le Nicaragua, le Pérou, le Belize et Guyana, tandis que d'autres présentent des taux beaucoup plus faibles (inférieurs à 30 %) : l'Argentine, le Chili, le Costa Rica et l'Uruguay. De même, les groupes ethniques sont entre 1,2 et 3,4 fois plus pauvres que le reste de la population, risque en augmentation partout, sauf au Brésil. La pauvreté dans les zones rurales (52,2 %) est environ le double de la pauvreté urbaine (27,6 %). L'indigence est trois fois plus importante dans les zones rurales (29,5 %) que dans les zones urbaines (8,3 %). C'est donc la pauvreté extrême qui affecte surtout les populations rurales. Compte tenu de l'urbanisation élevée de la population latino-américaine, 66 % des pauvres vivent en ville alors qu'avant 1980 la population pauvre était essentiellement rurale. Mais la baisse de la pauvreté rurale est moins rapide que celle des villes.

2 Des modèles de développement urbain proches au sein du continent ?

A. Un continent très urbanisé

L'Amérique est le continent le plus urbanisé du monde, avec un taux d'urbanisation moyen de 80 %, soit un taux plus élevé que dans la majeure partie des pays développés. Le fait urbain est un élément structurant de l'espace et des sociétés du continent. Un certain nombre de caractéristiques sont communes : taux d'urbanisation, importance des mégapoles, étalement urbain, ségrégation socio-spatiale, mais de nombreuses différences apparaissent entre l'Amérique anglo-saxonne d'un côté, et l'Amérique latine d'un autre côté, aussi bien dans l'histoire de l'urbanisation que dans ses formes actuelles, dans les rythmes ou encore la métropolisation.

États-Unis et Canada : des nations d'urbains

Aux recensements de 2010 et 2011, l'ensemble nord-américain anglo-saxon affichait des taux d'urbanisation très élevés (autour des 80 %) et en constante progression, même si celle-ci est plus ralentie aujourd'hui :
– Canada : 80,6 %, en croissance de + 17 % en cinquante ans.
– États-Unis : 82,3 % en croissance de + 18 % en cinquante ans.

Aux États-Unis et au Canada, la croissance urbaine et la progression du taux d'urbanisation ont été fortes jusque dans les années 1960, date à partir de laquelle on observe une inflexion traduisant une atténuation de la dynamique urbaine. L'Amérique du Nord anglo-saxonne est restée longtemps essentiellement rurale : les villes ne regroupaient encore que 5 % de la population des États-Unis en 1800. Seule la partie française du Canada et la Louisiane laissaient, malgré leur modeste population, plus de place à la ville. La transition urbaine ne démarre vraiment aux États-Unis et au Canada que dans les années 1820-1830, mais elle est aujourd'hui presque complète. Les villes se sont à l'origine surtout développées comme nœuds de communication en lien avec l'immigration et la conquête de l'Ouest : ports, points de départ de routes de pionniers (*trails*) ou de transcontinentaux (Chicago), points de rupture de charge sur les fleuves (Kansas City, Montréal), d'où la dissymétrie entre l'Est au semis urbain dense et l'Ouest où il est dispersé. Le maillage urbain a laissé progressivement la place à un réseau urbain hiérarchisé au sein duquel la grande ville tient une place primordiale. Aux États-Unis, 80 % de la population se concentre dans 274 aires urbaines de plus de 100 000 habitants, dont 24 agglomérations de plus de 2 millions d'habitants et 97 villes de plus de 500 000 habitants. Au Canada, 69 % de la population vit dans l'une des 33 régions métropolitaines de recensement, dont 6 comptent plus d'un million d'habitants.

Une Amérique latine à l'urbanisation quasi achevée

Globalement, l'Amérique latine a achevé sa transition démographique. Depuis les années 2000, les taux de croissance sont inférieurs à 2 % par an, contre plus de 5 % par an dans les années 1950. Néanmoins, les taux d'urbanisation ne sont pas semblables selon les régions du sous-continent : le Cône Sud, les Andes, le Brésil et le Mexique ont des taux d'urbanisation de près de 80 %, alors que les Caraïbes sont à 66 % et l'Amérique centrale seulement à 55 %, espaces où les taux continuent de croître plus rapidement. Au sein de ces régions, il y a également des différences significatives entre les pays. Ainsi, dans les Caraïbes, les taux varient de 30 % à Antigua et Barbuda à 84 % aux Bahamas ; en Amérique centrale, de 50 % au Guatemala à 74 % au Panama. L'exode rural est encore un moteur important dans la croissance urbaine de l'Amérique centrale ou des Caraïbes (Guatemala, Panama, République dominicaine), alors qu'en Amérique du Sud les migrations interurbaines ou internationales ont pris le pas dans les soldes migratoires des villes. Là, on assiste à un déversement migratoire vers les villes plus petites situées en périphérie des plus grandes, où se développent de nouvelles activités économiques et où l'insécurité urbaine semble moins prégnante. On a alors un double phénomène de concentration-déconcentration : les habitants des grandes villes partent vers les villes voisines, mais de nouveaux migrants issus d'autres régions ou pays arrivent dans les grandes villes.

En cinquante ans, le nombre de villes a sextuplé : en 1950, 320 villes dépassaient les 20 000 habitants, elles sont plus de 2 000 désormais. Cette croissance est liée à la transition urbaine latino-américaine, plus récente qu'aux États-Unis et au Canada, mais plus rapide. La transition démarre dans les années 1930, notamment dans le Cône Sud et dans les grands pays (Brésil, Mexique) et va connaître une accélération entre 1950 (taux d'urbanisation de l'Amérique latine : 40 %) et 1990 (taux à 70 %). Il s'agit d'une véritable explosion urbaine qui va d'abord s'effectuer au profit des plus grandes villes et de l'émergence d'un grand nombre de petites villes, alors qu'aujourd'hui, la croissance se fait au profit des villes secondaires et intermédiaires, tandis que se développent des méga-régions et des corridors urbains.

La répartition spatiale des villes est très inégale : 42 % d'entre elles se localisent à moins de 100 km des côtes, car la majorité sont de création coloniale. Aux foyers littoraux, il faut ajouter les Andes, héritage préhispanique. Régulièrement, de nouvelles villes apparaissent ou connaissent une forte croissance : des villes planifiées comme dans les années 1950-1960, avec Brasilia (1960), Ciudad Guyana (1961, Venezuela) ou Ciudad del Este (1957, Paraguay), devenue la deuxième plus grande ville du pays, ou des villes de fronts pionniers comme Manaus, Belém ou Cancún. La mondialisation a favorisé les villes portuaires ou frontalières, comme à la frontière entre les États-Unis et le Mexique avec Ciudad Juarez, Nogales, Nuevo Laredo ou Tijuana.

Le fait urbain en Amérique

	Taux d'urbanisation 1970 (en %)	Taux d'urbanisation 2010 (en %)	Croissance urbaine annuelle 2010 (en %)	Population urbaine dans des villes de plus de 5 millions d'habitants (en %)	Population urbaine dans des villes de moins de 0,5 million d'habitants (en %)	Taux de pauvreté urbaine (en %)
Canada	70	80	1,15	20	-	-
États-Unis	72	82	0,9	30	-	14,5
Mexique	60	78	1,23	23	36	29
Brésil	58	88	1,14	22	47	21
Amérique centrale	38	55	1,33	0	62	30
Caraïbes	45	66	1,48	0	61	40
Andes et arc équatorial	58	78	1,73	18	50	34
Cône Sud	75	89	1,3	29	48	19

D'après les données de l'ONU-Habitat, 2012.

Mégapoles et mégalopoles

Les armatures urbaines sont dominées par de très grandes métropoles, mégapoles ou mégalopoles, polarisant les dynamiques économiques et démographiques. La grande ville n'est en effet pas anecdotique au sein de cet ensemble.

Aux États-Unis et au Canada, on dénombre 68 villes millionnaires en 2010 et, exception faite de la Rust Belt, toutes ces agglomérations connaissent une augmentation de leur population. Ces 68 villes regroupent près de 50 % de la population totale d'Amérique du Nord, marquant bien cette primauté de la grande ville et de ces aires métropolitaines de plus en plus étalées.

Urbanisation et métropolisation en Amérique

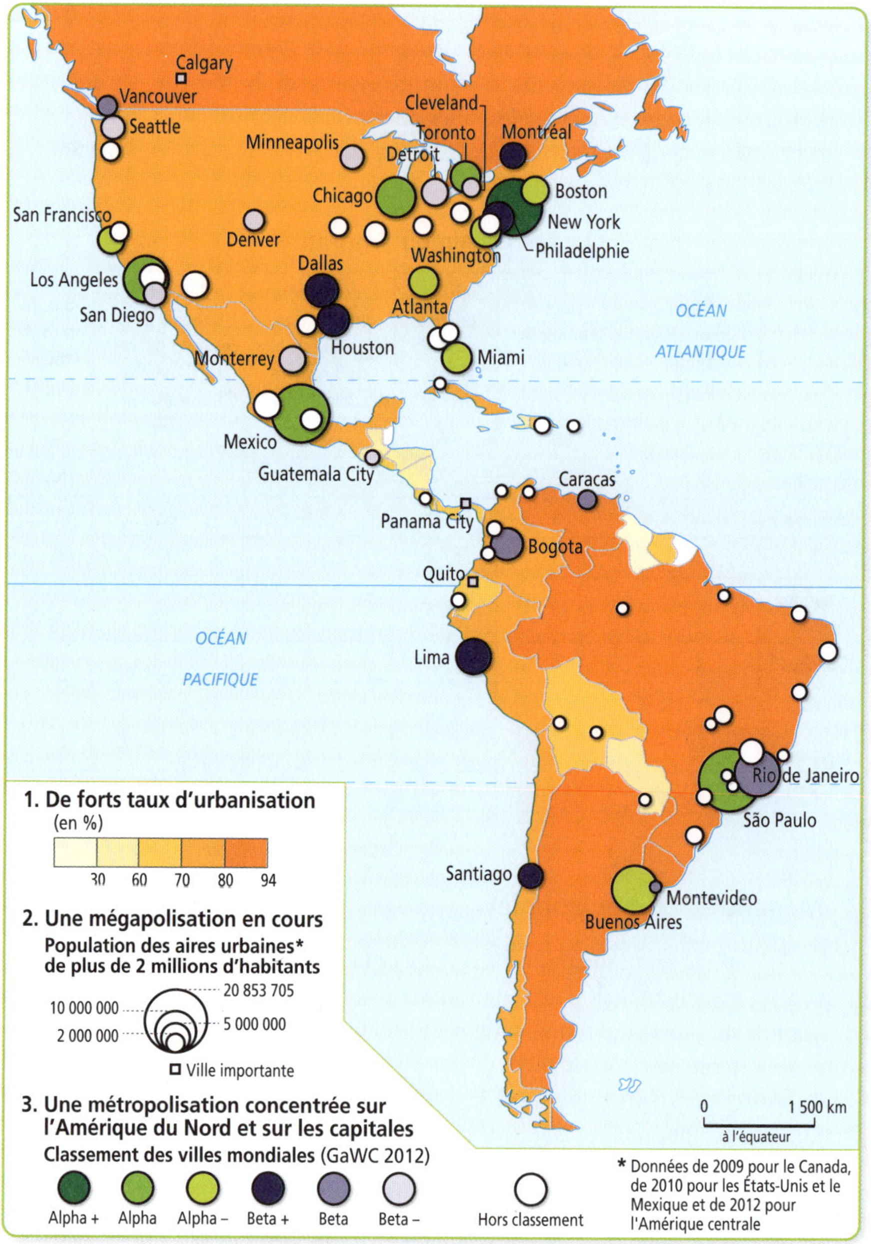

D'après les données de l'ONU-Habitat, 2012, et GaWC, 2013.

C'est d'ailleurs au sein de cet espace que la notion de mégalopole a vu le jour. Jean Gottmann définit en 1961 cette nouvelle forme urbaine, polynucléaire, composée de plusieurs villes majeures, à partir de la concentration urbaine développée le long de l'axe Boston-Washington, qu'il nomma Megalopolis. La distribution régionale de ces très grandes villes est assez inégale, mettant en évidence des polarisations infra-zonales. Aux États-Unis, la distribution des plus grandes villes (de plus de 5 millions d'habitants) marque la périphéricité du fait urbain et souligne la prédominance de deux zones, la Megalopolis Nord-Est, ancrage historique du fait urbain étatsunien, et la Sun Belt (façades du golfe du Mexique et du Pacifique qui ont profité de la redistribution des activités économiques et des populations à partir des années 1960). Au Canada, on peut aussi retrouver cette bipolarisation de la distribution des villes les plus importantes reprenant les logiques de façades séparées par le gigantisme des Prairies : à l'est se développe l'axe Montréal-Toronto, à l'ouest s'impose un binôme, Vancouver/Calgary-Edmonton. Par ailleurs, les mégalopoles étatsuniennes se prolongent souvent sur le territoire canadien, formant de vastes conurbations transfrontalières : le Puget Sound sur la côte pacifique, entre Portland, Seattle et Vancouver, la Main Street America reliant la vallée du Saint-Laurent à la région des Grands Lacs.

Tout comme au nord, l'Amérique latine est marquée par l'importance des grandes villes : 48 % de la population du sous-continent vit dans des villes de plus de 500 000 habitants, 14 % dans des mégapoles de plus de 10 millions d'habitants (9 % à l'échelle mondiale, 11,5 % en Amérique du Nord), 20 % dans des villes de plus de 5 millions d'habitants et 24 % dans des villes comprises entre 1 et 5 millions d'habitants. Mais ces mégapoles sont récentes : il n'y en avait aucune en 1950, contre 8 aujourd'hui. 55 villes dépassent le million d'habitants contre 30 il y a vingt ans. Quatre mégapoles comptent plus de 10 millions d'habitants : São Paulo (20,26), Mexico (19,46), Buenos Aires (13,07) et Rio de Janeiro (11,95); 4 ont entre 5 et 10 millions d'habitants : Lima (8,49), Bogota (8,50), Santiago du Chili (5,95) et Belo Horizonte (5,85). Même les Caraïbes sont touchées par le phénomène : 4 villes y dépassent 2 millions d'habitants : La Havane (2,13), Port-au-Prince (2,14), San Juan (Porto Rico, 2,74) et Saint-Domingue (République dominicaine, 2,18). Néanmoins, le ralentissement de la croissance urbaine est plus marqué pour les mégapoles de plus de 10 millions d'habitants depuis les années 1970, avec une croissance annuelle inférieure à 1 %, tandis que les villes entre 1 et 5 millions augmentent le plus vite avec + 2 % par an. Comme au nord, des corridors urbains se développent, notamment dans le Sud-Est du Brésil entre São Paulo, Campinas et Baixada Santista, principale concentration économique, financière et industrielle du pays, qui concentre 26 millions d'habitants.

La répartition des villes en Amérique latine selon la taille

Nombre d'habitants	Nombre de villes en 2010	Taux de croissance/an en 1950 (en %)	Taux de croissance/an en 2010 (en %)
< 500 000	1 872	4,8	1,5
Entre 500 000 et 1 million	62	4,1	1,8
Entre 1 et 5 millions	55	6,2	2
Entre 5 et 10 millions	4	4,8	1,8
Plus de 10 millions	4	4	0,9

D'après les données de l'ONU-Habitat, 2012.

La suburbanisation : un phénomène largement répandu

L'hyper-extensivité de la ville américaine et ses corollaires, morphologiques et sociétaux, ont été largement étudiés et identifiés désormais par le terme *sprawl*. Le *sprawl*, ou *urban sprawl*, désigne tout à la fois la dilution de l'étalement urbain par strates successives de constructions de lotissements résidentiels, d'immeubles de bureau et d'entrelacs routiers, mais se rapporte aussi à l'ensemble des dysfonctionnements sociaux qui lui sont aujourd'hui imputés par ses détracteurs ; homogénéité et enfermement social, allongement des distances et des temps de déplacement, congestion des réseaux de transports, impacts de ces derniers sur l'environnement et le budget des ménages, gaspillage de terres agricoles et d'eau, etc. Si la croissance démographique des villes américaines s'est ralentie, ce n'est pas le cas de l'espace urbain, qui s'étale de plus en plus, avec la construction de nouveaux espaces résidentiels, de centres commerciaux, de nouvelles zones industrielles et avec le développement de nouveaux bidonvilles en Amérique latine, où, aujourd'hui, l'étalement urbain est deux à trois fois plus rapide que la croissance démographique des villes. Les densités urbaines diminuent : 70 habitants/ha en moyenne en Amérique latine (équivalent des villes européennes) contre 25 en Amérique anglo-saxonne. La dé-densification est à l'œuvre sur tout le continent, depuis les années 1930 en Amérique du Nord avec l'essor de l'automobile, depuis les années 1990 en Amérique latine avec les politiques d'accès à la propriété et la croissance des bidonvilles, où les ségrégations sociales du centre sont reproduites en banlieues, entre quartiers aisés et *favelas* pauvres. Mais des différences importantes sont à noter entre l'Amérique anglo-saxonne et l'Amérique latine : au nord, l'étalement urbain s'effectue majoritairement par un habitat individuel, alors qu'au sud les formes sont plus variées : petits immeubles, lotissements, habitat informel. De plus, la suburbanisation au sud pose des problèmes d'accès aux réseaux (électricité, eau, assainissement, transports en commun) et aux services publics qui ont tendance à se concentrer sur les villes-centres. Enfin, aux États-Unis et au Canada, *l'urban sprawl*, initialement le fait quasi exclusif des zones résidentielles, s'est progressivement étoffé de services commerciaux dans un premier temps (après 1965), puis d'emplois, suivant le redéploiement de l'activité économique. Ce glissement de l'activité économique du centre vers la périphérie donne naissance à un modèle polycentrique aujourd'hui largement diffusé en Amérique du Nord. Les banlieues offrent désormais plus d'emplois que les espaces urbains centraux. Ce redéploiement périphérique de la centralité urbaine est porté par des villes lisières, les *edge cities*, définies en 1991 par Joël Garreau, décrites comme de nouvelles polarités urbaines incluant zones d'activités, zones résidentielles et centres commerciaux.

B. Une métropolisation en essor sur tout le continent

La métropolisation est un processus mondial, mais toutes les grandes villes ou mégapoles ne sont pas forcément des métropoles : l'influence de la métropole tient, non à sa taille, mais à ses fonctions et à sa capacité à organiser l'espace.

Au Canada et aux États-Unis

Les métropoles nord-américaines présentent une forte concentration de pouvoirs et de commandements à différentes échelles : régionale, nationale et internationale. Le phénomène a été intensifié par la mondialisation, la tertiarisation et la concurrence entre les villes mondiales. Certaines font partie des têtes de classement des villes mondiales. Les grandes métropoles possèdent les sièges sociaux des grandes firmes multinationales (New York, Chicago, San Francisco, Seattle), les principales bourses mondiales (New York, Chicago, Atlanta, Toronto) et la maîtrise des informations.

Certaines d'entre elles abritent de surcroît des organismes internationaux (ONU à New York, FMI et Banque mondiale à Washington). Ces aires de puissance disposent de services supérieurs. L'innovation y est constante (*cf.* San Francisco et la Silicon Valley). Ces métropoles ont un poids démographique conséquent et disposent d'une très forte densité de moyens de transport et de communication.

Avec la métropolisation, l'organisation spatiale des villes évolue. De nouveaux modèles se mettent en place : à la structure traditionnelle radioconcentrique (modèles de l'École de Chicago, années 1920), succède, notamment dans les nouvelles métropoles du Sud (Miami) ou de l'Ouest (Dallas, Los Angeles), un modèle de croissance non centré, fragmenté, correspondant à une juxtaposition de quartiers spécialisés (modèle de l'École de Los Angeles, ou urbanisme post-moderne, années 1980). Aux axes qui structurent l'espace métropolitain se substitue une grille mal hiérarchisée de corridors autoroutiers, de boulevards, de *strips* commerciaux reliant les noyaux dispersés, de plus en plus autonomes par rapport aux vieux quartiers centraux. L'espace économique des métropoles se restructure, d'abord selon une logique de fragmentation économique, avec l'apparition des *edge cities* (*cf. supra*), principalement constituées d'espaces de bureaux (500 000 m^2 minimum et 65 000 m^2 d'espace commercial), de sièges sociaux, de grands hôtels et de quelques espaces résidentiels. Los Angeles en compterait 28, la conurbation San Francisco/San José/Oakland 20, New York 23 (8 pour la ville et 13 pour le New Jersey). Le processus est similaire au Canada : 3 *edge cities* à Montréal (Ville-Saint-Laurent, Carrefour Laval et Longueuil-Boucherville). La première se situe à 12 km du centre, compte 113 000 emplois (10 % du total de l'agglomération) et connaît une croissance continue de 1,7 % par an sur la période 2000-2010. Les emplois sont majoritairement liés à l'industrie (30 %, dont aérospatiale, NTIC, biotechnologies). En choisissant ces *edge cities*, les investisseurs privilégient l'accessibilité, car elles sont localisées à proximité de plateformes multimodales ou aéroportuaires.

En Amérique latine

La métropolisation de l'Amérique latine est également engagée. Les villes y sont le moteur économique, regroupant les deux tiers du PIB régional. Les 40 principales villes représentent, à elles seules, 842 000 milliards de dollars par an de PIB, soit un tiers du PIB du sous-continent. Quatre villes concentrent 15 % du PIB latino-américain : Buenos Aires, Mexico, Rio de Janeiro et São Paulo. Les métropoles sont d'abord majoritairement des capitales d'État, des villes portuaires ou industrielles. Certaines ont même des doublons portuaires : Santos pour São Paulo, El Callao pour Lima, Valparaíso et San Antonio pour Santiago. En moyenne, les populations urbaines travaillent à 70 % dans les services, 14 % dans l'industrie et 6 % dans l'agriculture (dans les villes de moins de 20 000 habitants).

Les métropoles latino-américaines ont une productivité deux fois plus importante que les moyennes nationales, mais elles sont aussi davantage plurifonctionnelles. Des projets de villes innovantes se développent également, soit dans les villes proches des mégapoles, soit dans des villes plus isolées. Ainsi, Curitiba (État du Paraná, Brésil) a créé en 2008 le Technoparc, technopôle regroupant désormais 150 entreprises, attirées par les avantages fiscaux, contribuant à la création de 16 000 emplois directs, 500 groupes de recherche et 46 000 étudiants répartis dans 3 300 facultés. Le technopôle s'est spécialisé dans les télécommunications, l'informatique, l'électronique, l'automatisation industrielle, les bio et microtechnologies.

Néanmoins, le travail informel demeure un pilier économique des villes latino-américaines : il y représenterait 40 % de l'économie urbaine selon la Banque mondiale. L'emploi informel a connu une forte croissance pendant les années 1980 et 1990, avec les politiques de libéralisation des économies qui ont conduit à une rétractation des marchés de l'emploi. Le travail informel révèle un autre défi des villes américaines, celui des inégalités sociales, de la ségrégation et de la pauvreté.

À l'échelle des États, le poids des métropoles explique la macrocéphalie des réseaux urbains en Amérique latine et les fortes concentrations de population. En Argentine, Buenos Aires regroupe 30 % de la population nationale, Lima un quart de la population péruvienne et Santiago un tiers de celle du Chili. Mais le développement depuis quelques décennies de villes secondaires a provoqué des modifications dans les réseaux urbains. Ainsi, au Venezuela, la primatie de Caracas s'est peu à peu estompée depuis les années 1970. En Bolivie, la macrocéphalie de La Paz a laissé la place à une bicéphalie partagée avec Santa Cruz. Dans les grands pays du sous-continent, les réseaux urbains sont plus hiérarchisés et polycentriques. Au Brésil, deux mégapoles dominent l'armature urbaine du pays et s'appuient sur des systèmes urbains régionaux comportant des villes millionnaires : Recife et Salvador de Bahia dans le Nordeste ; Belém et Manaus en Amazonie ; Brasilia dans le Centre-Ouest. Au Mexique, Mexico a certes un poids écrasant, mais des métropoles régionales émergent, notamment Guadalajara et Monterrey, des villes intermédiaires se développent à proximité de la capitale, comme Puebla ou Toluca, et des chapelets de villes prennent leur essor le long de la frontière avec les États-Unis, le long du golfe du Mexique et de la façade pacifique.

C. Des villes ségrégées et ségrégatives

L'Amérique du Nord, entre ghettoïsation ethnique, *gated communities* et gentrification

Le développement extensif apparemment illimité du *sprawl* provoque une consommation sélective des espaces urbains, accentuant les contrastes de richesses et alimentant les concurrences territoriales au sein de systèmes urbains fragmentés pour attirer les populations aisées et les activités les plus rentables. Après avoir entraîné la crise et la faillite de bon nombre de centres urbains, le jeu des concurrences territoriales n'oppose plus désormais uniquement le centre à la banlieue mais aussi les villes de banlieue entre elles. Ces logiques spatiales fragmentaires liées à la recherche du meilleur cadre de vie possible et à la sélectivité sociale sont l'un des moteurs essentiels de l'étalement urbain des villes nord-américaines et source de la crise urbaine à laquelle elles sont confrontées aujourd'hui. La fragmentation socio-spatiale se double désormais d'une fragmentation politique qui ne fait qu'accentuer les difficultés de gestion et de gouvernance de ces vastes organes métropolitains dont la taille peut dépasser les limites administratives.

Cet éclatement de la structure urbaine a été tout à la fois induit et soutenu par l'idéologie de l'entre-soi, historique dans la ville nord-américaine (exception faite peut être du Canada). Depuis leur mise en place, ces villes ont privilégié les regroupements communautaires : communautés indigènes séparées des communautés blanches dans la ville mexicaine, migrants séparés des Étatsuniens installés, migrants eux-mêmes regroupés selon leurs origines dans des quartiers communautaires, séparation des populations blanches et noires dans les villes étatsuniennes. Ainsi ces logiques de rapprochements communautaires inscrivent au fil du temps césures et discontinuités dans le tissu urbain des villes nord-américaines, entraînant des cloisonnements socio-spatiaux. Le développement de ghettos et autres quartiers fermés façonne cet urbanisme. Le modèle du ghetto noir américain, homogène ethniquement et socialement, illustre parfaitement les conséquences de méthodes de ségrégations informelles qui ont conduit à la formation de véritables enclaves « sécessionnaires » au cœur des villes étatsuniennes. À l'image de Bronzeville dans le South Side de Chicago, ou de Harlem ou du Bronx à New York, le ghetto a accompagné les transformations urbaines, mariant contraction démographique, taudification et dégradations architecturales des centres-villes nord-américains, plus particulièrement étatsuniens, mais aussi mexicains.

Les *gated communities,* quartiers résidentiels fermés essentiellement situés en périphérie des villes, constituent un autre type d'espace urbain en sécession dans la ville nord-américaine. La communauté privée de Llewellyn Park (New Jersey) peut être considérée comme l'une des première *gated community* étatsunienne, fondée sur un principe : s'isoler de la ville dense, de ses espaces surpeuplés et de ses dangers. Les populations qui intègrent aujourd'hui ces espaces le font encore majoritairement dans un but sécuritaire, mais aussi dans l'idée de trouver là un cadre résidentiel serein, idéal, dans un entre-soi social et ethnique. Le phénomène « *gated community* » se structure et prend de l'ampleur à partir des années 1960 aux États-Unis et dans les années 1980 au Mexique. Elles se multiplient et s'établissent de plus en plus loin des villes-centres, mais aussi des *edge cities* qui se mettent en place. Aux États-Unis on les retrouve essentiellement dans la Sun Belt (Floride, Californie, Texas, Arizona), mais aussi dans les marges des grandes métropoles du Nord-Est (New York, Détroit, Chicago). Néanmoins, il faut minimiser le phénomène : environ 4 millions de ménages, soit 16 millions de personnes, seraient concernés aux États-Unis, quelques centaines de milliers de personnes au Mexique (Mexico, estimations entre 80 000 et 250 000 résidents ; M. Guerrien, « Transformation et fragmentation des espaces urbains. Le cas de la zone métropolitaine du bassin de Mexico », *L'Espace géographique*, 2004/4, pp. 336-352) dans des ensembles fermés allant de la rue à l'îlot barricadé ou aux *barrios cerrados* développés par les promoteurs immobiliers. Enfin, au Canada, cette forme urbaine n'en est qu'à ses balbutiements. En 2010, on ne dénombrait que 245 communautés fermées, principalement réparties entre la Colombie-Britannique et l'Ontario. Se multipliant, les *gated communities* se démocratisent, passant de quartiers de prestige habités par les populations les plus aisées aux communautés pour classes moyennes, qui cherchent par ce biais à se distinguer socialement des classes populaires résidant dans la *suburb.*

Cependant, les quartiers péricentraux dégradés et souvent ghettoïsés font l'objet d'un processus de gentrification, qui a débuté d'abord d'une façon spontanée dans les années 1970 au sein des grandes villes, comme à New York autour d'artistes comme Woody Allen à Greenwich Village ou Soho. Aujourd'hui, Soho a une composition socio-ethnique à 82 % blanche, formée de célibataires ou de jeunes ménages sans enfant (moyenne de 1,65 personne par foyer), 65 % de diplômés du supérieur avec un revenu médian de 64 000 dollars par an, travaillant notamment dans la finance. Cette installation au centre s'explique par la volonté de réduire les navettes, d'avoir accès à des services ou lieux de culture. Dès la fin des années 1970 (1977 : *Urban Development Action)*, la gentrification est encadrée et recherchée dans le cadre de politiques de rénovation, de réhabilitation ou de requalification urbaines pour lutter contre la dégradation des villes-centres et mettre en valeur les quartiers historiques quand ils existent (Boston, San Francisco, Montréal, etc.). Ces politiques s'étendront ensuite au Canada au début des années 1990, puis au Mexique dans les années 2000. La gentrification touche également aujourd'hui les pays les plus développés d'Amérique du Sud, comme le Brésil ou l'Argentine.

L'Amérique latine : le poids des inégalités sociales et des bidonvilles

L'Amérique latine connaît les mêmes évolutions que l'Amérique du Nord, mais avec des différences majeures dans la localisation des phénomènes. Dans l'ensemble, les populations aisées demeurent au centre et les défavorisées en périphérie. Les inégalités socio-spatiales sont très marquées dans les villes latino-américaines, qui voient souvent la juxtaposition de quartiers aisés en habitat collectif sécurisé et de bidonvilles en maisons individuelles aux ruelles sinueuses qui s'adaptent à la topographie.

La pauvreté urbaine est un défi majeur de ces villes : elle concerne 124 millions d'urbains, soit un quart (26 %) de la population urbaine du sous-continent, dont 9 % dans l'indigence. En moyenne, les 20 % de la population urbaine les plus riches ont un revenu 20 fois supérieur à celui des 20 % les plus pauvres. La pauvreté urbaine touche en priorité les femmes, les jeunes et les minorités ethniques (pauvreté 1,5 à 3 fois plus importante pour les indigènes par exemple). Cependant, la situation est contrastée selon les pays, entre Haïti qui détient un triste record de 70 % d'urbains pauvres dont 50 % d'indigents et l'Uruguay où seuls 11 % de la population citadine est pauvre avec 2 % d'indigence. Les différences sont aussi fortes entre les régions. Les Grandes Antilles et l'Amérique centrale ont une pauvreté urbaine en moyenne supérieure à 40 % (à l'exception du Costa Rica : 17 % et de Panama : 15 %), les Andes ont des situations internes variées avec des pays aux taux de pauvreté urbaine élevés (Équateur, Bolivie, Colombie : plus de 40 %) tandis que d'autres sont dans la moyenne (Pérou : 19 %). Le Cône Sud a les taux les plus faibles, inférieurs à 15 %, à l'exception notable du Paraguay (47 %). Quant au Brésil, il est à 21 % légèrement inférieur à la moyenne.

Dans ces conditions, l'accès à un logement décent relève souvent de la gageure, aussi la bidonvillisation est-elle une réponse au problème du logement. Les bidonvilles regroupent un peu moins d'un quart de la population urbaine en Amérique latine (de 70 % en Haïti à 5 % au Surinam), soit 111 millions de personnes, contre 33 % en 1990 (106 millions d'urbains). Les politiques de destruction systématique de l'habitat informel menées jusque dans les années 1980 ont depuis laissé la place à une acceptation du phénomène et à sa légalisation. Il s'agit désormais soit de les ceindre de murs pour éviter leur extension, en créant ainsi une forme particulière de *gated communities* (*barrios cerrados*) pour pauvres (qui regrouperaient 53 % de la population de Mexico), soit de les durcifier en proposant aux habitants l'accès à des matériaux de construction et en amenant les réseaux d'eau et d'électricité. Néanmoins, si cette politique a permis qu'aujourd'hui 97 % de la population urbaine en Amérique latine ait accès à l'eau et à l'électricité, cela a conduit à figer la ségrégation socio-spatiale.

Outre la question des bidonvilles, l'Amérique latine connaît des problèmes urbains proches de ceux des pays en développement avec une gestion difficile des réseaux (transports urbains, eau, électricité, assainissement), principalement dans les espaces suburbains.

Ainsi, la transition urbaine, globalement achevée sur le continent américain, a donné naissance à des monstres urbains, tant par leur poids démographique que par leur étalement spatial. S'entame désormais une nouvelle forme de transition liée à des défis nombreux à relever : une urbanisation plus qualitative (en termes de réseaux), plus équitable (en termes sociaux) et plus soutenable (en termes environnementaux, avec la reconquête des rivières et des côtes ou la mise en place de corridors écologiques), qui ne pourra s'élaborer que par des progrès dans la gouvernance et par de nouveaux modèles de développement urbain qui restent largement à inventer. Le continent américain demeure le laboratoire de l'innovation urbaine et urbanistique.

Conclusion
Un continent américain entre centres et périphéries

Par conséquent, le continent apparaît très contrasté, présentant une organisation des espaces selon un modèle centres/périphéries que l'on peut décliner différemment. À l'échelle du continent, l'Amérique anglo-saxonne, constituée de pays développés, domine des pays en développement. Mais des hiérarchies internes se font jour. Ainsi, les États-Unis dominent très largement au sein de l'Amérique du Nord et des Amériques (*cf.* parties 2 et 4). En Amérique latine, il faut noter la montée en puissance de quelques pays émergents (Brésil, Mexique, Argentine, Chili), qui doivent cependant faire face à des difficultés internes (contestations sociales, fortes inégalités socioéconomiques, crises économiques récurrentes). Enfin, un groupe de pays reste en marge des développements tant économiques que sociaux, principalement dans les Caraïbes et en Amérique centrale (*cf.* partie 3).

À l'échelle des territoires eux-mêmes, apparaît une double opposition : d'abord entre les littoraux, centres névralgiques des économies du continent, au nord comme au sud, synapses de la mondialisation, et les intérieurs, souvent vides et utilisés d'une façon prédatrice par des fronts pionniers agricoles ou miniers ; ensuite, entre les villes qui regroupent une part très importante de la population et des activités économiques, et les campagnes souvent pauvres et soumises à de grands propriétaires fonciers.

Pour aller plus loin

Ouvrages

Bailly, A. *et alii*, *États-Unis, Canada*, *in* Brunet R. (dir.), *Géographie universelle*, Belin-Reclus, 1992.

Bataillon, C. *et alii*, *Amérique latine*, *in* Brunet R. (dir.), *Géographie universelle*, Belin-Reclus, 1991.

Bret, B., Ghorra-Gobin C., Medina L., *Géopolitique des Amériques*, Sedes, 2008.

Carroué, L. *et alii*, *Les Amériques*, Bréal, 2008.

Carroué L., Collet D., *Canada, États-Unis, Mexique. Un Ancien Nouveau Monde*, Bréal, 2012.

Gauchon, P., Gervaise, Y., *Le Nouveau Monde. Géopolitique des Amériques*, PUF, coll. Major, 2005.

Ghorra-Gobin, C., Musset, A. (dir.), *Canada, États-Unis, Mexique*, CNED/SEDES, 2012.

Giband, D. (coord.), *L'Amérique du Nord au XXIe siècle. Enjeux, défis et perspectives*, Ellipses, 2012.

Monot, A. (dir.), *L'Amérique du Nord. Unité, diversité ou complexité géographiques ?*, Bréal, 2012.

Monot, A. (dir.), *Les Amériques*, Bréal, coll. Le monde en fiches, 2017.

Musset, A. (dir.), *Géopolitique des Amériques*, Nathan, coll. Nouveaux Continents, 2014.

Zaninetti, J.-M., *Les Espaces de l'Amérique du Nord. Canada, États-Unis, Mexique*, PUF, coll. Major, 2012.

Documents

DOUAY, N., « La réforme territoriale en contexte métropolitain : éclairages canadiens », *L'Information géographique*, 2010/4, vol. 74, pp. 47-70.

DOUZET, F. et SONENSHEIN, R. J., « Los Angeles et Oakland, du noir et blanc à la couleur ! Nouvelles coalitions politiques dans des villes multiculturelles », *Hérodote*, 2008/3, n° 130, pp. 146-172.

GHORRA-GOBIN, C., POIRET, G., « États-Unis/Canada. Regards croisés », *La Documentation photographique*, La Documentation française, n° 8092, 2013.

GIBAND, D. et LEMARTINEL, B., « La "nouvelle vague hispanique" aux États-Unis, de l'effet frontière à la figure de la diffusion », *Annales de géographie*, 2009/3, n° 667, pp. 270-293.

POPELARD, A., « Détroit, catastrophe du rêve », *Hérodote*, 2009/1, n° 132, pp. 202-215.

PREVÔT-SCHAPIRA, M.-F., VELUT, S., « Amérique latine. Les défis de l'émergence », *La Documentation photographique*, La Documentation française, n° 8089, 2012.

RECOQUILLON, C., « Les enjeux de la revitalisation urbaine : Harlem, du ghetto au quartier chic », *Hérodote*, 2009/1, n° 132, pp. 181-201.

TERRAL, L. et SHEARMUR R. G., « Vers une nouvelle forme urbaine ? Desserrement et diffusion de l'emploi dans la région métropolitaine de Montréal », *L'Espace géographique*, 2008/1, tome 37, pp. 16-31.

TURNER, M. et WOLMAN, H., « Processus et politiques de ségrégation raciale aux États-Unis », *Hérodote*, 2006/3, n° 122, pp. 44-65.

ZANINETTI, J.-M., « Dynamiques urbaines de la Nouvelle-Orléans avant Katrina : étalement urbain et ségrégation raciale », *Annales de géographie*, 2007/2, n° 654, pp. 188-209.

Trois revues spécialisées sur les espaces latino-américains ou émergents :

– *Cahiers des Amériques latines ;*

– *Problèmes d'Amérique latine ;*

– *Tiers-Monde.*

Atlas

Dabène, O. (dir.), *Atlas de l'Amérique latine*, Autrement, coll. Atlas/Monde, 2016.

Le Goix, R., *New York*, Autrement, coll. Atlas/Mégapoles, 2013.

Ribardière, A., Tallet, B., *Mexico*, Autrement, coll. Atlas/Mégapoles, 2011.

Rapports

Affordable Land and Housing in Latin America and the Caribbean, ONU-Habitat, 2011, 104 p.

State of Latin American and Caribbean Cities Report 2012: Towards a new urban transition, ONU-Habitat, 2012, 195 p.

CEPAL, *Rapport sur la situation sociale en Amérique latine*, 2013.

Révisions

Principales problématiques

– Comment s'organisent les espaces naturels des Amériques ?

– Comment se sont construits les territoires américains ?

– Quels processus sont encore à l'œuvre dans la territorialisation du continent américain ?

– Quels ont été les rôles des migrations et des richesses naturelles dans la conquête et la mise en valeur des espaces américains ?

– Comment se répartit la population sur le continent américain aujourd'hui ?

– Quelles sont les caractéristiques principales des sociétés américaines ?

– Quel est le poids des villes en Amérique et ses origines ?

Idées à retenir

I. Un continent transformé par la colonisation européenne

A. La mise en valeur de l'espace par les fronts pionniers

– Une ossature de reliefs fondée sur des hautes montagnes à l'ouest, de grands bassins ou plaines au centre (drainés par quelques-uns des plus grands fleuves du monde : Amazone et Mississippi) et des moyennes montagnes ou plateaux à l'est.

– Une mosaïque de milieux naturels, organisée selon les reliefs, la latitude, la proximité ou l'éloignement à l'océan, l'influence de masses d'air polaire ou tropical et des courants marins chauds ou froids.

– Un continent fortement soumis aux risques naturels majeurs : séismes et volcanisme en façade pacifique, Amérique centrale et Antilles ; cyclones en Amérique centrale, mer des Caraïbes et golfe du Mexique. Mais la vulnérabilité à l'aléa dépend du niveau de développement des pays.

– Un continent portant de nombreuses ressources naturelles (minières, énergétiques) dont l'exploitation a suscité la colonisation de nombreux espaces par des fronts pionniers et a facilité la mise en place d'économies de rente et des formes de prédation.

B. Des organisations territoriales souvent héritées de la colonisation

– Une mentalité pionnière qui se lit encore dans la mise en valeur de nouveaux espaces de ressources naturelles dans le nord du Canada, en Alaska, dans les espaces arides ou dans la forêt amazonienne.

– Une répartition originale des populations : forte littoralisation, notamment atlantique, peuplement archipélagique dans l'intérieur et d'immenses espaces de faible densité.

C. Des populations largement immigrées

– Importance des migrations européennes qui ont modifié la composition ethnique du continent et la répartition de la population. Ces migrations sont très fortes depuis le XIXe siècle. Mais si l'Amérique du Nord est le premier espace d'immigration au monde, l'Amérique latine est devenue un espace d'émigration, notamment vers les États-Unis. D'importantes mobilités interrégionales se développent aussi au sein de chaque pays, selon le différentiel économique entre les espaces.

– Des sociétés multiculturelles se mettent peu à peu en place aux États-Unis et au Canada, soit volontairement comme au Canada, soit par l'essor de régions où la majorité de la population est formée de minorités ethniques (latinisation du Sud, de la Californie à la Floride, fortes communautés asiatiques dans les villes de la façade pacifique, réserves indiennes, Vieux Sud afro-américain) formant alors un *salad bowl* de communautés.

– En Amérique latine, le métissage est une caractéristique majeure de la composition ethnique des populations, entre Amérindiens plus ou moins nombreux selon les pays (fortes communautés en Amérique centrale et dans les Andes), Afro-Américains issus de la traite négrière et populations hispaniques. Néanmoins, les minorités ethniques sur tout le continent connaissent souvent des situations socioéconomiques défavorables.

II. Des sociétés américaines originales

A. Des sociétés homogènes ?

– Culturellement, Canada et États-Unis sont anglo-saxons et protestants, tandis que l'Amérique latine est hispanique et catholique.

– Issues majoritairement de migrations européennes, les populations américaines sont ainsi dans l'ensemble de confession chrétienne, pourtant la diversité est de mise entre protestants et catholiques, mais aussi entre de nombreuses Églises évangéliques, sans oublier les religions des minorités (islam, bouddhisme, hindouisme, etc.). Au niveau linguistique, l'opposition entre anglophones au nord et hispaniques au sud cache aussi une grande variété, en partie liée aux minorités, mais pas seulement (*cf.* francophones du Québec issus de la colonisation, comme les lusophones au Brésil).

– Les évolutions démographiques montrent une gradation de niveaux de transition démographique, entre les pays anglo-saxons à croissance naturelle ralentie en situation post-transitoire auxquels il faut ajouter quelques pays d'Amérique latine (Cône Sud et une partie de la Caraïbe). Viennent ensuite des pays en fin de transition (Mexique, pays andins) puis des pays au début de la seconde phase de la transition (Amérique centrale, Caraïbes).

– Le continent est le plus inégalitaire au monde : une minorité concentre la majeure partie des richesses tandis que la pauvreté touche encore près de 30 % de la population, même s'il y a des différences internes entre pays. Par ailleurs, l'indice de Gini élevé confirme la très forte inégalité de répartition des richesses.

B. Des modèles de développement urbain proches au sein du continent ?

– Le continent le plus urbanisé. Mais la transition urbaine a été plus précoce (dès les années 1820-1830) et plus longue aux États-Unis et au Canada (sur un peu plus d'un siècle), plus récente (à partir des années 1930) et plus rapide (un demi-siècle) en Amérique latine, qui a ainsi connu une explosion urbaine. Les villes à plus forte croissance aujourd'hui sont celles entre 1 et 5 millions d'habitants.

– Les villes s'organisent souvent en ensembles linéaires le long des côtes, formant des mégalopoles, des méga-régions ou des corridors urbains, ou sont plus isolées dans l'intérieur des terres.

– La métropolisation est plus avancée au nord du continent et dans les pays émergents que dans les autres pays, où elle se limite souvent à la capitale.

– Le continent présente quelques similitudes urbaines : une prédominance des mégapoles (villes de plus de 10 millions d'habitants), un fort étalement urbain et une importante ségrégation socio-spatiale, voire socio-ethnique. À noter toutefois la spécificité des villes latino-américaines, qui conservent un certain nombre de caractéristiques de villes de pays en développement : de nombreux bidonvilles, des réseaux concentrés sur les villes-centres alors que les espaces suburbains sont mal desservis.

Chiffres clés

– Amériques : un quart de la production mondiale de nickel, de fer, de gaz et de pétrole, 50 % de celle de cuivre.

– Densité du continent : 25 hab./km² (56 à l'échelle mondiale) ; de près de 180 dans les Caraïbes à près de 24 en Amérique du Nord et du Sud. Au-delà d'une bande littorale de 500 km de large, les densités sont inférieures à 5 hab./km².

– 1850-1930 : 14 millions de migrants en Amérique latine et 40 millions en Amérique du Nord. Actuellement, près d'un million de migrants par an aux États-Unis (1er pays d'immigration au monde), dont 50 % de Latino-Américains.

– 4 pays neufs (formés de population majoritairement blanche européenne) : Canada, États-Unis, Uruguay, Argentine.

– 2011 : près de 15 millions d'autochtones, contre 12 millions en 1600. Pays à majorité amérindienne : Guatemala et Bolivie.

– 1500-1850 : migration forcée de près de 5 millions d'Africains encore très concentrés spatialement dans les Grandes Antilles, en Amérique centrale, dans le Sud-Est des États-Unis et le Nord-Est du Brésil.

- 7 millions de francophones au Canada, 409 groupes ethnolinguistiques en Amérique latine.
- En Amérique latine : plus de 80 % de la population est catholique.
- Taux d'accroissement naturel en Amérique du Nord : 0,8 % par an ; dans les Caraïbes : 1 % ; en Amérique du Sud : 1,2 % et en Amérique centrale : 1,6 %.
- Amérique latine : taux de pauvreté de 30 % (174 millions de personnes) et taux d'indigence de 13 % (73 millions). Depuis 1990, 50 millions de personnes sont sorties de la pauvreté. Fortes inégalités sociales : 40 % des ménages ont 15 % des revenus contre 10 % qui représentent 34 % des revenus.
- Taux d'urbanisation du continent : 80 %, sauf en Amérique centrale (55 %) et Caraïbes (66 %). 42 % des villes à moins de 10 km des côtes. Amérique anglo-saxonne : 50 % de la population vit dans des villes millionnaires, mais 58 % en Amérique latine. Densité urbaine moyenne : 25 hab./ha au nord, 70 au sud. Taux de pauvreté urbaine : 26 % (9 % d'indigents), correspond approximativement à la part de personnes vivant dans des bidonvilles (111 millions de citadins).

Exercice

Commentaire de carte

Points méthodologiques

1. **Présenter la carte** en indiquant la source, la nature, l'échelle si nécessaire, parfois la projection (polaire, cylindrique, azimutale, Mercator), en plage, en point, en diagramme, en proportion, par anamorphose, en aire, en courbes.

2. **Analyser le sujet**. Bien définir les termes du sujet afin de dégager le problème géopolitique posé en essayant de ne pas recopier le titre de la carte.

3. **Établir un commentaire autour de 3 à 4 idées principales extraites de la carte et complétées par des connaissances personnelles**. Les idées présentées doivent répondre à une logique dans un raisonnement. En aucun cas juxtaposer une série d'idées ou d'informations extraites de la carte.

4. **Dans le commentaire, insérer des éléments critiques**. Une carte n'est pas neutre : elle révèle les idées de son concepteur. Elle présente une certaine vision de la réalité. Les statistiques qui servent à construire les cartes ne sont pas toujours justes ou sont volontairement faussées par leurs auteurs.

5. **En conclusion, dégager la portée de la carte**, son intérêt pour la question en évitant les formules creuses.

Exercice d'application

Sujet : L'Amérique latine, un carrefour migratoire, 2010

Voir la carte p. 29 dans Prevôt-Schapira, M.-F., Velut, S., « Amérique latine. Les défis de l'émergence », *La Documentation photographique*, La Documentation française, n° 8089, 2012, également consultable à l'adresse : http://www.ladocumentationfrancaise.fr/cartes/migrations/c001419-1-amerique-latine-en-2010-un-carrefour-migratoire

Les migrations internationales sont un enjeu majeur du XXIe siècle. Elles portent une dimension symbolique sur un continent mis en valeur et approprié par des populations majoritairement allochtones, d'origine européenne, à partir de la fin du XVe siècle. La carte à analyser présente la situation migratoire des pays d'Amérique latine, du Mexique à l'Argentine, en 2010. Elle est extraite de la revue *La Documentation photographique* de septembre-octobre 2012. Quelles sont les caractéristiques migratoires actuelles des pays latino-américains ?

Longtemps pays d'immigration, la majeure partie des pays latino-américains sont désormais des pôles d'émigration. Seuls quelques pays ont encore des soldes positifs (*cf.* carte) : Costa Rica et Panama en Amérique centrale, Venezuela et Chili en Amérique du Sud. Tous les autres États émettent désormais plus de migrants qu'ils n'en accueillent, mais ce déficit migratoire est plus ou moins important selon les pays. Ainsi, trois groupes apparaissent (*cf.* carte). Le premier est constitué des pays au solde migratoire le plus négatif, de plus de 200 000 migrants par an : Mexique, Salvador, Brésil et Pérou entrent dans ce groupe. Le second présente un solde migratoire négatif compris entre 100 000 et 200 000 migrants par an : il s'agit en Amérique centrale du Guatemala et du Nicaragua, des Grandes Antilles et en Amérique du Sud de la Colombie, de l'Équateur, de la Bolivie et de l'Argentine. Le dernier groupe a un solde négatif faible à moins de 100 000 migrants par an : Honduras, Petites Antilles, Guyanes, Paraguay et Uruguay en font partie.

Les flux s'organisent principalement vers les États-Unis, qui sont indubitablement le principal pôle récepteur de cette émigration, mais selon un principe de proximité (*cf.* carte). En effet, sur 22,2 millions d'immigrants latino-américains aux États-Unis en 2010, 19,5 millions sont issus d'Amérique centrale ou des Caraïbes (5,14 millions), dont la moitié pour le seul Mexique (11,6 millions). Ainsi, seuls 12 % (2,6 millions) des migrants hispaniques arrivent d'Amérique du Sud. Les flux secondaires s'effectuent à destination du Canada et de l'Europe. Le Canada accueille en effet des Latino-Américains, mais en nombre beaucoup plus restreint et avec un équilibre entre Caraïbes et Amérique du Sud et une plus faible proportion d'Amérique centrale. D'autres flux importants, de près de 3 millions de migrants, se dirigent d'Amérique du Sud vers l'Europe et principalement l'Espagne ou le Royaume-Uni (*cf.* carte). Des flux plus minoritaires existent également vers le Japon ou l'Australie (*cf.* carte). Des couples migratoires ressortent dès lors : un premier couple peut être mis en avant entre les États-Unis et les pays caribéens et centraméricains (Mexique inclus) et un couple entre l'Amérique du Sud et l'Europe.

Par conséquent, les migrations s'effectuent selon les différentiels économiques au sein du continent américain, des pays en développement au sud du Rio Grande vers les pays développés au nord, et avec les anciennes métropoles européennes, ce qui révèle que l'Amérique du Sud notamment a conservé des liens importants avec l'Europe. Néanmoins, la carte montre l'existence de flux internes à l'Amérique latine (*cf.* carte), qui expliquent notamment les quelques pays récepteurs de migrants. En effet, les pays latino-américains aux dynamiques économiques importantes sont soit des pays émergents (Brésil, Argentine), soit des pays bénéficiant d'activités attractives et de sources de développement (comme le canal de Panama, les hydrocarbures du Venezuela ou les mines chiliennes). Ces migrations au sein du sous-continent se font également par proximité géographique.

Ainsi, le sous-continent latino-américain a émis 25 millions de migrants en 2010, principalement attirés par les États-Unis, alors que ceux-ci contrôlent de plus en plus leur frontière méridionale afin d'endiguer l'importance de ces flux. Les migrants ont un poids économique important dans leur pays d'origine car ils y envoient de l'argent, des remises ou des transferts qui s'élevaient en 2011 à 60 milliards de dollars. Mais la carte ne met pas en valeur les retournements de situation, comme la crise de l'euro depuis 2011, qui a provoqué une inversion des flux de la péninsule Ibérique vers l'Amérique du Sud, ni la question culturelle des impacts spatiaux de l'arrivée des Latino-Américains dans les États du Sud des États-Unis en cours de latinisation, contribuant ainsi à déplacer vers le nord la frontière entre Amérique anglo-saxonne et Amérique latine.

Autres sujets possibles

Vous trouverez principalement des cartes à commenter dans certaines revues ou sur certains sites Internet :

- *La Documentation photographique*, avec une cartothèque en ligne sur le site de la Documentation française : http://www.ladocumentation-francaise.fr/cartes ;
- *Carto* (bimensuel) ;
- *L'Atlas du Monde diplomatique* (parution annuelle) ;
- Les Atlas de la collection Monde aux éditions Autrement ;
- Site de l'Atelier de cartographie de Sciences Po Paris : http://cartographie.sciences-po.fr/

2

Les États-Unis : économie, société, puissance

Introduction

De la guerre d'indépendance (1775-1783) à la Première Guerre mondiale, les États-Unis passent d'un statut d'économie agricole à celui de première puissance industrielle du monde, jusqu'à représenter 50 % de l'économie mondiale en 1945. Malgré la grande crise financière et économique de 2007, les facteurs fondamentaux de la puissance américaine sont encore solides mais de plus en plus fragilisés, à la fois par la montée en puissance de concurrents redoutables tels les pays émergents d'Asie, mais aussi en raison des déséquilibres générés par le modèle de croissance financiarisé.

La situation économique des États-Unis s'est profondément dégradée en raison de la récession, de la montée du chômage, du retour de l'inflation et de la dévalorisation du patrimoine des ménages, confrontés à un niveau d'endettement préoccupant. Le déclin inéluctable du pays dans la géographie de la puissance mondiale alimente les craintes des Américains, tandis que se précise la montée en puissance des BRICS (Brésil, Russie, Inde, Chine et Afrique du Sud) à forte croissance, dont le pays, très endetté, est dépendant financièrement, notamment de la Chine qui détient une part importante des titres de la dette publique américaine. Mais l'économie des États-Unis peut encore compter sur de puissants atouts, comme l'étendue de son marché intérieur, la domination de ses firmes multinationales dans de nombreux secteurs, sa compétitivité et son avance technologique, toujours très fortes, qui attirent de nombreux investisseurs. Le dollar reste la référence dans les relations monétaires internationales et la place financière américaine est malgré la crise l'une des plus attractives du monde. Enfin, son capital humain et son dynamisme démographique pourraient soutenir encore longtemps son potentiel productif dans la concurrence mondiale.

Problématiques

- Quels sont les fondements de la puissance des États-Unis ?
- Comment s'organisent les systèmes productifs étatsuniens ?
- Quelles sont les stratégies des firmes multinationales américaines ?
- Pourquoi le marché financier américain demeure-t-il si attractif?
- Quelles sont les forces et les faiblesses du dollar dans l'économie mondiale ?
- Quelles sont les conséquences de la crise de 2007-2008 aux États-Unis ?
- Le marché du travail américain demeure-t-il une « job machine » ?
- Quelles sont les capacités de résilience des États-Unis face à la crise économique ?
- Quelle a été l'évolution des inégalités économiques et sociales aux États-Unis ?

Plan de la partie 2

I. Les fondements intérieurs de la puissance américaine

II. Une société inégalitaire inquiète pour son modèle

I

Les fondements intérieurs de la puissance américaine

1 Un pays bien doté en facteurs de production traditionnels

A. Les atouts de l'espace américain : un pays continent

Un réservoir de ressources naturelles

L'immensité du territoire américain (9,6 millions de km² de superficie, 17 fois la France) reste attachée au projet fondateur de l'État et de la nation. Dans ce pays à l'échelle d'un continent (4 500 km d'est en ouest, 2 500 km du nord au sud), la maîtrise de l'espace s'est avérée décisive. Si la construction d'une voie ferrée intercontinentale a constitué un véritable défi, le réservoir de ressources naturelles (eaux, terres, forêts, ressources minières) a permis un développement économique accéléré. L'agriculture américaine reste historiquement marquée par une organisation en « ceintures » (*belts*) : dans la moitié est du pays et du nord au sud, on distinguait ainsi la ceinture des laitages (Dairy Belt), du maïs (Corn Belt), du coton, ou du tabac. On a pu observer une certaine spécialisation des activités selon les États avec l'élevage au Texas, les agrumes et la viticulture en Californie, etc., tandis que la mécanisation (tracteurs, moissonneuses-batteuses) a rapidement permis une culture intensive. Le réservoir de ressources naturelles (eaux, terres, forêts, ressources minières) a permis un développement économique accéléré. L'agriculture américaine s'appuie sur un marché intérieur considérable, lui-même soutenu par le dynamisme de la démographie. La fertilité des sols et leur variété hissent l'agriculture américaine et ses *farmers* au tiers de la production mondiale (maïs, coton, soja, riz, viande, fruits...), en particulier grâce aux grandes plaines du Middle West, de Floride ou du Texas (élevage). La production américaine détermine largement l'évolution des cours mondiaux des produits agricoles.

Au début du XXe siècle, l'agriculture américaine connaît un certain apogée. En 1910, 6 millions d'exploitations occupent environ un tiers des actifs, font vivre la moitié des Américains et assurent 50 % des exportations du pays. La production agricole des États-Unis, à la fois énorme et variée, se caractérise par une grande souplesse face à l'évolution de la demande et des cours. Les États-Unis disposent d'un espace gigantesque et moins de la moitié de la surface agricole utile est effectivement labourée (l'espace agricole peut ainsi être augmenté de 30 millions d'hectares). L'origine des revenus agricoles depuis les années 1930 marque une permanence de la répartition entre production végétale (44-47 %) et production animale (56-53 %). Cette stabilité masque cependant quelques évolutions divergentes : progression des céréales fourragères, des oléagineux et des bovins ; déclin des céréales destinées à l'alimentation humaine, du coton, du tabac, du porc et des produits laitiers.

Historiquement, la pénurie relative de main-d'œuvre et l'immensité du marché intérieur ont poussé très tôt à la mécanisation de l'agriculture (tracteurs, moissonneuses-batteuses) et à des pratiques extensives, tournées vers la volonté de rationaliser la production et de rentabiliser les investissements. La place de la recherche scientifique a toujours été centrale (développement de semences révolutionnaires dès le XIXe siècle). Aujourd'hui les cultures transgéniques (OGM) constituent un domaine dans lequel les États-Unis disposent d'une confortable avance (Monsanto). Toutefois, les États-Unis possèdent une réglementation stricte en matière alimentaire avec la Food and Drug Administration (FDA). Le progrès technique a permis de s'affranchir des déterminismes physiques : variétés hybrides, irrigation dans l'Ouest (fourrages, légumes), baisse des coûts du transport (essor de l'élevage dans le Sud-Est alimenté par les céréales du MidWest).

Le soutien du gouvernement fédéral à l'agriculture n'est pas négligeable (contrôle et subventions de l'administration, notamment au titre de la préservation des sols). En 2007, le Farm Bill prévoit d'importants soutiens financiers au secteur (loi-cadre agricole). Les exportations n'absorbent qu'un quart environ de la production agricole des États-Unis. Le marché et la consommation intérieure demeurent l'essentiel des débouchés, portés par le style de vie (restauration rapide), la croissance démographique et la progression des niveaux de vie. L'agriculture s'est ainsi complexifiée et est devenue nettement plus intensive (accroissement des surplus de l'*agribusiness*). La production agricole répond à une demande de produits naturels (spécialisation de certaines régions dans des produits à forte valeur ajoutée comme les fruits et légumes en Floride, en Californie, ou à Hawaï), et à l'uniformisation des goûts favorisée par la restauration rapide. L'alimentation banalisée a ainsi favorisé l'implantation de grandes sociétés industrielles et de distribution qui contrôlent le marché américain (*corporate farms*).

Une agriculture intensive

Dès le XIXe siècle apparaissent des innovations majeures comme la charrue bisoc (vers 1830) ou la moissonneuse mécanique (1832), avant l'arrivée au XXe siècle de la moissonneuse-batteuse automotrice (1908) et du tracteur (1910) afin de répondre au besoin de stabiliser la main-d'œuvre lors de la poussée vers l'ouest. L'agriculture a été ainsi fondée sur la culture extensive et le découpage en régions (*belts*). L'agriculture américaine possède aujourd'hui un gigantesque parc de machines (environ 20 % du parc mondial) et dispose d'une puissance unitaire par travailleur nettement plus élevée que dans l'Union européenne. Les produits agricoles constituent également un poste important au sein du secteur des transports (ferroviaire, routier et fluvial).

La sophistication des machines et leur coût très élevé obligent cependant les agriculteurs à des amortissements longs qui freinent la capacité d'adaptation par rapport aux fluctuations du marché. L'augmentation rapide des coûts de l'équipement a forcé les agriculteurs à un endettement important et à une forte dépendance vis-à-vis des banques, malgré le Farm Credit System institué par l'État afin de renflouer les organismes de crédit agricole. La puissance agricole américaine s'appuie sur les acquis de la recherche scientifique et sur les universités agricoles. Ainsi, le développement d'espèces nouvelles (maïs hybrides) et l'usage des biotechnologies (en particulier dans l'élevage) sont à l'origine de la hausse continue des rendements depuis les années 1950. Les États-Unis regroupent près de 70 % des cultures transgéniques mondiales (OGM).

L'*agribusiness* aux États-Unis

D'après Catherine Augagneur Delaye *et alii*, *Les Amériques*, Bréal, 2014.

Le progrès des rendements agricoles s'appuie sur une quantité croissante d'énergie consommée (10 % de l'énergie consommée aux États-Unis relève du secteur agroalimentaire). Le recours aux engrais chimiques et aux pesticides (contrôlés par la réglementation fédérale) participe du mouvement d'accroissement des rendements, tournés vers la rentabilité financière. Malgré l'ajout de méthodes performantes (fertilisants, écoulement gravitaire amélioré), l'agriculture américaine se retrouve toutefois confrontée aux problèmes de ressources en eau.

Aux États-Unis, l'*agribusiness* représente près de 20 % du PIB et occupe 15 % des actifs (10 millions d'emplois), et de puissants groupes dominent le secteur (Philipp Morris). Le complexe agro-industriel s'appuie sur le rôle des firmes (Cargill, Monsanto dans les cultures transgéniques, Dole et Chiquita, etc.) et sur les débouchés du marché intérieur à travers la grande distribution comme Walmart Stores ou la restauration rapide comme McDonald's ou Pizza Hut. Les marchés américains orientent largement les cours mondiaux des céréales par exemple (marchés à terme de Chicago, Chicago Board of Trade, Chicago Mercantile Exchange). Les gains de productivité dans l'agriculture ont permis aux États-Unis de dégager d'importants surplus et d'assurer une forte croissance des exportations (25 % de la production) et une concurrence intense avec l'Union européenne, qui conserve toutefois la première place sur les marchés mondiaux. Les aides de l'État fédéral restent inférieures à celles de l'Union européenne au titre de la politique agricole commune (PAC), mais le complexe agro-industriel représente encore un enjeu majeur pour les États-Unis dans le commerce mondial (dominé par les firmes agro-alimentaires comme Coca-Cola, Philip Morris, Unilever, etc.)

L'agriculture américaine n'en est pas moins menacée (y compris sur son marché intérieur) par la concurrence des pays émergents et de nombreux différends commerciaux l'opposent à l'Europe sur la question agricole. Les États-Unis se sont tournés vers d'autres marchés (vers les pays de l'Alena : Canada et Mexique) mais aussi vers la Chine. La part de l'agriculture américaine dans le commerce mondial a toutefois chuté depuis les années 1980 (de 42 % en 1980 à 19 % en 2012). L'administration fédérale dénonce régulièrement les aides européennes, censées être responsables de cette diminution des parts de marché à l'exportation.

La *corporate farm*

Alors que les États-Unis se sont en partie construits sur l'idéal jeffersonien de la petite ferme individuelle, le modèle de la *corporate farm* s'est imposé sur un mode industriel (recours à des biologistes, achat en gros et baisse des prix, économies d'échelle, usage intensif des nouvelles technologies, capacité à drainer les aides et subventions du gouvernement fédéral). Moins de 5 % des exploitations génèrent plus de la moitié du chiffre d'affaires total du secteur agricole (L'État fédéral possède encore plus de 30 % des terres et il subsiste de nombreuses coopératives et exploitations familiales) et le mouvement de concentration verticale dans le secteur a entraîné une baisse du nombre d'exploitants à plein temps. Ce sont les producteurs de céréales (blé, riz et maïs), de soja, de coton et de tabac qui dépendent le plus des marchés extérieurs (la part consacrée à l'export a cependant diminué depuis les années 1980 pour le blé et le soja). Les grandes firmes se sont engagées massivement dans l'*agribusiness* en raison de la forte rentabilité financière du secteur au cours des années 1970 et des aides fédérales qui ont surtout bénéficié aux grands fermiers et aux compagnies (un mécanisme comparable à la politique agricole commune). De nombreux agriculteurs sont ainsi liés par des contrats commerciaux aux grandes firmes de l'*agribusiness* (Dole Cy, Tenneco, International Harvester) qui demeurent centrées sur la rentabilité financière. Dans ce schéma, les agriculteurs louent les machines agricoles, achètent les semences à une entreprise qui se chargera elle-même de la commercialisation (Cargill, Harvester). Les États-Unis ont toujours été le principal donateur au titre de l'aide alimentaire : 98 % en 1960, 50 % aujourd'hui. Mais cette aide peut également devenir un moyen de pression politique et favoriser la diffusion du modèle alimentaire américain dans le monde (McDonald's).

B. Le facteur travail et le facteur capital

Le dynamisme de la *job machine*

L'économie américaine connaît sur une longue période un taux de chômage relativement faible, proche du plein emploi : le taux de chômage mesuré demeure à long terme parmi les plus faibles des pays développés. Au milieu des années 1980, le taux de chômage avait atteint plus de 10 % de la population active (sans parler de la Grande Dépression des années 1930 où il a pu monter à 25 %) pour ensuite rester constamment inférieur à 8 %, jusqu'à descendre sous le seuil des 4 % en 1999-2000, au cœur de la période d'euphorie de la net-économie, et certaines pénuries d'emplois sont apparues aux États-Unis. Lorsque des tensions apparaissent sur le marché du travail américain, les coûts salariaux augmentent (la demande de travail augmente plus vite que l'offre) aux États-Unis et les conjoncturistes surveillent scrupuleusement l'évolution de l'emploi outre-Atlantique, qui a des répercussions importantes sur le reste du monde. Si le taux de chômage américain demeure faible à long terme, les mutations de l'appareil productif créent des écarts importants à l'échelle du pays. La crise du secteur automobile dans le Michigan, la restructuration des charbonnages en Virginie, les difficultés des industries rurales dans la bande du Dakota du Nord à l'Oklahoma, ou celles de la Californie après le ralentissement des industries liées aux nouvelles technologies (début des années 2000), se traduisent par d'importantes disparités géographiques en matière d'emploi et de chômage. On sait traditionnellement que l'emploi américain est fortement réactif au cycle économique : les successions régulières de périodes d'expansion et de contraction des principaux indicateurs économiques (prix, production) déclenchent de fortes variations du volume de l'emploi (même si, récemment, le retour de la croissance entre 2001 et 2004 a constitué une « reprise sans emploi » aux États-Unis, comme depuis 2010). Au final, un faible niveau de croissance permet de créer davantage d'emplois pour un même niveau de productivité du travail. Le dynamisme des créations d'emplois aux États-Unis est tel qu'il a justifié la formule de « *great job machine* ». Il s'explique également par une croissance forte de la population active, notamment en raison de la démographie américaine particulièrement favorable, du recours à l'immigration, à la participation croissante des femmes au marché du travail, et à la durée d'activité à un âge avancé la plupart du temps. Les États-Unis enregistrent par ailleurs un taux d'emploi traditionnellement élevé (67,3 % en 2013), signe d'une forte participation globale au marché du travail. Le nombre d'heures annuelles travaillées est relativement élevé avec 1 790 heures en 2012 contre 1 479 heures en France et 1 397 en Allemagne.

Une économie hyper-tertiarisée

Au milieu des années 1990, l'essayiste américain Jeremy Rifkin avait déclenché un débat alarmiste aux États-Unis (et en Europe) sur le retour du chômage technologique dans un essai intitulé *La Fin du travail* (La Découverte, 2005) qui accumulait de multiples exemples de plans de licenciements des firmes américaines (*downsizing*). Quelques années plus tard, la reprise économique a néanmoins permis une intense période de créations d'emplois, particulièrement vigoureuse dans le tertiaire : la structure de consommation des ménages américains s'est modifiée pour se porter sur les loisirs, la culture, les transports, l'équipement électronique et informatique, etc., dans le cadre d'une société post-industrielle. Les restructurations de l'appareil productif ont toutefois entraîné le déclin de secteurs traditionnels comme le textile, la sidérurgie, l'automobile, sous l'effet conjugué de la concurrence des économies émergentes (d'Asie notamment) et du progrès technologique (robotisation, informatisation de la production).

Occupant désormais 80 % de l'emploi total aux États-Unis (53 % en 1950), le secteur tertiaire se décompose en trois grands ensembles outre-Atlantique : les services aux particuliers (restauration, hôtellerie, commerce, etc.), les services aux entreprises (assurance, banque, services juridiques), et l'enseignement, la santé, la culture, etc. Si une grande partie des services peut être liée à l'industrie, le secteur tertiaire enregistre des gains de productivité en moyenne plus faibles, ce qui permet de créer davantage d'emplois. Depuis les années 1980, les secteurs qui ont le plus créé d'emplois à temps plein sont précisément les services aux entreprises (conseil, services juridiques, audit), les services commerciaux (grande distribution), et ceux liés à la culture et aux loisirs (cinéma, parcs de loisirs, etc.). Les emplois créés depuis le début des années 1980 ont requis un niveau de qualification plus élevé que la moyenne (pour environ les deux tiers du total des emplois créés). La *job machine* américaine n'a donc pas seulement créé des emplois non qualifiés et peu rémunérés (*bad jobs*), même si pour un tiers de ces emplois les conditions se sont dégradées. Les services publics ont également constitué un puissant pourvoyeur d'emplois, contrairement à l'idée répandue d'un État minimum au pays du libéralisme économique : les services de l'État fédéral, des États fédérés et des collectivités locales ont créé 15 millions d'emplois depuis les années 1980 et les commandes publiques stimulent l'activité de nombreuses entreprises privées (à l'instar des dépenses du ministère de la Défense).

Bien que les créations d'emplois aient progressé et que le taux de chômage ait reflué à 6,7 % (février 2014) depuis le point haut de 10,0 % atteint en octobre 2009, les conséquences de la récession sur le marché du travail perdurent. La durée du chômage est toujours très élevée, supérieure ou égale à 27 semaines pour quelque 40 % des chômeurs.

Les États-Unis disposent d'une main-d'œuvre parmi les plus productives du monde : la productivité américaine par personne employée est largement en tête des classements internationaux, malgré le rattrapage des pays d'Asie de l'Est par exemple, qui ont doublé leur performance en dix ans. La productivité du travail est étroitement liée au rythme du progrès technique et à la formation de la main-d'œuvre. Si les gains de productivité relèvent de « l'inspiration », pour reprendre la formule du prix Nobel d'économie Paul Krugman, c'est-à-dire de la technologie, elle s'appuie aussi sur la « transpiration », dans la mesure où les Américains effectuent un plus grand nombre d'heures de travail par an que la plupart des autres économies développées.

La recherche scientifique et le capital humain

La vitalité de l'enseignement supérieur assure aux États-Unis un *leadership* en matière de révolutions scientifiques et technologiques grâce à une confortable avance sur les autres économies développées dans les domaines qui détermineront la croissance future (biotechnologies, nanotechnologies, etc.). Par exemple, les États-Unis concentrent 75 % des revenus mondiaux liés aux biotechnologies. La domination américaine repose sur la supériorité de son modèle d'enseignement universitaire et de recherche. Les dépenses liées à l'enseignement supérieur représentent environ 3 % du PIB. Les États-Unis comptent huit des dix meilleures universités du monde et possèdent près des deux tiers des cinquante premières universités, selon le classement international de l'université de Shanghai. Les passerelles entre les centres de recherche universitaires et les entreprises sont nombreuses et permettent de fructueuses coopérations industrielles, notamment dans le secteur de l'informatique. Les États-Unis ont généralement une confiance illimitée dans les promesses de la science au niveau de la recherche fondamentale, et celles de la technologie au niveau des applications économiques.

La spécialisation de l'économie américaine dans les productions à forte valeur ajoutée et dans les secteurs de pointe alimente la demande en travail très qualifié. Le professeur Robert Lucas, prix Nobel d'économie en 1995, et avant lui le professeur Gary Becker ont montré combien le capital humain était crucial pour la croissance économique : dans une économie développée comme les États-Unis, située à la frontière technologique, où le niveau général d'éducation primaire et secondaire est suffisamment élevé, c'est l'enseignement supérieur et la recherche qui permettent de prendre un second souffle et de soutenir la croissance. L'investissement en capital humain (l'éducation), la recherche-développement et l'apprentissage tout au long de la vie, permettent d'améliorer la productivité des travailleurs. Dès la fin de la Seconde Guerre mondiale, le président Roosevelt avait donné le signal d'un vaste plan de démocratisation de l'enseignement supérieur aux États-Unis, notamment en direction des anciens soldats. Ces décisions ont largement contribué à l'avantage relatif de la main-d'œuvre américaine sur ses concurrentes par la suite. Désormais, la mondialisation de l'économie et l'évolution technologique se conjuguent pour donner un avantage au travail qualifié et accroître la part de travailleurs disposant d'un niveau élevé de qualification dans l'emploi total. L'investissement dans la recherche universitaire demeure un indicateur important de l'écart entre les deux rives de l'Atlantique : les États-Unis consacrent en moyenne 60 % de ressources de plus que l'Europe à la recherche et développement.

Le rôle des pouvoirs publics est crucial dans les domaines de la santé, de l'environnement et surtout de la défense (les États-Unis représentent 50 % du budget militaire mondial). L'Europe demeure derrière les États-Unis en termes de citations pour des travaux scientifiques et donc d'influence dans de nombreuses disciplines comme la chimie, la médecine ou la physique. Les États-Unis restent un des pays déposant le plus de brevets au monde.

Terre d'immigration, les États-Unis attirent depuis de nombreuses années de brillants ingénieurs, universitaires et des chercheurs du monde entier. Ce fut longtemps le cas dans le domaine militaire, tout d'abord pour le développement de l'arme atomique utilisée en 1945, puis dans la course au rattrapage de l'Union soviétique dans la conquête de l'espace. Par exemple, la moitié des chefs d'entreprise ayant fondé une *start-up* (petites entreprises dans le secteur des nouvelles technologies) sont issus de l'immigration. Les études montrent que la « fuite des cerveaux » (*brain drain*), entendue comme une situation où les pays développés fortement dotés en capital humain attirent les travailleurs qualifiés des pays en développement, moins dotés en infrastructures universitaires, constitue une réalité. Dans la mesure où la création de richesses est de plus en plus étroitement liée au stock de capital humain, ce phénomène prend une importance considérable. Or, une part croissante de la demande de travail qualifié par les entreprises américaines est satisfaite par des travailleurs étrangers qualifiés depuis les années 1990. Depuis quelques années, un certain nombre d'évolutions semblent plus préoccupantes : la désaffection pour les formations en sciences et technologies au profit des formations en droit et en finance, le retour d'étudiants étrangers formés aux États-Unis dans leur pays d'origine (notamment chinois), la moindre attractivité en raison de perspectives économiques plus sombres…

C. Innovation et capital technologique

« *One problem, one technology* »

Dans la production, le dynamisme et l'innovation sont indiscutablement les clés de la réussite américaine et ont constitué les moteurs de l'accroissement du niveau de vie depuis la révolution industrielle (en 1870, la production industrielle américaine représente déjà celles de la France et de l'Allemagne réunies). L'économie libérale et la faible intervention de l'État rapprochent l'économie américaine du capitalisme décrit par Joseph Schumpeter, où le progrès technique et la recherche du profit sont au cœur du système. Dans l'imaginaire américain, ce processus est personnifié par la figure de l'entrepreneur. Homme d'exception, par son goût du risque, son « coup d'œil » et sa volonté de succès, il entraîne en capitaine d'industrie charismatique une véritable révolution de la production, installée dans la routine. Ce héros du capitalisme est souvent incarné dans l'imaginaire populaire par des entrepreneurs américains, en particulier dans le secteur de la high-tech. Dans les années 1970, deux jeunes californiens, Steve Jobs (employé chez Atari) et Steve Wosniak (chez Hewlett- Packard) vont tirer parti de l'invention des microprocesseurs pour créer leur entreprise à partir de leurs travaux dans le garage de la famille Jobs et de leurs maigres économies. Steve Jobs vend son minibus et Wosniak sa calculatrice programmable pour glaner environ 1 500 dollars et construire leur premier ordinateur Apple. En 1975, William Gates et Paul Allen fondent dans les mêmes conditions la société Microsoft. Plus récemment, Larry Page et Sergey Brin, deux étudiants de l'Université du Michigan, collectent auprès d'un investisseur, de leurs familles et de leurs amis, la somme nécessaire pour fonder leur propre moteur de recherche : Google est créé en 1998.

La réussite des géants de l'informatique reste mythifiée et associée aux fondateurs charismatiques des sociétés les plus puissantes du monde : Microsoft écrase le marché des logiciels informatiques avec Vista (lancé en 2007), la domination de Google dans les moteurs de recherche est patente, et Apple réalise près de 6 milliards de chiffre d'affaires, notamment grâce au succès de son iPod et de son logiciel musical iTunes. Chaque lancement d'un nouveau produit Apple est extrêmement médiatisé et solennisé avec la présentation des nouveautés par Steve Jobs en personne, jusqu'à son décès en 2011. La firme IBM domine le marché des micro-ordinateurs, Hewlett-Packard figure parmi les cinq premières sociétés d'informatique mondiales, tandis qu'Intel vend près de 80 % des puces pour ordinateurs.

L'essor industriel américain au XXe siècle a reposé, outre les facteurs de production traditionnels (ressources immenses du sol américain, qualification de la main-d'œuvre, stock de capital), sur la dynamique du progrès technique, premier moteur de la croissance économique. Dans la mentalité américaine, l'expression « *one problem, one technology* » est courante. Les États-Unis demeurent la référence en matière d'industrie high-tech et de nouvelles technologies de l'information et de la communication (multimédia, l'informatique, la téléphonie, etc.). L'État fédéral finance une partie de ces dépenses en aidant directement les entreprises, les laboratoires et les universités, sans omettre le complexe militaro-industriel. Principalement, les entreprises high-tech et les universités sont considérées comme étant étroitement complémentaires dans la recherche d'innovations. Les nouvelles technologies de l'information et de la communication (NTIC) expliquent environ un tiers de la croissance des États-Unis et font de l'économie américaine la frontière technologique que les autres zones (notamment l'Europe) tentent de rattraper. En 2014, les États-Unis dépensaient 423 milliards de dollars dans la recherche et développement, pour une part mondiale de 28,3 % (soit 2,6 % du PIB).

Une industrie en restructuration

Après la guerre de Sécession (1861-1865), le Nord industriel impose progressivement son dynamisme au Sud agricole. Au début du XXe siècle, l'appareil productif américain domine les économies développées. Au sortir de la Seconde Guerre mondiale, les États-Unis ont mobilisé leur énorme potentiel productif au service de la victoire des Alliés, grâce à un rouleau compresseur miltaro-industriel et une puissance aéronavale sans égale.

Aujourd'hui, l'industrie américaine demeure bien ancrée à la première place mondiale. Les États-Unis produisent environ 20 % de la production mondiale d'automobiles, dans un pays où ce moyen de transport s'impose par les distances à parcourir, la liberté individuelle et la relative faiblesse des transports collectifs. Le marché aéronautique américain reste également le plus important du monde.

L'industrie américaine a souffert dès les années 1980 des restructurations. Le Nord-Est industrieux des États-Unis, baptisé « ceinture des usines » (Manufacturing Belt) durant de longues années, est devenu avec la crise et le déclin de certains secteurs, comme la sidérurgie, le textile et l'automobile, la « ceinture de la rouille » (Rust Belt). Les friches industrielles jalonnant les régions des Grands Lacs, des Appalaches ou de la Nouvelle Angleterre et leurs cortèges de souffrances sociales ont marqué les années 1980, tandis que le tissu industriel vieillissant était confronté à la concurrence très forte du Japon (dans le secteur automobile notamment). Les firmes américaines ont été forcées de réduire leurs coûts et de rationaliser la production, détruisant des milliers d'emplois également dans le textile et la sidérurgie. L'appareil productif américain a d'abord subi de plein fouet la concurrence avec les pays à bas salaires dans les productions à faible valeur ajoutée (comme le Mexique ou la Chine), déclenchant des vagues de délocalisations d'usines. Il se voit concurrencé désormais dans les secteurs de pointe par l'Inde notamment, de nombreuses firmes américaines déplaçant à l'étranger certains services (finance, comptabilité, secrétariat, centres d'appels, etc.).

Si la structure de l'emploi a continué à se déformer au détriment de l'industrie (le secteur manufacturier représente environ 10 % de l'emploi total aujourd'hui), certaines branches ont retrouvé un second souffle à mesure que l'économie américaine montait en gamme dans la division internationale du travail : son industrie s'est en effet recentrée sur les productions à haute valeur ajoutée et intensives en travail qualifié, et incorporant les nouvelles technologies. Le tissu industriel frappé d'obsolescence a souvent été remplacé par des activités high-tech autour de l'électronique, de l'optique ou du matériel médical de pointe. De nombreux sous-traitants se sont installés dans ces régions et ont recréé des emplois, dans le secteur aéronautique en particulier. Des pépinières d'entreprises se sont créées autour de pôles technologiques (les *clusters*) comme la Silicon Alley à New York, la Silicon Forest à Portland, la plus ancienne étant la Silicon Valley, à côté de San Francisco, qui abrite des leaders mondiaux de l'informatique comme Google, Apple ou Cisco. La référence au silicium,

Croquis de la Silicon Valley

1. Un espace de type méditerranéen aux nombreuses aménités...

- SAN FRANCISCO Une puissante métropole (1er centre financier de la côte pacifique)
- Autoroute : d'importantes dessertes et accessibilité multimodale
- Aéroport international qui permet une ouverture sur le monde
- U Une forte présence universitaire de renommée mondiale
- Une zone industrielle et portuaire aux fonctions logistiques

2. ... qui s'est développé par la haute technologie

- Cœur de la Silicon Valley : 54 % des emplois dans la haute technologie et la R&D
- Les villes principales du district industriel (électronique, informatique, NTIC)

3. Des mutations spatiales importantes

- Un espace à forte croissance démographique
- L'importance du *brain drain* d'échelle mondiale
- Une ségrégation sociospatiale de plus en plus marquée : le secteur résidentiel aisé

Alexandra Monot, 2014.

la matière première des microprocesseurs dans le nom de ces sites, les désigne comme pôles industriels de pointe. Stimulé par les innovations dans le domaine de l'électronique et de l'informatique, le secteur manufacturier américain a poursuivi un effort d'investissement extrêmement soutenu durant les années 1990 (entre 1993 et 2000, la croissance moyenne annuelle de l'investissement a été de 10 %) dans un contexte où les équipements étaient rapidement frappés d'obsolescence. Outre l'accumulation d'un important capital productif des entreprises américaines, l'introduction des NTIC a permis une plus grande fluidité de la circulation de l'information et l'adaptation rapide de l'offre à la demande, entre les consommateurs et les entreprises, mais aussi entre les entreprises elles-mêmes, dans le commerce et la grande distribution notamment. Les aspects vertueux de la « nouvelle économie » n'ont pas éliminé les crises traditionnelles inhérentes au capitalisme. L'industrie automobile américaine et ses trois entreprises phares (General Motors, Ford et Chrysler, les *Big Three*) ont annoncé des plans de restructuration débouchant sur la suppression de dizaines de milliers d'emplois dans un secteur frappé par la hausse du prix de l'énergie, la prise de conscience du réchauffement climatique, la crise du crédit et la concurrence féroce des constructeurs japonais. Les trois firmes automobiles américaines ne contrôlent plus que la moitié du marché américain à l'heure actuelle.

2 Un capitalisme américain impérial : le rôle des firmes multinationales

A. La puissance de l'industrie américaine

Le complexe agro-industriel américain s'appuie sur le rôle des firmes (Cargill, Monsanto dans les cultures transgéniques, Dole et Chiquita, etc.) et sur les débouchés de l'immense marché intérieur à travers la grande distribution comme Walmart Stores ou la restauration rapide comme McDonald's. Le complexe agro-industriel représente encore aujourd'hui un enjeu majeur dans le commerce mondial (cf. *supra*).

L'industrie aux États-Unis

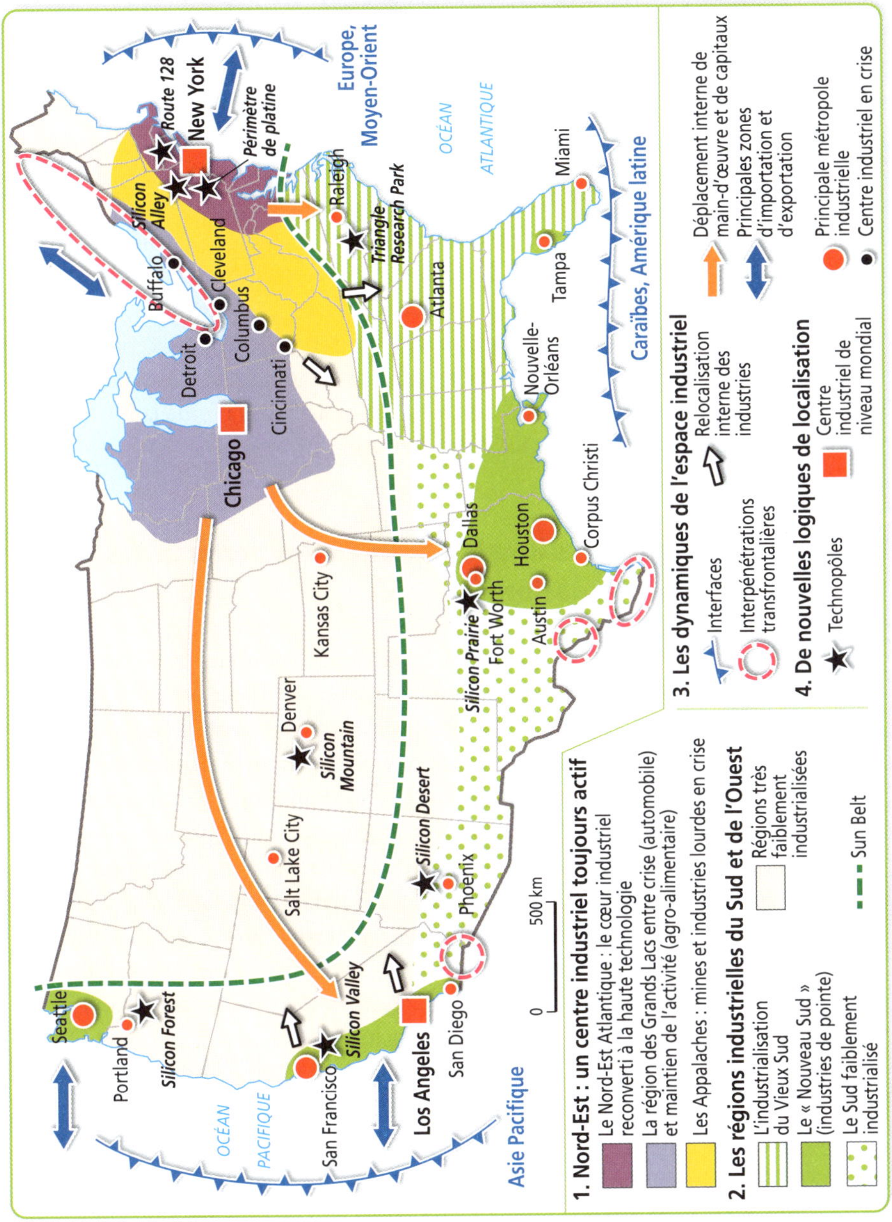

Alexandra Monot, 2014.

En représentant un quart de la production mondiale et 14 millions d'emplois, l'industrie américaine demeure l'une des plus puissantes du monde. Elle s'appuie notamment sur l'automobile, autour de Détroit et de la région des Grands Lacs, ou sur l'aéronautique près de Seattle. Ainsi, le marché de l'automobile est le plus vaste du monde et a longtemps assuré d'amples débouchés, même si Toyota a récemment ravi la première place aux *Big Three* (General Motors, Ford et Chrysler), les trois plus grands constructeurs américains aujourd'hui confrontés à une crise majeure. Le secteur aéronautique mondial a longtemps été écrasé par les avionneurs américains comme Boeing et McDonnell Douglas, mais la montée en puissance d'Airbus a entraîné d'importantes restructurations et suppressions d'emplois chez Boeing, dépassé dans certains segments de la production et désormais concurrencé sur le marché américain. Néanmoins, la domination des États-Unis reste forte dans l'industrie aérospatiale sous l'égide la NASA (National Aeronautics and Space Administration).

B. Les firmes multinationales américaines dominantes dans la mondialisation

La multinationalisation des firmes américaines, mouvement à l'œuvre depuis le XIXe siècle, a répondu à des objectifs traditionnels qui ont favorisé la mondialisation de l'économie : pénétration de nouveaux marchés à fort pouvoir d'achat pour écouler la production (souvent appuyée par la force ou l'activisme diplomatique de Washington) et contournement des barrières douanières ; rationalisation de la production et baisse des coûts par le biais des délocalisations, contrôle des matières premières et des ressources stratégiques ; et enfin stratégie financière tournée vers la maximisation de la rentabilité pour l'actionnaire qui domine désormais dans le capitalisme financier depuis les années 1990-2000, sous l'effet notamment des nouvelles normes comptables d'ailleurs anglo-saxonnes. L'internationalisation des firmes américaines n'empêche pas un fort ancrage sur le sol national (et un maintien de l'emploi) du fait de la taille du marché domestique. Parmi les 500 premières firmes transnationales mondiales, 27 % sont américaines (Exxon Mobil, General Electric, Walmart, Microsoft, ATT, Bank of America) et on compte 38 firmes américaines dans les 100 premières mondiales selon le classement Fortune 2016, mais 53 des 100 premières en termes de capitalisation boursière en 2016. La géographie de la décision économique aux États-Unis a évolué du Nord-Est (la Mégalopolis) et de la région des Grands Lacs, vers de nouvelles régions comme le Texas (Exxon, Dell) ou la Californie (Chevron, Hewlett-Packard) et l'Arkansas, spécialement avec la petite ville de Bentonville, siège de Walmart Stores, première firme mondiale.

La croissance américaine a largement bénéficié de l'insertion du pays dans les échanges internationaux depuis 1945. Pourtant, l'aggravation des déficits commerciaux est le signe d'une difficulté à satisfaire la consommation par la production nationale et démontre une plus grande dépendance par rapport au reste du monde. Le commerce se concentre hiérarchiquement autour des pays de l'Alena (Canada, Mexique), de l'Asie (Chine, Japon), de l'Union européenne, des pays arabes (comme les pays exportateurs de pétrole) et de l'Amérique latine. Le degré d'ouverture (environ 12 %) demeure pourtant relativement faible (proche d'ailleurs de celui de l'Union européenne).

Des firmes multinationales comme Microsoft, Ford ou General Electric réalisent plus de la moitié de leur chiffre d'affaires à l'étranger et les deux tiers du commerce mondial des États-Unis sont liés aux firmes multinationales.

C. L'industrie américaine « challengée » par les pays émergents

À partir des années 1970-1980, l'industrie américaine est confrontée à une concurrence de plus en plus dure des nouveaux pays industrialisés d'Asie et du Japon. Le textile, les chantiers navals et la sidérurgie sont frappés de plein fouet et les restructurations industrielles forcent l'économie américaine à faire évoluer sa spécialisation, tandis que certaines régions sont plongées dans de graves difficultés (à l'instar de villes comme Cleveland, Buffalo…). La production à faible valeur ajoutée a été largement délocalisée afin de réduire les coûts et le *made in America* doit désormais faire face à une compétition agressive des produits importés, de Chine notamment (d'où le déficit de la balance commerciale, à 3,8 % du PIB en 2013). Depuis la fin des années 1970, l'industrie a perdu près de 8 millions d'emplois, à la fois sous l'impact des mutations sectorielles, du progrès technologique et de la mondialisation de l'économie. Malgré les immenses ressources du pays, la dépendance énergétique des États-Unis à l'égard du monde est très forte. En 2015, le pays devait importer 33 % de son pétrole, ce qui explique la volonté permanente de contrôler les sources d'approvisionnement, notamment au Moyen-Orient.

À partir des années 1980, l'économie américaine a été contrainte de monter en gamme dans la division internationale du travail et de se spécialiser dans les productions à forte valeur ajoutée, incorporant les innovations scientifiques et technologiques. On a assisté dans les années 1990 à un certain renouveau grâce au secteur informatique qui domine toujours le marché mondial des ordinateurs et des produits high-tech (NEC, Cisco, Intel, Dell, HP, IBM, Microsoft, Apple, etc.). Ce dynamisme s'appuie sur une coopération efficace entre les firmes et les centres de recherche universitaire, tandis que les dépenses en recherche et développement sont largement prises en charge par l'État fédéral (dans le domaine de la défense et de la sécurité notamment). L'industrie des loisirs a permis la création de nombreux emplois dans des secteurs comme la télévision et le cinéma (dont 85 % des revenus mondiaux sont dus à des films américains), dans celui du tourisme, ou dans le cadre des parcs de loisir ou à thème.

3 Un capitalisme en crise ?

A. La crise du capitalisme financiarisé

La crise du capitalisme de trader en 2007

Considérée comme le plus grand choc financier depuis le krach boursier de 1929, la crise des *subprimes* a déclenché une tempête sur le marché du crédit américain avant de déstabiliser tout le système bancaire et financier mondial. L'immobilier de type sous-prime (*subprimes*) est constitué de ménages dont l'accès à la propriété est difficile du fait qu'ils ne présentent pas toutes les garanties de paiement que l'on retrouve dans le secteur de qualité (intitulé *prime*). La répartition des ménages en différents secteurs dépend de multiples critères comme l'endettement initial de l'emprunteur, le rapport entre sa dette et ses revenus, son patrimoine, etc. Sur le marché des prêts immobiliers américains, le plus vaste du monde (5 800 milliards de dollars en 2007), les crédits *subprimes* atteignaient environ 15 % du total des encours. Dans une période de croissance continue du marché de l'immobilier, les agences de crédit ont accordé des prêts à des ménages potentiellement incapables d'en acquitter les charges financières, en escomptant que la montée du prix de l'immobilier (qui ont augmenté de 80 % entre 2000 et 2006) permettrait *in fine* de les assumer. Les organismes de prêts ont eu de plus en plus recours à des montages risqués, comme les taux variables sur la durée du prêt (formule du « 2/28 », où le 2 signifie deux ans de taux d'intérêt promotionnels avant que le taux réel ne s'applique sur les 28 années suivantes, etc.).

Partie intégrante de l'*American way of life*, l'accession à un bien immobilier s'inscrit dans la tradition américaine et constitue une protection contre l'insécurité sociale, dans un pays où 45 millions d'individus sont privés d'assurance maladie en 2007. C'est aussi un slogan idéologique véhiculé par les milieux conservateurs proches du Cato Institute, un cercle de pensée né au sein de l'extrême droite américaine, d'inspiration « libertarienne », glorifiant les vertus de la société de propriétaires (*ownership society*). L'endettement immobilier représente environ les trois quarts de l'endettement total des ménages aux États-Unis, et la stagnation des revenus de la classe moyenne (le pouvoir d'achat du revenu disponible n'a augmenté que de 0,25 % en 2007), ajoutée au recul du revenu des plus pauvres, ont rendu l'endettement risqué inévitable pour les catégories défavorisées, au sein desquelles les Afro-Américains et les Latinos sont surreprésentés. Délivrés à des conditions extrêmement laxistes, voire immorales, les prêts *subprimes* ont été encouragés par l'État fédéral par le biais de déductions fiscales, de l'action de la Federal Housing Administration (FHA) et par des organismes spécialisés comme la Federal National Mortgage Association et la Federal Home Mortgage Corporation, plus connues sous leur sobriquet de Fannie Mae et Freddie Mac, nationalisées par l'État fédéral. Avec le retournement du marché dès 2006, nombre de ménages paupérisés n'ont pu faire face au bondissement de leurs mensualités au moment même où les prix de l'immobilier reculaient. En 2008, on a estimé que 10 millions de ménages américains étaient menacés de saisie et d'expulsion. Les États les plus touchés, comme la Californie (14 % du total des crédits *subprimes*), le Texas et la Floride, concentrent la majorité des saisies de maison et de défauts de paiement, en particulier dans les centres des villes ou les espaces suburbains (62 % de la population américaine totale) regroupant les minorités ethniques.

La propagation de la crise américaine

La propagation de la crise a été rendue inévitable par le fait que les courtiers ayant vendu les prêts *subprimes* à leurs clients les avaient ensuite cédés à des banques, qui avaient à leur tour transformé ces produits en titres de créances négociables (*collateralized debt obligations*, CDO) à l'occasion d'opérations de titrisation, d'où le terme de crédit « structuré ». Ces montages financiers complexes mais à haut rendement (souvent supérieurs à 20 % par an) ont ensuite été diffusés dans des portefeuilles de titres auprès des banques, des assurances et des fonds d'investissement du monde entier, d'autant que les énormes gains potentiels ont généré une sous-évaluation du risque en période d'euphorie boursière. La faillite brutale de plusieurs établissements de prêts hypothécaires a provoqué l'effondrement de ce château de cartes et engendré des pertes gigantesques pour des établissements ayant pignon sur rue : la méfiance s'est instaurée entre les banques cherchant à se débarrasser de leurs titres. Dès l'été 2007, la Réserve fédérale (FED) et la Banque centrale européenne (BCE) ont injecté un volume énorme de liquidités sur le marché interbancaire pour éviter un effondrement du crédit à l'économie. Aux États-Unis, Bear Stearns, la 5e banque d'affaires de la place de New York, a été rachetée (après avoir perdu 17 milliards de dollars en quelques jours) par la banque JP Morgan Chase après négociation avec la Réserve fédérale. Au printemps 2008, le FMI chiffrait le coût global de la crise liée aux crédits *subprime* à environ 1 400 milliards de dollars, même si l'évaluation précise des dégâts ne fait pas consensus et nécessite de démêler progressivement l'écheveau de systèmes extrêmement complexes. La faillite de Lehman Brothers, une des plus grandes banques d'investissement, a déclenché une violente secousse dans le monde de la finance. Les fleurons des banques américaines (Goldman Sachs, Morgan Stanley, Merril Lynch, Bank of America) sont sortis grandement fragilisés par les gigantesques pertes enregistrées et l'effondrement des cours boursiers, tandis que de nombreuses banques européennes, comme Deutsche Bank en Allemagne, UBS en Suisse, Société générale, Crédit agricole, Natixis ou Dexia en France, Fortis au Benelux, ont été plongées dans de très grandes difficultés, ou bien sauvées de la faillite par une recapitalisation ou une nationalisation d'urgence.

Le mécanisme d'emballement boursier qui a soutenu l'économie américaine a pu, en se retournant, freiner durablement la croissance mondiale et dégénérer en crise de crédit cumulative : dans ce schéma, les ménages épargnent plus pour rembourser leurs crédits (désendettement) et réduisent leur consommation (70 % du PIB américain). Les entreprises n'investissent plus ou font faillite (certains secteurs moteurs comme le bâtiment sont frappés par la crise de l'immobilier) et la hausse du chômage réduit encore les revenus et la consommation : la chute des prix et des profits s'accélère.

Le remboursement des dettes est rendu encore plus difficile, et les banques restreignent leurs prêts à l'économie (ce que l'on nomme le *credit crunch*). La restriction du crédit déclenche en retour un phénomène de panique sur les marchés financiers. Un cercle vicieux en tout point semblable à la déflation (baisse du niveau général des prix) des années 1930 pourrait se mettre en place et ainsi plonger l'économie mondiale dans une stagnation économique durable.

L'action massive des pouvoirs publics devient dès lors inévitable pour stabiliser les marchés financiers, restaurer la confiance dans tout le système bancaire, et fournir à nouveau aux ménages et aux entreprises les liquidités nécessaires à leur activité. En janvier 2008, l'administration Bush a annoncé un plan de relance de l'économie (145 milliards de dollars). Par la suite, le Trésor américain et la Réserve fédérale ont été forcés d'intervenir massivement, soit pour se porter garants des actifs des plus grandes banques d'affaires de Wall Street, des grandes banques nationales (Wachovia), des caisses d'épargne (Washington Mutual) ou des compagnies d'assurance (AIG) et les sauver ainsi de la faillite ; soit pour modifier leur statut de manière à contrôler plus étroitement à l'avenir leurs prises de risques financiers (Morgan Stanley, Goldman Sachs). L'implication des pouvoirs publics pour sauver le système financier américain de la banqueroute, à travers notamment le plan construit par le secrétaire au Trésor Henry Paulson (d'un montant de 700 milliards de dollars) s'est avérée indispensable au pays initiateur et défenseur de la déréglementation financière depuis les années 1980, malgré la réticence de l'administration et du Congrès à tolérer une telle entorse aux principes du libéralisme. Or, cette régulation est appelée à se poursuivre durablement sur le plan intérieur, non seulement pour lutter contre les effets prolongés de la crise financière sur l'activité économique, mais aussi pour approfondir la coopération internationale des États, des institutions (FMI) et des banques centrales dans le cadre de la réforme de l'architecture financière mondiale.

Aux États-Unis, une vaste réforme financière a été mise en œuvre avec le Dodd-Frank Act (DFA) promulgué en juillet 2010, qui vise à limiter la capacité des banques d'investissement à s'engager dans des procédures risquées (« règle Volcker »), limiter les fusions des banques de grande taille, renforcer les incitations à la discipline de marché (rémunérations) et les contraintes sur la capacité d'endettement des acteurs financiers pour limiter le levier, et donner à la Réserve fédérale (FED) un rôle central en matière de supervision. Mais, en raison de procédures juridiques particulièrement lourdes et complexes, moins de la moitié des mesures prévues par le DFA ont été mises en œuvre à ce jour.

B. Le déficit commercial américain, un déclin du *made in America*

Une compétitivité en berne

La thématique de la dégradation de la compétitivité des firmes est réelle depuis les années 1980 : dans les secteurs de l'automobile, de l'électronique, de l'aéronautique, les entreprises américaines perdent régulièrement des parts de marché face à leurs concurrents étrangers (Europe, Japon, Chine). La spécialisation a évolué progressivement vers un certain dualisme et un modèle « bipolaire », entre les secteurs à haute valeur ajoutée (finance, informatique) et les secteurs à faible valeur ajoutée (comme la grande distribution, l'hôtellerie-restauration, les services à la personne, les loisirs, ou les transports). Portée par le dynamisme de la demande intérieure, l'économie américaine s'est recentrée sur les activités domestiques protégées de la concurrence internationale (comme les services financiers, le commerce ou la construction). Dans l'industrie manufacturière, le coût salarial horaire moyen américain figure parmi les plus élevés du monde occidental (24 fois plus élevé qu'en Chine, et 8 fois plus élevé que celui du Mexique).

Toutefois, même dans les secteurs à forte valeur ajoutée, la perte de compétitivité est notable : ainsi, depuis les années 1990, la part des États-Unis dans les exportations mondiales de produits de haute technologie (TIC) recule régulièrement : 23 % en 1990, 18 % en 2000, 16 % en 2003 et 9,5 % en 2012. Globalement, les États-Unis importent plus de produits high-tech qu'ils n'en exportent. Le déclin des secteurs traditionnels à partir des années 1970 et son cortège de friches industrielles dans certaines zones du pays (Ohio, Michigan) ont alimenté le débat sur l'évidement de l'industrie américaine, encore aggravé par les vagues de délocalisations ayant touché certaines activités (comme l'automobile) qui s'étendent désormais au secteur des services. Par ailleurs, des études récentes ont montré que l'effort en matière d'investissement dans la recherche et développement des entreprises américaines avait stagné depuis les années 1990, tandis que celui de la Chine progressait fortement.

Les États-Unis, consommateurs en dernier ressort

L'ampleur du déficit commercial, longtemps présenté comme la contrepartie d'une consommation des ménages soutenue (les États-Unis constituant dans le monde le pays « consommateur en dernier ressort »), est le signe que la production nationale ne parvient pas à satisfaire la consommation des ménages américains, dont le taux d'épargne est demeuré extrêmement faible (autour de 1 % du revenu disponible) tandis que leur niveau d'endettement progressait fortement (45 % du PIB en 1970, 90 % en 2012) avec le développement du crédit (crédit à la consommation, crédit immobilier). La relative faiblesse de l'investissement productif des entreprises explique en partie cette perte de compétitivité, dans un contexte de tertiarisation de l'économie américaine (80 % du PIB) et de désindustrialisation (sous-investissement dans la sidérurgie et la métallurgie, coûts salariaux devenus prohibitifs dans le secteur de l'automobile).

En 2015, les États-Unis étaient le second exportateur mondial de marchandises avec 1 621 milliards de dollars d'exportations, mais demeurait dans le même temps le premier importateur mondial de marchandises avec 2 141 milliards de dollars. Il convient toutefois de tempérer les chiffres de ce déficit commercial (520 milliards de dollars en 2015) : ainsi, lorsque les États-Unis importent depuis la Chine des produits manufacturés, les experts estiment qu'en réalité 40 % à 50 % seulement de leur valeur ajoutée globale s'effectue effectivement dans ce pays, le reste provenant d'autres pays, notamment des États-Unis, qui ont exporté vers la Chine des composants sophistiqués destinés à être incorporés dans ces produits, avant réexportation. En 2010, les États-Unis restaient d'ailleurs au premier rang mondial des pays exportateurs de capitaux (210,7 milliards de dollars, soit 14 % du total mondial en 2010). Pourtant, par le passé, leur suprématie a été plus grande encore : en 1980 par exemple, les États-Unis représentaient à eux seuls 43,3 % des flux mondiaux d'IDE (215 milliards de dollars à prix courants) et près de 50 % à la fin des années 1960 (49,6 % en 1967, avec 57 milliards de dollars à prix courants).

Les principaux exportateurs et importateurs mondiaux de marchandises en 2011

Rang	**Exportateurs**	**Valeur** (en milliards de dollars)	**Part** (en %)
1	Chine	1 898	10,4
2	États-Unis	1 480	8,3
3	Allemagne	1 472	8,3
4	Japon	823	4,6
5	Pays-Bas	661	3,8
6	France	596	3,3
7	Corée du Sud	555	3,1
8	Italie	523	2,9
9	Russie	522	2,9
10	Belgique	477	2,6

Rang	**Importateurs**	**Valeur** (en milliards de dollars)	**Part** (en %)
1	États-Unis	2 266	12,3
2	Chine	1 743	9,5
3	Allemagne	1 254	6,8
4	Japon	855	4,6
5	France	714	3,9
6	Royaume-Uni	638	3,5
7	Pays-Bas	599	3,2
8	Italie	557	3,0
9	Corée du Sud	524	2,8
10	Hong-Kong (Chine)	511	2,8

D'après les données de l'OMC, Rapport 2013.

C. Vers un déclin de l'hyperpuissance financière des États-Unis ?

L'arme traditionnelle du dollar

Le dollar américain demeure la monnaie de référence de l'économie mondiale, notamment dans ses fonctions principales, à la fois comme monnaie de facturation des échanges (en particulier dans certains secteurs stratégiques comme le pétrole) et dans les réserves de change des banques centrales (à l'heure actuelle, le dollar concentre 43 % du chiffre d'affaires du marché des changes, contre 18,5 % pour l'euro). Le « privilège du dollar » permet aux États-Unis de financer aisément le déficit de leur balance des paiements (l'économiste français Jacques Rueff parlait de « déficit sans pleurs »). Dès la fin de la Seconde Guerre mondiale, le dollar devient le pivot du système monétaire international, dont l'architecture fut scellée à Bretton Woods dans une ville de l'est du New Hampshire en 1944. Par la suite, le dilemme selon lequel la monnaie américaine devait financer des échanges commerciaux croissants tout en conservant sa valeur fixe par rapport à l'or allait aboutir à la dévaluation du dollar en août 1971 et à l'abandon définitif du système de Bretton Woods en 1976. Les États-Unis ont alors laissé fluctuer leur monnaie selon une politique de « douce négligence » (*benign neglect*), ou ont utilisé l'arme du dollar soit pour doper les exportations (dépréciation sur le marché des changes, dollar faible) soit pour faciliter les investissements directs à l'étranger (appréciation sur le marché des changes, dollar fort) et attirer les capitaux vers la place financière américaine afin de financer les déficits. Si le dollar demeure bien ancré dans son statut de monnaie internationale, l'éventualité d'une revente des énormes liquidités engrangées par la Chine (notamment grâce à son excédent commercial avec les États-Unis) suscite désormais la crainte d'un effondrement du billet vert sur le marché des changes.

Le capitalisme américain s'est également appuyé depuis les années 1980 sur la globalisation financière, que les États-Unis inspirent et dominent, notamment en raison de leur influence au sein des institutions internationales comme le Fonds monétaire international et la Banque mondiale, situés à Washington. L'essor de la finance directe, des investisseurs institutionnels, des fonds de pension et des fonds spéculatifs (*hedge funds)* a largement bénéficié aux acteurs américains qui ont été les promoteurs de la libération des flux de capitaux et de la déréglementation des marchés au nom des principes du libéralisme économique. Depuis le début des années 1990, la capitalisation boursière a triplé et la place financière new-yorkaise demeure de loin la plus importante du monde, tandis que les services financiers représentent aujourd'hui 9 % du PIB américain. Mais, longtemps créanciers planétaires, les États-Unis sont désormais débiteurs du reste du monde à hauteur de 20 % du PNB, soit 2 500 milliards de dollars. L'histoire et l'analyse économique montrent pourtant que les nations les plus avancées sont normalement pourvoyeuses d'épargne et de capital pour faciliter le rattrapage des pays en retard de développement (l'endettement des ménages américains est passé de 580 milliards de dollars en 2000 à 1 250 milliards de dollars en 2010). L'essor des services financiers aux États-Unis, créateurs d'emplois et de richesses, a également engendré un modèle de croissance fondé sur l'endettement et de plus en plus dépendant des marchés boursiers, ce qui a rendu l'économie américaine et le reste de la planète plus vulnérables aux risques de crises financières.

Le poids de la dette américaine constitue désormais une menace pour le pays et la stabilité du système financier mondial. En mars 2011, la dette de l'État américain a été mise sous surveillance négative par les agences de notation (Standard and Poor's) : en 2010, le déficit budgétaire pour l'année fiscale était de 1,42 trillions de dollars, tandis que la dette publique (soit la somme des déficits budgétaires) atteignait 13 trillions de dollars, soit un seuil proche de 100 % du PIB. Aux États-Unis, ces chiffres inquiètent, car ils laissent présager une augmentation des impôts fédéraux dans un pays où l'endettement privé des citoyens est déjà très élevé et où ils sont imposés au niveau de leur État fédéré, des comtés et des communes. À l'été 2011, les États-Unis ont dû élever le plafond de leur dette au-delà de la limite des 14 300 milliards de dollars pour éviter un défaut de paiement aux conséquences catastrophiques. Après de vifs débats et des négociations politiques très serrées, républicains et démocrates se sont mis d'accord pour réduire les déficits d'au moins 2 100 milliards sur dix ans, dont 900 milliards à plus brève échéance. Pourtant, avant les élections présidentielles de novembre 2012, les désaccords idéologiques restaient très marqués entre les républicains rétifs à accepter toute hausse d'impôts (en particulier sur les plus riches) et les démocrates qui se posent en défenseurs des acquis sociaux et renâclent à toute baisse des dépenses de sécurité sociale, et notamment des programmes Medicare et Medicaid. En octobre 2013, le pays a été bloqué pendant deux semaines par un *shutdown* (arrêt de paiement des salaires et factures de l'État fédéral), suite au dépassement du plafond des dépenses publiques. Les États-Unis restent ainsi sous la surveillance des marchés financiers (agences de notation) et des créanciers étrangers, au premier rang desquels la Chine, les monarchies pétrolières, le Japon et l'Angleterre.

Si la politique monétaire expansionniste de la Réserve fédérale autorise pour l'heure un endettement à moindre coût pour sortir de la crise, grâce à une stratégie de forte croissance de la masse monétaire dite de *quantitative easing* afin d'acheter des titres publics, le possible durcissement des conditions de refinancement et la remontée des taux d'intérêt risquent à terme d'inquiéter les investisseurs internationaux et de rendre le besoin de financement américain difficilement soutenable. Le pays connaît d'ailleurs un déficit primaire (c'est-à-dire hors charges d'intérêt) très élevé, de l'ordre de 9 % du PIB, tandis que le besoin de financement en 2012, incluant la dette à maturité plus le déficit, s'élève à 25,6 % du PIB. La crise financière en 2007 a montré que les États-Unis ont développé un modèle de croissance fragile fondé sur la consommation des ménages et le crédit bancaire, dépendant des marchés boursiers et plus vulnérable aux crises financières. Pourtant, le pays conserve un privilège monétaire indéniable : à l'heure actuelle, le dollar demeure la devise de référence du système monétaire international. Pourtant, l'aggravation de la crise et le gonflement de la dette nationale pourraient battre en brèche la domination du dollar dans les relations monétaires internationales.

Le dollar confère aux États-Unis de nombreux avantages : sa large utilisation dans les transactions internationales est un avantage pour les entreprises nationales puisqu'un exportateur américain sera payé dans la monnaie qu'il utilise pour rémunérer ses travailleurs, ses fournisseurs et ses actionnaires, alors que les entreprises des autres pays devront acquitter des coûts de conversion. De plus, les banques américaines n'ont pas besoin de se couvrir contre les fluctuations du taux de change, contrairement aux autres établissements qui reçoivent des dépôts en dollars. Enfin, les banques et les entreprises du monde entier sont toujours prêtes à détenir davantage de titres libellés en dollars et le taux d'intérêt que les États-Unis doivent payer sur leur dette extérieure demeure inférieur au taux de rendement de leurs investissements à l'étranger. Le pays peut ainsi tolérer durablement un déficit commercial important et consommer davantage que ce qu'il produit, ce qu'un petit pays ne pourrait durablement se permettre. Depuis 2009, la dépréciation du dollar sur le marché des changes (d'environ 10 %) a en fait renforcé la position financière des États-Unis puisque leurs investissements étrangers ont pris de la valeur à mesure que le dollar baissait, alors que les actifs en dollars possédés par les pays émergents (notamment) perdaient de leur valeur. Puisque les actifs libellés en dollars constituent toujours des valeurs refuge pour les pays étrangers (comme les bons du Trésor), le gouvernement fédéral a pu continuer à emprunter sur les marchés financiers à de faibles taux d'intérêt, dont les ménages et les entreprises ont pu également profiter.

Les États-Unis face à la Grande Récession

En septembre 2011, le président Obama a annoncé la mise en œuvre d'un nouveau plan de relance (après celui décidé en février 2009, puis en décembre 2010) d'environ 450 milliards de dollars, composé notamment de baisses de charges afin d'inciter les entreprises à embaucher *(Hiring Incentives to Restore Employment)*, d'un renforcement de l'assurance chômage, des dépenses d'infrastructures liées aux maisons saisies et aux écoles. En effet, même si le chômage a baissé (6,7 % de la population active en février 2014), les difficultés du Japon et la crise de la dette européenne ont accru les risques d'une nouvelle récession. Pour financer ce plan, des hausses d'impôts ont été nécessaires en 2013, notamment des taxes frappant les revenus supérieurs à 1 million de dollars. L'administration Obama a également projeté la mise en œuvre d'un plan de dépenses afin de moderniser le pays en investissant dans les infrastructures publiques vieillissantes (routes, ponts, réseaux de communication, etc.), les énergies propres, le réseau ferroviaire, le réseau Internet et l'éducation. Ces nouvelles dépenses ont porté l'endettement à hauteur de 17 000 milliards de dollars à la fin de l'année fiscale 2012, ce qui a élevé la productivité des entreprises et la croissance potentielle du pays. Néanmoins, les élus républicains (et notamment les partisans du Tea Party) préconisent plutôt une prolongation des réductions fiscales censées soutenir la consommation des ménages et la croissance.

Aux États-Unis, le nombre de personnes vivant au-dessous du seuil de pauvreté a augmenté de près d'un point depuis le début de la crise (près de 40 millions de personnes) et, entre 2007 et 2009, 8,5 millions d'emplois ont été détruits dans un pays où la forte flexibilité du marché du travail a permis aux entreprises d'ajuster rapidement leurs effectifs à la conjoncture. Dans ces conditions, l'aggravation du chômage alors que sa couverture reste très faible par rapport à ce qu'elle est en Europe (six mois maximum d'indemnisation aux États-Unis) a nécessité une politique conjoncturelle très active et une prolongation exceptionnelle de la durée de versement des indemnités financées sur fonds publics par l'État fédéral. Parallèlement, et malgré un certain nombre de revers politiques, l'administration Obama poursuit des réformes ambitieuses dans trois domaines particuliers : la régulation financière avec le contrôle des banques et des opérateurs boursiers (Dodd-Franck Act), la réforme de l'assurance maladie (Patient Protection And Affordable Care Act et Health Care and Education Reconciliation Act), et la politique énergétique et environnementale nationale (système de Cap and Trade pour contrôler les émissions de CO2).

Réélu en 2012, Barack Obama a été confronté au « précipice budgétaire » (*fiscal cliff*), cocktail de hausses d'impôts et de coupes budgétaires automatiques (*sequester*) censées assainir les finances publiques, qui ont un temps étouffé les signes timides de reprise économique (en freinant les dépenses publiques et en affectant les dépenses privées), et ont été un facteur de blocages politiques et administratifs importants.

Évolution du PIB des États-Unis en valeur

Années	**Montant du PIB** (en milliards d'euros)
2004	9 529,1
2005	10 146,3
2006	10 654,0
2007	10 236,2
2008	9 716,8
2009	10 018,4
2010	10 936,8
2011	10 830,2
2012	12 190,1
2013	12 854,9
2014	13 387,3
2015	13 864,2
2016	14 553,2

D'après les données Eurostat.

II

Une société inégalitaire inquiète pour son modèle

1 Crise de l'emploi et reprise : un retour de la *job machine* ?

A. Un appareil productif transformé par la mondialisation

La mondialisation de l'économie a accéléré le mouvement de créations/destructions d'emplois au sein des pays développés. Les vagues de délocalisations ont touché durement l'industrie américaine (textile, automobile) et creusé les écarts de salaires entre les travailleurs qualifiés et les travailleurs non qualifiés, dont le pouvoir d'achat a reculé depuis les années 1970. Une délocalisation consiste à transférer des activités d'un espace à un autre pour bénéficier de coûts de production plus avantageux, se rapprocher d'un marché à fort pouvoir d'achat, ou contourner des barrières commerciales. Les firmes américaines y ont eu fréquemment recours pour améliorer leur compétitivité, en direction de la Chine ou du Mexique notamment. Si l'économie américaine est aujourd'hui moins dépendante des usines que du capital intellectuel et d'une main-d'œuvre hautement qualifiée, l'industrie manufacturière a perdu 3 millions d'emplois entre 2000 et 2006. Dès 1991, le futur secrétaire au Travail du président Bill Clinton, Robert Reich, avait décrit dans un ouvrage la constitution d'un marché international du travail avec l'ouverture des économies, annonciatrice d'une prochaine division cognitive du travail : le travail répétitif et routinier serait déplacé vers les zones où la faiblesse des coûts offre un avantage compétitif irrésistible, tandis que l'économie américaine devrait se concentrer sur les tâches de conception basées sur les technologies d'information et de communication (TIC) dévolues aux « manipulateurs de symboles » (chercheurs, scientifiques, experts en marketing, architectes, concepteurs dans le domaine des arts et de la communication, etc.), avec le spectre d'un tissu industriel déliquescent et d'un pays sans usines.

Le débat sur l'impact des délocalisations est vif aux États-Unis, porté par la classe politique et les médias, et ses répercussions sociales et psychologiques sont considérables dans les zones du pays frappées par la désindustrialisation (comme l'Ohio, le Michigan et la Pennsylvanie). En 2004, le président Georges W. Bush avait tancé son économiste en chef Gregory Mankiw pour son rapport sur l'impact bénéfique à long terme des délocalisations pour l'économie américaine, devant le tollé qu'il avait déclenché dans le débat public. Une étude du professeur Alan Blinder de l'université de Princeton a chiffré la perte totale d'emplois liée aux délocalisations à 40 millions dans les années à venir tandis que Paul Krugman (prix Nobel d'économie 2008), spécialiste du commerce international, insistait sur les pressions de l'énorme réserve de travailleurs chinois et de ses bas salaires sur l'emploi et les rémunérations des travailleurs non qualifiés américains. Le phénomène touche également les services à haute valeur ajoutée et exigeant de la main-d'œuvre qualifiée (programmation informatique, diagnostic médical, architecture, etc.). Les États les plus dynamiques et à l'avant-garde technologique comme la Californie ne sont pas épargnés (laboratoires de recherche et développement délocalisés en Inde notamment), et certaines sociétés ont déjà largement eu recours à la délocalisation (IBM, Dell, HSBC, American Express, etc.) ou peuvent parfois l'employer comme menace pour contenir les salaires.

L'insécurité de l'emploi n'épargne pas les « cols blancs », même si les rapports internationaux placent toujours les États-Unis parmi les nations les plus compétitives du monde (World Competitiveness Report, World Economic Forum). Les enquêtes d'opinion montrent une défiance grandissante des Américains face au libre-échange et la tentation du protectionnisme a gagné en intensité au sein des décideurs économiques et politiques. Dès le début des années 1990, la crainte de délocalisations massives d'emplois au Mexique avait accompagné le débat sur l'Accord de libre-échange nord-américain (Alena), regroupant le Canada, le Mexique et les États-Unis. L'isolationnisme et le repli sur le territoire national fait d'ailleurs partie des traits de l'histoire économique des États-Unis depuis le XIXe siècle (durant la Grande Dépression des années 1930, la loi Hawley-Smoot votée en 1931 par le Congrès, avait relevé très fortement les droits de douane et provoqué des mesures similaires dans les autres pays, conduisant à une chute du commerce mondial).

L'impact de la mondialisation doit toutefois être nuancé ; il est d'ailleurs controversé dans les publications économiques. Les emplois délocalisés demeurent peu nombreux en proportion de l'emploi total (une étude du département du Travail américain portant sur des données de 2004 et 2005 montre que seulement 9 % des licenciements collectifs sont dus aux délocalisations), et les bienfaits de l'ouverture internationale sont notables : baisse de prix en raison d'une concurrence plus forte, plus grande variété de biens et services, créations d'emplois grâce aux investissements directs étrangers (IDE) des sociétés étrangères sur le sol américain, plus grands débouchés sur les marchés mondiaux pour les firmes américaines dans le reste du monde, etc. De manière générale, un consensus semble s'établir parmi les économistes pour déconnecter l'évolution du taux de chômage global du degré d'ouverture des marchés et pour démontrer les effets néfastes d'un repli protectionniste.

B. Le fonctionnement inégalitaire du marché du travail

Le dualisme du marché du travail américain s'est accentué : la précarité du travail s'est concentrée en priorité sur les catégories socialement fragilisées (les femmes et les minorités ethniques notamment). Les économistes Peter Doeringer et Michael Piore avaient dès le début des années 1970 décrit ce phénomène de coexistence sur le marché du travail de deux sous-ensembles marqués par des caractéristiques opposées (dualisme) : un noyau dur de contrats stables offrant une progression salariale régulière et des avantages sociaux importants, comme une police d'assurance santé et de retraite ; et une zone périphérique d'emplois précaires, mal rémunérés et offrant un fort volume de flexibilité aux entreprises pour amortir les aléas de la conjoncture (constituée notamment par des travailleurs immigrés).

Les États-Unis ont été frappés par le déclin syndical, à l'instar d'autres pays d'industrialisation ancienne, dans un contexte où la protection de l'emploi demeure très limitée. Dès la fin du XIXe siècle, l'American Federation of Labor (AFL), puis le Committee for Industrial Organization (CIO), fondé en 1937, ont fédéré les ouvriers de l'industrie pour pousser à la réduction du temps de travail et à des hausses de salaires, tandis que le National Labor Relations Act de 1935 (également connu sous le nom de Wagner Act) reconnaissait l'existence légale des syndicats : 15 millions d'ouvriers étaient syndiqués pendant la guerre, soit 40 % des travailleurs du secteur privé. Si le taux de syndicalisation atteignait 30 % en 1960, il a ensuite diminué rapidement sous l'impact de la désindustrialisation, de l'intensification de la concurrence mondiale, et des politiques publiques désireuses de libéraliser le marché du travail en affaiblissant les syndicats (en 1981, le président Reagan avait licencié en bloc les contrôleurs aériens grévistes), portant le taux de syndicalisation à un niveau historiquement bas (12 % en 2006).

Le chômage frappe la population de manière discriminante : le taux de chômage des Blancs est traditionnellement inférieur à celui des Noirs et des Hispaniques. L'essor des emplois précaires aux États-Unis nécessite d'ailleurs de relativiser les statistiques du chômage. Est considéré comme chômeur tout individu sans emploi, disponible pour occuper un emploi et effectuant des démarches pour en trouver un : en raison de sa faible indemnisation, les États-Unis offrent peu d'incitations à s'inscrire au chômage. Les taux d'inactivité sont ainsi plus élevés qu'en Europe, et en augmentation constante depuis les années 1970, en particulier pour les travailleurs non qualifiés. La faiblesse des rémunérations de ces emplois pourrait en fournir une explication convaincante, créant des « trappes à inactivité » : les économistes appellent « salaire de réservation » la rémunération en deçà de laquelle les individus se retirent du marché du travail. L'État fédéral fixe le niveau du salaire minimum aux États-Unis (7,25 dollars l'heure depuis 2007), même si les États fédérés ont la possibilité de le porter à un niveau supérieur.

En 2014, le taux de chômage reste relativement faible, avec un taux de 6,7 %, alors qu'il était relativement plus élevé à la fin de 2012 avec 7,9 %. Mais les situations économiques et sociales peuvent considérablement varier d'une région à l'autre : par exemple, depuis 2011, le Michigan enregistre une baisse du chômage de l'ordre de 10 % en raison de l'amélioration de la situation de l'industrie automobile. En règle générale ce sont les corridors urbains des grandes métropoles qui enregistrent les meilleures performances en matière d'emploi.

Données sur le marché du travail aux États-Unis

Indicateur	Unité	2000	2012
Taux de chômage	En% de la force de travail	4,0	8,2
Taux de chômage des jeunes (15-24 ans)	En% de la force de travail	9,3	16,3
Chômage de longue durée	En% du chômage total	6,0	34,3
Taux d'emploi	En% de la population totale en âge de travailler	74,1	65,1
Taux d'emploi des seniors	En% de la population âgée de 55 à 64 ans	57,8	55,6
Emploi temporaire	En% de l'emploi total	–	11,8
Temps partiel	En % de l'emploi total	12,6	16,9
Salaire annuel moyen	En dollars	50 302	43 523
Croissance des salaires	En%	3,4	- 0,1
Croissance de l'emploi	En%	2,6	1,0
Croissance du PIB réel	En%	4,1	1,4

D'après les données de l'OCDE, 2013.

C. Les *working poors*, l'autre visage de l'Amérique

Le salaire minimum demeure à un niveau faible aux États-Unis : il représentait 45 % du salaire moyen au début des années 1980, mais il n'en représente plus en 2008 que 37 % (10 % des travailleurs américains le perçoivent, dont 59 % de femmes). La pauvreté laborieuse a nettement progressé : la proportion de travailleurs pauvres (*working poors*) y est plus élevée que dans tous les pays de l'OCDE. Le cas de la grande distribution, où domine l'enseigne Walmart, premier employeur privé des États-Unis avec 1,3 million de salariés et leader mondial selon le chiffre d'affaires, est symptomatique. Le travail à temps partiel contraint est très développé, et frappe d'abord les femmes. Si la pauvreté laborieuse n'est pas l'apanage de ce secteur (elle est également forte dans la construction, l'hôtellerie, les services à la personne), ce phénomène a pris une ampleur considérable aux États-Unis, malgré l'existence de puissants mécanismes d'augmentation des revenus du travail, comme le crédit d'impôt (*Earned Income Tax Credit*) ciblé sur les familles aux revenus modestes et ayant des enfants à charge (délivré par l'administration fiscale aux foyers dans lesquels au moins une personne travaille). Environ 10 millions de pauvres ont un emploi et près de 8 millions d'Américains cumulaient plusieurs emplois en 2007 (*multiple jobholders*), souvent en situation de grande précarité.

Le niveau des bas salaires a conduit les pouvoirs publics à subventionner l'emploi afin d'accroître l'écart entre les revenus de l'activité productive et ceux de l'assistance. De manière générale, les politiques publiques se sont tournées à partir des années 1990 vers une réduction de l'État-providence (*welfare*) afin de limiter les aides sociales de l'État ou les conditionner étroitement à un travail, éventuellement d'utilité collective (*workfare*). Si la réforme décisive de l'aide sociale a été initiée sous Bill Clinton en 1996 (Personal Responsibility and Work Opportunity Reconciliation Act), elle s'appuie plus généralement sur la critique morale de l'aide aux pauvres, génératrice d'oisiveté et favorisant la délinquance et la criminalité.

2 Les origines d'une haute tolérance aux inégalités : la tradition libérale et l'économie de marché

A. Une société aux fondements libéraux et individualistes

Dès l'origine, les États-Unis ont bâti l'image de la société libérale. Le libéralisme est un courant philosophique né à l'époque des Lumières au XVIIIe siècle et qui pose comme principe que tout humain dispose de droits naturels inaliénables. À ce titre, la liberté et la propriété privée constituent les fondements politiques de la société américaine. Qualifiée péjorativement de *big government*, l'intervention de l'État est spontanément considérée comme attentatoire aux libertés individuelles et à l'initiative privée. La liberté de pensée est portée au rang d'idéal politique supérieur. Le libéralisme économique, entendu comme une doctrine qui considère que le marché est le meilleur moyen de réguler l'économie, complète le libéralisme politique pour stigmatiser toute intrusion trop forte du pouvoir politique dans la société : les États-Unis sont nés de la volonté d'indépendance des colonies face à l'autorité monarchique du roi d'Angleterre à la fin du XVIIIe siècle. Il faut noter toutefois un intéressant glissement de sens au fil du temps : être qualifié de « libéral » aux États-Unis renvoie à une sensibilité de gauche en France (social-démocrate). Les « libéraux » américains sont aujourd'hui ceux qui préconisent plus d'intervention en faveur du progrès social, de la redistribution des richesses et de la justice sociale, à l'instar aujourd'hui de l'économiste et éditorialiste Paul Krugman.

Terre d'immigration, l'Ouest américain et le mythe de sa conquête ont laissé dans l'imaginaire collectif, les souvenirs familiaux, l'idée que le pays donne sa chance à chacun, grâce au foisonnement des opportunités et à la circulation rapide des richesses. Les enquêtes d'opinion montrent que la mobilité sociale, définie comme le passage d'un individu d'une catégorie sociale à une autre, est extrêmement dynamique dans l'esprit de nombreux Américains. Si l'égalité des chances est un idéal à atteindre, elle n'implique pas l'égalité des résultats : le citoyen américain doit compter davantage sur lui-même que sur l'État, qui n'offre qu'un faible filet social en cas d'échec et peu de redistribution des revenus. La tolérance aux inégalités de richesse est relativement plus forte qu'en Europe continentale et la critique de l'impôt comme spoliation des fruits du travail est plus virulente et plus fréquente dans les enquêtes d'opinion.

L'individualisme est un autre pilier de la société américaine : dans cette conception, l'individu est premier par rapport à la société globale. Les sociologues distinguent l'individualisme universaliste sur le modèle français, qui ne reconnaît pas d'attaches communautaires, et l'individualisme particulariste, qui reconnaît au contraire officiellement les particularismes, les différences ethniques et culturelles. La devise américaine, *E pluribus unum* (« de plusieurs, un ») rapproche les États-Unis de la seconde acception dans la mesure où le pluralisme fait partie intégrante de la société, historiquement composée de communautés. La définition que donne Tocqueville de l'individualisme, comme repli sur la sphère privée, colle parfaitement à la conception américaine, et ce depuis les premières communautés fondatrices du pays.

B. Primauté du marché et du mérite individuel

Les États-Unis sont le pays du capitalisme fondé sur le marché : les activités marchandes sont libres et l'intervention de l'État dans le domaine économique et social est réduite au minimum. La concurrence doit permettre à la « main invisible » d'opérer : père fondateur de l'économie politique libérale, Adam Smith postulait par cette métaphore l'existence d'un ordre spontané de l'économie et une harmonie naturelle des intérêts grâce à l'échange marchand, penchant naturel de l'homme. La recherche de l'enrichissement personnel doit permettre de garantir l'intérêt général. La libre entreprise, la prise de risque et la création de richesses sont valorisées comme signes de réussite sociale.

Pays de culture marchande, les États-Unis font du jeu de l'offre et de la demande, de la recherche de l'intérêt, les fondements qui justifient la priorité donnée à l'efficacité économique. L'argent demeure un étalon de la mesure du succès et le culte du profit est prégnant. La réussite matérielle de certains hommes d'affaires ou fondateurs d'entreprises est socialement légitime : 62 milliards de dollars pour l'homme d'affaires Warren Buffet, 58 milliards pour Bill Gates fondateur de Microsoft, ou encore 90 milliards de dollars pour la famille de Sam Walton, le fondateur des magasins Walmart. Le mythe de la ruée vers l'or de Californie au XIXe siècle a imprimé l'imaginaire collectif, avec pour corollaire l'idée commune que l'enrichissement est à la portée de tous.

Le dynamisme marchand nourrit une consommation de masse des ménages américains et le renouvellement très rapide des besoins à satisfaire pour s'équiper et se hisser au standard de vie des classes moyennes : l'*American way of life* (maison individuelle, automobile, ordinateur, appareils électroménagers, biens technologiques, etc.). Une conséquence de cette culture marchande est l'idée que les États-Unis sont un pays qui garantit un brassage permanent des groupes sociaux et un faible poids de l'héritage social et des inégalités de départ. La conception de la justice sociale quasi unanimement partagée est « capacitaire ».

C. Le mythe fondateur de la mobilité sociale ébréché

Si ces principes correspondent à l'image que la société américaine aime à donner, les études scientifiques sur le sujet ébrèchent le mythe de la mobilité sociale. Aux deux bouts de la hiérarchie sociale, la mobilité sociale semble très faible dans les faits et selon les enseignements des études disponibles : de génération en génération, la progression des revenus des strates sociales les plus basses demeure minime, notamment pour les minorités ethniques (Afro-Américains, Latino-Américains) tandis que l'élite économique et financière maintient un haut niveau de reproduction sociale. Les chances réelles d'accéder aux plus hautes positions sociales semblent même statistiquement inférieures à certains pays, notamment ceux du nord de l'Europe (selon une étude de l'OCDE). La stagnation des chances de mobilité sociale peut s'expliquer notamment par l'aggravation des inégalités scolaires et l'accroissement du coût global des études. Pour un étudiant *undergraduate* (de bac + 1 à bac + 4), les frais généraux liés à une année d'études ont plus que doublé depuis 1979. Le coût moyen d'inscription dans une université publique s'élève à 13 000 dollars, mais il demeure nettement plus élevé dans une université prestigieuse (42 000 dollars à Harvard). Or, les diplômés de la Ivy League (les huit universités les plus anciennes et les plus prestigieuses comme Harvard, Yale, Princeton, etc.) sont surreprésentés dans l'élite sociale américaine et les budgets publics se sont réduits pour les autres, dans un système universitaire basé sur la concurrence entre les formations. Si les prêts aux étudiants sont développés, les familles à faibles revenus sont souvent acculées à un endettement risqué. Les bourses de l'État et des institutions privées de philanthropie sont attribuées de manière à récompenser le mérite scolaire plutôt qu'à réduire la sélection par l'argent. Dans ces conditions, les inégalités américaines tendent à devenir « dynastiques », dans la mesure où la ségrégation scolaire est aggravée par l'inégale capacité financière des familles. Le système éducatif tend à creuser les écarts : les inégalités scolaires renforcent le dualisme social.

❸ Un nouvel âge des inégalités aux États-Unis

A. La dynamique des inégalités américaines dans l'histoire américaine

Le capitalisme américain tolère naturellement davantage d'inégalités qu'en Europe, pour des raisons à la fois culturelles et économiques. Parmi les inégalités économiques, on distingue les inégalités de revenus et de patrimoine. L'histoire des inégalités américaines marque plusieurs périodes. De la fin de la guerre de Sécession jusqu'en 1930, le développement industriel américain se traduit par un creusement des inégalités économiques. Dans les années 1920, les 10 % les plus riches possèdent aux États-Unis en moyenne 43,6 % du revenu total, tandis que les 1 % les plus fortunés concentrent 17,3 % du revenu total. Sous l'effet de la politique du président Roosevelt et du New Deal, le niveau des inégalités diminue puisque la part du revenu total détenue par les 10 % les plus riches chute à 34 % environ. Les historiens de l'économie Claudia Goldin et Robert Margo ont nommé la période de réduction des inégalités de revenus des années 1920 jusqu'aux années 1950, la « Grande Compression ». Avant la guerre, le commerce international se réduit et la concurrence étrangère pèse moins sur la progression des salaires des travailleurs américains, d'autant que l'arrêt de l'immigration renforce le phénomène. Après 1945, la prospérité économique et les gains de productivité très rapides augmentent le revenu national et autorisent une politique de redistribution des richesses. La rémunération de la main-d'œuvre américaine augmente en moyenne au même rythme que la productivité du travail. Entre 1947 et 1973, le revenu réel médian (le revenu tel que 50 % de la population gagne plus et 50 % gagne moins) double, en parallèle avec la productivité horaire. Une vaste classe moyenne émerge et le niveau de vie s'améliore pour une grande partie des Américains, ce que l'économiste John Kenneth Galbraith a appelé « l'ère de l'opulence » en 1961. Dans le monde du travail, la syndicalisation augmente et pousse à une réduction des inégalités de salaires dans les usines entre les cols blancs (les cadres) et les cols bleus (les ouvriers). Les travailleurs américains sont souvent engagés dans une relation de long terme avec leur entreprise qui leur garantit une progression régulière des revenus ainsi qu'une stabilité de l'emploi. Durant cette période de réduction des écarts sociaux, le rôle de la fiscalité a été décisif : le taux d'imposition des plus hauts revenus atteignait plus de 90 % au milieu des années 1950 (contre 35 % dans les années 2000). En 1928, les 1 % des revenus les plus élevés cumulaient 19 % du revenu total, contre seulement 7 % en 1950.

Revenu moyen du top 0,01 % des ménages américains de 1913 à 2010*

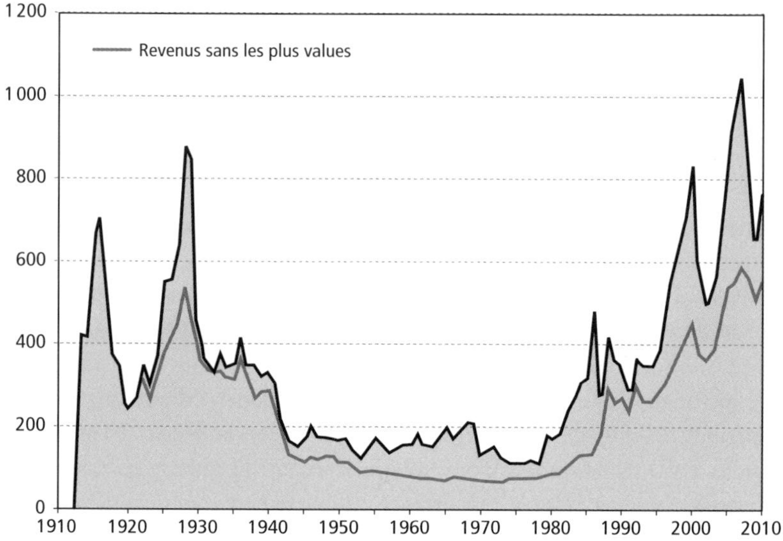

* Ce revenu moyen est exprimé en multiple du revenu moyen de la vaste majorité des ménages.

Lecture : le seuil du top 0,01 % est estimé à 7,9 millions de dollars en 2010 ; la vaste majorité représente 90 % des ménages gagnant le moins.

D'après Olivier Berruyer, www.les-crises.fr

Simon Kuznets, prix Nobel d'économie en 1971, estime que la phase de décollage industriel d'une économie implique un creusement des inégalités de revenus et de patrimoine, dans la mesure où l'accumulation du capital profite à une élite d'industriels alors que l'exode rural fournit une main-d'œuvre abondante qui empêche une hausse trop forte des salaires dans l'industrie. Le développement économique réduit ensuite progressivement les écarts, la prospérité se diffuse et permet une croissance des revenus des travailleurs et une diminution de la part des profits et des revenus du capital. Les années 1980 constituent un tournant dans l'évolution des inégalités aux États-Unis : le raisonnement décrit par Kuznets se voit infirmé par un nouveau creusement des écarts. En 2006, les 10 % les plus riches aux États-Unis concentrent la moitié du revenu total. Selon les travaux de l'économiste Emmanuel Saez de l'université de Berkeley (auteur de travaux en collaboration avec Thomas Piketty), la part du revenu total détenue par les 1 % les plus riches était de 24 % en 1928, pour tomber à 8 % au cours des années 1970. En 2006, elle était remontée à 23 % et à 26 % en 2013. Sur la période 2002-2006, ses travaux montrent que la progression du pouvoir d'achat des 1 % les plus fortunés a été supérieure à 10 % tandis que celle des autres revenus (99 %) n'a été qu'inférieure à 1 %, ce qui signifie que les 1 % les plus riches ont accaparé les trois quarts de la croissance des revenus durant la période. Par ailleurs, les études disponibles montrent que seuls les revenus annuels des 10 % les plus riches (93 000 dollars en moyenne) ont augmenté plus vite que la productivité depuis le milieu des années 1990, le revenu des 10 % les plus pauvres n'étant en moyenne que de 5 800 dollars (soit 20 % de moins que la moyenne des autres pays développés). Du milieu des années 1990 au milieu des années 2000, le revenu réel du cinquième des ménages américains les plus pauvres a chuté de 2 %, tandis que celui du cinquième le plus riche a augmenté de 11 % sur la période, selon les données de l'OCDE. La concentration des patrimoines est très forte aux États-Unis : un tiers du patrimoine total du pays est détenu par les 1 % les plus riches et 76 % par les 10 % les plus riches. Le patrimoine médian des Blancs était en 2005 quinze fois supérieur à celui des Noirs et onze fois supérieur à celui des Hispaniques.

En ce qui concerne les causes, on peut distinguer deux familles d'explications.

– Les facteurs économiques ont pu jouer un rôle : le progrès technologique favorable aux travailleurs qualifiés (*skilled-biased technological change*) et défavorable aux travailleurs non qualifiés aurait généré une aggravation des écarts de salaires, alors que la mondialisation de l'économie a mis la main-d'œuvre américaine en concurrence avec les pays à bas salaires, aggravant le phénomène de pression sur les rémunérations. Le reflux de l'emploi industriel, le déclin syndical aux États-Unis et l'afflux de nouveaux immigrants ont sans doute aussi pesé sur les revenus salariaux. Mais les inégalités se sont surtout creusées « par le haut » : la croissance des hauts revenus, qui ont une plus forte capacité d'épargne et d'endettement, a encore creusé les inégalités de patrimoine financier et immobilier entre les ménages américains.

– Toutefois, les facteurs politiques ont sans doute été décisifs à partir des années 1980 en raison des plans successifs d'allégements d'impôts sur le revenu, sur les successions et sur les plus-values financières, notamment sous l'administration de Georges W. Bush. Ainsi, le taux d'imposition le plus élevé sur les revenus a fortement diminué, passant de 70 % en 1979 à 35 % aujourd'hui. Si le retour des inégalités économiques est perceptible en Europe également, il a pris aux États-Unis une dimension sans commune mesure avec les autres pays développés.

Taux marginal de l'impôt sur le revenu aux États-Unis de 1913 à 2010

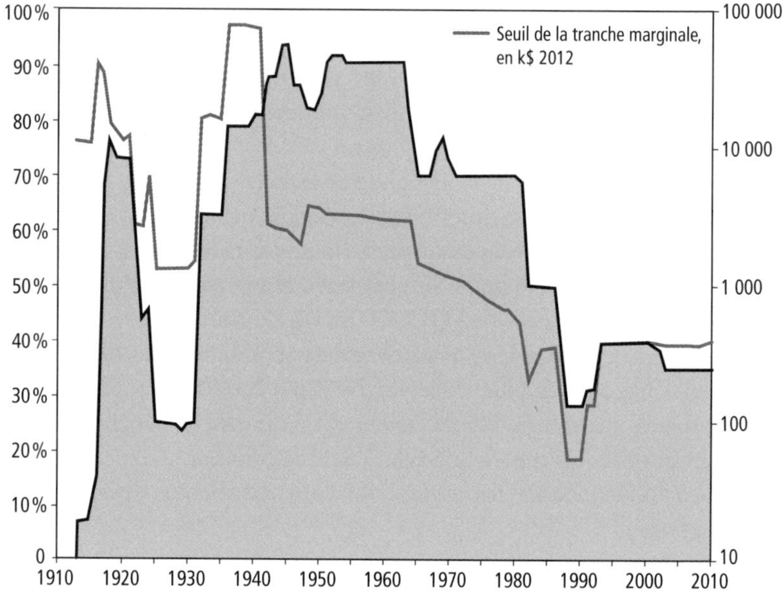

D'après Olivier Berruyer., www.les-crise.fr

B. L'enrichissement d'une nouvelle élite financière : les *working rich*

L'explication de l'aggravation des inégalités aux États-Unis doit également faire intervenir les changements dans la gestion des grandes entreprises. Dans les années 1930, A. Berle et G. Means montraient que les cadres dirigeants (les managers) disposaient du réel pouvoir dans l'entreprise, intuition confortée par les travaux de John Kenneth Galbraith qui parlait lui de « technostructure ». Dans ce capitalisme « managérial », les actionnaires propriétaires du capital sont trop dispersés pour réellement peser sur la direction de l'entreprise. Mais, à partir des années 1980, le rapport de force change et le développement de la finance fait basculer le pouvoir du côté des actionnaires, regroupés dans des fonds d'investissement (fonds de pension de travailleurs retraités par exemple). Dans cette nouvelle logique, la tâche des managers est de créer de la valeur pour l'actionnaire sous forme de dividendes, et de faire monter le cours de Bourse de la société. Un nouveau gouvernement d'entreprise se met en place : les dirigeants sont sous le contrôle des actionnaires à la faveur de mécanismes de rémunération directement liés aux performances boursières. Le président directeur général (PDG) et les managers de haut niveau sont incités à mettre en œuvre une stratégie conforme aux intérêts des actionnaires avec la pratique des *stock options* par exemple, soit la possibilité pour les cadres dirigeants d'acheter un certain nombre d'actions de leur entreprise à un prix fixé par contrat à l'avance (ou à un prix préférentiel), et de faire une plus-value si leur stratégie fait monter le cours de Bourse. Un certain nombre d'incitations comme des primes à l'arrivée du PDG ou lors de son départ ont considérablement accru les revenus des dirigeants d'entreprise. De 1990 à 2001, le revenu des dirigeants a augmenté de 300 % aux États-Unis, contre 35 % pour le salaire minimum sur la même période. Le milliardaire Rockfeller avait émis l'idée au XXe siècle qu'un patron ne devait pas gagner 40 fois plus que ses ouvriers. En 2005, le PDG des magasins Walmart a touché 17,5millions de dollars, soit 900 fois la rémunération totale du salarié moyen de son entreprise. La même année, le PDG d'ExxonMobil a pris sa retraite en touchant 140 millions de dollars, sans comptabiliser les diverses primes relatives aux intéressements boursiers. Les revenus des opérateurs financiers comme les *traders* ou les patrons des grandes banques d'investissement peuvent atteindre régulièrement plusieurs dizaines de millions de dollars.

De manière générale, on a pu parler d'un « effet superstar » incluant les professions du sport et du spectacle, qui bénéficient des progrès de la télévision, de la vente de DVD, de CD, de la musique téléchargeable, qui démultiplient leurs possibilités de revenus. Mais aussi les gestionnaires de fonds de placement, les associés des cabinets d'avocats, etc. Ce sont les *working rich* (en référence aux travailleurs pauvres) qui profitent de l'essor des activités financières et perçoivent un faible pourcentage de transactions engageant des montants énormes. L'effet superstar pour les PDG est également démultiplié par le fait qu'il s'agit d'un petit marché où les firmes tentent d'attirer les meilleurs dans un processus de cooptation et de surenchère permanente sur les salaires et les avantages versés.

C. L'Amérique pauvre et la montée de l'insécurité sociale

En bas de l'échelle sociale, la pauvreté reste très forte aux États-Unis. Avant la crise, le taux officiel de pauvreté atteint 12,5 % de la population en 2007 et frappe 37,3 millions de personnes. La pauvreté est aussi très inégalitaire et discriminante : si le taux de pauvreté des Blancs non hispaniques atteint 8,2 % en 2007, il est de 24,5 % pour les Noirs, de 21,5 % pour les Hispaniques et de 10,2 % pour les Asiatiques. Le taux de pauvreté des enfants de moins de 18 ans atteint 18 % en 2007 et ils constituent 35 % des personnes pauvres alors qu'ils ne représentent qu'un quart de la population totale, tandis que la pauvreté des enfants de moins de 6 ans atteint 20 % et celle des plus de 65 ans 9,7 %. Les États-Unis utilisent un indicateur de pauvreté absolue : l'indicateur est mesuré par rapport à un panier de biens permettant de satisfaire les besoins primaires comme se nourrir, se loger, se vêtir. Si l'on adopte un indicateur de pauvreté relative (défini par la moitié du revenu médian des ménages), comme en Europe, le taux de pauvreté bondit à 21,1 %. La proportion de travailleurs pauvres (ayant travaillé au moins six mois dans l'année) est importante et touche environ 10 millions de personnes. La crise de l'immobilier *subprime* a révélé que les inégalités d'accès à la propriété du logement restent fortes : le piège de l'endettement s'est refermé sur les populations financièrement les plus fragiles, tandis que les quartiers résidentiels regroupent les familles de la classe moyenne supérieure où les cadres sont surreprésentés. Pourtant, les enquêtes montrent qu'une large fraction de la classe moyenne américaine anticipe pour ses enfants un niveau de vie inférieur au sien, signe d'un retournement des perspectives économiques depuis le début de la crise.

Par ailleurs, le système de protection sociale (Welfare State) demeure peu développé et largement fondé sur la responsabilité individuelle et la charité privée, malgré le rôle joué par les institutions philanthropiques, religieuses et les associations caritatives, extrêmement nombreuses aux États-Unis. La part des prestations sociales ne représente que 9 % du revenu des ménages aux États-Unis, contre 22 % en moyenne dans les pays développés de l'OCDE. Dès les années 1930 et l'époque du New Deal, le président Roosevelt instaure un système de protection sociale sous forme d'assurance chômage et d'assurance vieillesse (*Social Security*). Dans les années 1960, l'État-providence se renforce, sous la présidence de Lyndon Johnson notamment : en matière de couverture maladie, le programme Medicare bénéficie aux personnes âgées de 65 ans et plus, et le programme Medicaid est dirigé vers les personnes à faibles revenus (en particulier les familles monoparentales et les personnes handicapées). Si les États-Unis sont le pays développé qui dépense le plus en matière d'assurance maladie (6 102 dollars en 2004 contre 3 150 dollars en France), ces dépenses sont prioritairement liées à des polices d'assurances privées, financées soit par les entreprises soit par l'État. Environ 47 millions d'Américains ne disposent d'aucune couverture maladie sur toute l'année, et nombreuses sont les familles à devoir s'endetter ou vendre leur logement pour financer des soins. La médecine préventive est sous-développée et le système exclut les classes populaires des soins, notamment parce que les travailleurs précaires acculés au temps partiel ne peuvent prétendre à une police d'assurance trop onéreuse. Par ailleurs, les entreprises tentent de réduire le coût de la couverture maladie pour leurs salariés (65 % des salariés américains étaient couverts par leur entreprise en 2001, contre 55 % en 2010), et la récession économique et la remontée du chômage ont encore aggravé l'insécurité sociale. L'échec de la mise en place d'un projet de sécurité sociale sous la présidence de Bill Clinton, notamment sous la pression de la critique de l'industrie pharmaceutique, n'a pas clos le débat politique aux États-Unis, seul pays développé à ne pas disposer d'un système complet de couverture maladie universelle.

Évolution de la pauvreté aux États-Unis

	1990	1995	2000	2002	2005	2012	2015
Nombre de pauvres (en milliers)	33 585	36 425	31 581	34 570	36 950	46 500	43 100
Taux de pauvreté (en %)	13,5	13,8	11,3	12,1	12,6	15,0	13,5

D'après les données du Census Bureau.

Depuis la crise en 2007, la situation sociale aux États-Unis ne s'est guère améliorée. Le taux de pauvreté atteint toujours 13,5 %, soit près de 43,1 millions d'Américains concernés, dont beaucoup d'enfants et de jeunes issus des « minorités visibles », mais aussi, fait nouveau, des retraités et des personnes âgées. Les analyses du recensement de 2010 montrent également que près de la moitié des Américains disposent de revenus plutôt faibles, jusqu'à 200 % du seuil de pauvreté. Cette faiblesse des revenus est paradoxale si on la met en regard de la croissance économique : si l'économie américaine demeure convalescente, la croissance du PIB a atteint 1,9 % du PIB en 2016 et certains indicateurs reviennent progressivement au vert. Mais la stagnation des revenus s'explique notamment par les efforts de réduction de la dépense publique des collectivités locales qui coupent dans les programmes sociaux, et par la création d'emplois de services aux rémunérations inférieures à celles pratiquées avant la crise.

Sur un plan général, le nombre de personnes sans assurance maladie a nettement décru depuis 2011, passant de 50 à 48,6 millions de personnes, soit environ 15 % de la population générale grâce à la réforme voulue par B. Obama, l'Obamacare. Mais, le nouveau président, Donald Trump, élu en novembre 2016, a annoncé son intention de supprimer l'assurance santé établie par son prédécesseur.

Pour aller plus loin

Ouvrages

Billard, G., Chevalier, J., *Géographie et géopolitique des États-Unis*, Hatier, coll. Initial, 2012.

Braquet, L., *L'Économie américaine*, Bréal, coll. Thèmes & Débats, 2010.

Ciattoni A. *et alii*, *Géographie et géopolitique des États-Unis*, Hatier, coll. Initial, 2012.

Dorel, G., *Atlas de l'Empire américain*, Autrement, coll. Atlas du Monde, 2006.

Dubois, S., *Le Défi alimentaire. Étude géopolitique et géoéconomique des agricultures mondiales*, PUF, coll. Major, 2010.

Gauchon, P. (dir.), *L'exception américaine*, PUF, coll. Major, 2004.

Goussot, M., *Espaces et territoires aux États-Unis*, Belin, 2004.

Goussot, M., *Les États-Unis*, La Documentation photographique n° 8056, La Documentation française, 2007.

Kaspi, A., *Comprendre les États-Unis aujourd'hui*, Perrin éditeur, 2009.

Leriche F., dir., *Les États-Unis. Géographie d'une grande puissance*, Armand Colin, coll. U, 2016.

Monot, A. (dir.), *L'Amérique du Nord. Unité, diversité ou complexité géographiques ?*, Bréal, 2012.

Monot, A. (dir.), *Les Amériques*, Bréal, coll. Le monde en fiches, 2017.

Montes C., Nedelec P., *Atlas des États-Unis. Un colosse aux pieds d'argile*, Autrement, coll. Monde, 2016.

Royot, D. (dir.), *Dictionnaire des États-Unis*, Larousse, coll. À présent, 2010.

Snegaroff T., Andorra A., *Géopolitique des États-Unis d'Amérique*, PUF, coll. Major, 2016.

Webographie

www.census.gov : site en anglais du United States Bureau of the Census, qui présente principalement des données démographiques (notamment les résultats partiels du recensement de 2010) et également économiques.

www.imf.org : site du Fonds monétaire international (FMI), en anglais et en français, présentant tous les semestres une synthèse sur l'économie mondiale ou sur certains pays.

www.worldbank.org : site de la Banque mondiale.

Révisions

Principales problématiques

– Quels sont les fondements de la puissance des États-Unis ?

– Comment s'organisent les systèmes productifs étatsuniens ?

– Quelles sont les conséquences de la crise de 2007-2008 aux États-Unis ?

– Quelles sont les capacités de résilience des États-Unis face à la crise économique ?

Idées à retenir

1. Un pôle de puissance d'échelle mondiale

Si l'on considère la puissance à partir d'une série de caractéristiques (Gérard Dorel, 1998), force est de constater que les États-Unis représentent un des pôles de puissance du monde, répondant à un grand nombre de critères de puissance (militaire, diplomatique, économique, démographique, culturel). Depuis la fin de la bipolarisation du monde, ils se sont affirmés comme l'unique « hyperpuissance » (Hubert Védrine, 1999) du monde contemporain (50 % du budget militaire mondial), capables de se projeter militairement à travers le monde entier et de mener de front plusieurs guerres (interventions en Afghanistan en 2001, en Irak en 2003). Au niveau économique, les États-Unis sont un des pôles du commerce mondial et de la puissance agricole, industrielle et tertiaire mondiale. Ils sont le principal centre de création de richesses au monde, le premier marché intérieur du monde, et contrôlent la monnaie de référence du monde, le dollar, sans oublier le poids de leurs firmes transnationales. Au niveau culturel, la culture-monde s'est développée à partir des États-Unis, notamment véhiculée par les médias et le cinéma hollywoodien.

Les États-Unis possèdent de nombreux atouts qu'ils ont su mettre en valeur et qui fondent leur puissance à l'échelle mondiale. Leur territoire naturellement ouvert sur le monde par de vastes façades maritimes a été équipé par de nombreux corridors de transports qui valorisent les potentialités de ces territoires immenses. Les ressources naturelles ont contribué à affirmer la puissance manufacturière du pays. La population, nombreuse, jeune et formée, est une des plus productives du monde et ressent le travail comme une valeur culturelle.

2. Un déclin de la puissance ou résilience face à la crise ?

La crise immobilière et financière de 2008, née aux États-Unis, a provoqué une récession inédite depuis 1929, renforcée par une crise de la dette publique. Si l'économie des États-Unis demeure la première mondiale, sa croissance est ralentie. Néanmoins, le pays possède une forte capacité de résilience : dès 2010, il retrouvait son niveau économique de 2007. Cette crise, dont les répercussions sociales se font encore sentir, est en grande partie en train d'être surmontée en termes purement économiques, même si la reprise demeure fragile et soumise à contraintes (déficit et dette publics). Mais elle aboutit à des mutations sectorielles très importantes, principalement dans l'industrie.

La croissance, qui y a repris depuis 2009, est de l'ordre de 2 à 3 % par an, alors que depuis 2009 celle des pays émergents est de l'ordre de 5 % par an. En effet, la crise de 2008 a essentiellement révélé le nouvel ordre mondial qui se dessine depuis 2001. Si la décennie de 1991 (chute de l'URSS) à 2001 (attentats terroristes aux États-Unis) a été celle du leadership des États-Unis sur le monde, depuis, la multipolarisation du monde voit l'émergence de nouveaux acteurs mondiaux issus des pays émergents qui entendent concurrencer les Américains sur la scène internationale, tant d'un point de vue économique que politique ou culturel.

Chiffres clés

	États-Unis
Superficie (en milliers de km²)	9 826
Population en 2015 (en millions)	327,7
Densité moyenne en 2015 (en hab./km²)	35,2
Taux d'urbanisation en 2015 (en %)	82
Taux de natalité en 2015 (en %)	1,3
Taux de mortalité en 2015 (en %)	0,8
Taux d'accroissement naturel en 2015 (en %)	0,5
Taux d'accroissement migratoire en 2015 (en %)	0,3
Taux de mortalité infantile en 2015 (en %)	0,6
Indice de fécondité 2015 (nombre d'enfants/femme)	1,9
Part des moins de 15 ans en 2015 (en %)	19
Part des 65 ans et plus en 2015 (en %)	15
Espérance de vie en 2015 Hommes Femmes	 76 81
PNB/hab. en 2015 (en dollars)	51 024
Taux de croissance du PIB en 2016 (en %)	1,9
PIB en 2015 (en Mds de dollars)	17 968,1
PIB/hab. en 2014 (en dollars)	54 630
Production industrielle (en % du PIB)	20,5
Taux de chômage en 2017 (en %)	4,7
Coefficient de Gini en 2010	0,40
IDH en 2014 (rang mondial)	9,915 (8e)
Part de la population sous le seuil de pauvreté en 2016 (en %)	13,5

D'après les données du FMI, de la Banque mondiale et du PNUD, 2015 et 2016.

Exercice

Dissertation

Points méthodologiques

Pour mener à bien l'exercice de la dissertation, respecter quelques étapes simples de la méthode est nécessaire et indispensable. Aussi bien les connaissances que la maîtrise de la méthode sont évaluées. L'introduction est l'étape cruciale, celle qui pose la réflexion sur le sujet. Elle doit donc être particulièrement travaillée.

Étapes de l'introduction

– Définir les termes du sujet

Comprendre le sujet, c'est maîtriser son vocabulaire (notions et concepts définis), mais surtout bien faire attention à la structure grammaticale du libellé. Cela passe par la mise en relation des définitions des termes du sujet, en mettant en avant les liens entre les définitions de ces termes et non pas se borner à une litanie de définitions juxtaposées. La présence de deux termes séparés par la coordination « et » suppose de voir les liens entre eux.

– Délimiter le sujet

Après avoir défini les termes du sujet afin de mettre en exergue son intérêt, il faut s'attacher à le délimiter :

D'abord spatialement : quels espaces sont inclus dans le sujet ? Certains sujets sont simples et leur délimitation spatiale aisée, d'autres relèvent d'une réflexion plus approfondie.

Puis chronologiquement : les sujets peuvent avoir une dimension géohistorique ou porter sur un phénomène de longue durée, aussi faut-il parfois préciser des bornes chronologiques à l'analyse à mener.

– **Problématiser le sujet**

Une fois que le sujet est bien cerné, on peut le problématiser, c'est-à-dire exposer par une formulation claire la ou les question(s) contenue(s) dans le sujet et à laquelle (auxquelles) le devoir doit répondre. C'est présenter le sujet en mettant en valeur le problème qu'il contient. Attention, libeller le sujet sous une forme interrogative ne peut en aucun cas tenir lieu de problématique.

– **Annoncer le plan** qui sera suivi dans le développement de la dissertation.

Exercice d'application

Sujet : Les États-Unis, une « hyperpuissance » ?

Introduction

Les États-Unis sont le pays de tous les superlatifs, tant par leurs dimensions géographiques que démographiques ou par leur poids économique et leur puissance géopolitique. Gérard Dorel, en 1998, exposant les critères qui permettent d'évaluer la puissance des États, présente les États-Unis comme l'unique puissance complète du globe. Laurent Carroué (2007) parle d'un « dispositif géoéconomique et géopolitique mondial à l'ombre des États-Unis ». Même les hommes politiques utilisent des superlatifs pour les décrire. Ainsi, Hubert Védrine, ancien ministre des Affaires étrangères, invente-t-il la notion d'« hyperpuissance » pour qualifier les États-Unis en 1999.

Il s'agit alors de se questionner sur ce que recouvre cette expression. L'emploi du préfixe « hyper » tend à souligner le caractère démesuré de la puissance américaine. Mais il faut replacer l'emploi de ce terme dans son contexte, la fin des années 1990. Les États-Unis dominent alors le monde sans partage depuis la dislocation du géant soviétique au début de la décennie. Qu'en est-il au début des années 2010 ? En effet, depuis 2001, le monde a évolué rapidement : remise en cause brutale de l'hégémonie américaine par des attentats spectaculaires à New York le 11 septembre 2001, entrée de la Chine dans l'OMC en 2001, essor des BRIC (acronyme utilisé depuis 2001 pour nommer un petit groupe de pays émergents), retour de la Russie sur la scène mondiale (arrivée de Vladimir Poutine au pouvoir en 2001). De plus, une crise économique majeure a touché de plein fouet les États-Unis à partir de 2007 qui met en exergue les limites du modèle de développement américain et l'affirmation d'un nouvel ordre mondial.

Dans quelle mesure la puissance étatsunienne, complète et inégalée dans de nombreux domaines, doit-elle être questionnée, nuancée voire remise en question face à la multipolarisation du monde qui se dessine et aux évolutions internes du pays ?

Nous verrons, dans un premier temps, en quoi les États-Unis conservent le leadership sur le monde, puissance complète à toutes les échelles. Puis, nous nous demanderons quels sont les fondements de l'hyperpuissance du pays. Enfin, nous analyserons les problèmes et les limites du modèle américain.

I. « Un dispositif géoéconomique et géopolitique à l'ombre des États-Unis » ? (L. Carroué, 2007)

A. Une hyperpuissance économique ?

1. Une domination des principaux secteurs économiques : 1er exportateur mondial de produits agricoles, 2e producteur industriel, 1er de services, 1er de haute technologie, 1re puissance bancaire, financière et boursière (Wall Street, CBOT, etc.).

2. Cette domination est permise par la puissance du système productif et périproductif de l'économie américaine, notamment les firmes transnationales (131 sur les 500 premières mondiales en 2012). Importance des IDE à l'échelle mondiale.

3. Les États-Unis sont le moteur de la mondialisation. Rôle au sein de l'OMC, de la monnaie (dollar, monnaie de référence internationale malgré la fin du système de Bretton-Woods).

B. Le *hard power* étatsunien

1. Une domination militaire écrasante : 50 % des dépenses militaires mondiales, importance du complexe militaro-industriel, de la recherche & développement. Puissance nucléaire. Capacité de projec-

tion sur plusieurs théâtres d'opération en même temps (*cf.* Afghanistan et Irak).

2. Une domination militaire qui facilite le rôle diplomatique des États-Unis à l'échelle mondiale : membre permanent du Conseil de sécurité de l'ONU, présence de sièges d'institutions internationales aux États-Unis (ONU, Banque mondiale, FMI), etc.

3. Un « empire américain » (G. Dorel, 2006) ? Présence planétaire des États-Unis par une flotte de guerre répartie sur tous les océans, par des bases ou facilités militaires sur tous les continents, par la domination d'une alliance militaire, l'Otan (1949). Mais cette idée d'impérialisme est réfutée par les États-Unis qui se sont toujours érigés contre la négation du droit des peuples à disposer d'eux-mêmes. De plus, ils n'ont pas cherché à être dominants, ce sont les autres puissances qui se sont effacées (les pays européens avec les deux guerres mondiales, puis l'URSS).

II. Les États-Unis, les fondements d'une « puissance complète » (G. Dorel, 1998)

A. Des facteurs de puissance interne : le territoire et la population

1. Un territoire immense aux nombreuses ressources.

2. Un territoire maîtrisé : interfaces et ponts terrestres.

3. Une population nombreuse, jeune, formée, diplômée et au haut niveau de vie.

B. Les États-Unis : une culture mondialisée

1. Un rayonnement mondial fondé sur le *soft power* (J. Nye, 1990) : culture-monde, canaux de la diffusion du modèle américain (*American way of life*, Manifest Destiny, etc.) fondé sur une culture de masse et la civilisation des loisirs.

2. Le poids des industries de la culture aux États-Unis : cinéma, médias (CNN), marques vectrices du mode de vie américain (Coca Cola, McDonalds, Levi's, Nike, etc.).

III. Une puissance à nuancer : problèmes et limites du modèle étatsunien

A. Les États-Unis affaiblis par les crises ?

1. Le rôle de la crise économique de 2007-2008 : faillites bancaires, industrielles, etc. Des retombées sociales majeures : chômage de masse, hausse de la pauvreté, saisies immobilières, etc. Une sortie de crise en demi-teinte : les conséquences sociales demeurent négatives, faillite des collectivités territoriales, fort endettement fédéral, dépendance financière aux fonds souverains, etc.

2. La remise en cause de la civilisation étatsunienne : terrorisme fondamentaliste anti-américain qui se développe principalement dans le monde arabo-musulman, rejet du modèle de développement économique et social américain par différentes composantes de la société civile à l'échelle mondiale (écologistes, altermondialistes), rejet de l'interventionnisme américain.

B. L'émergence d'un nouvel ordre mondial : les États-Unis, une puissance parmi d'autres ?

1. Le maintien des puissances traditionnelles : poids et rôle de l'Union européenne et du Japon. Retour sur la scène internationale de la Russie.

2. L'essor de nouvelles puissances qui remettent en cause la place des États-Unis, tant au niveau économique que politique. Le poids croissant des pays émergents et notamment de la Chine, 2e puissance économique mondiale. Le rôle du Brésil dans le concert des nations (rôle moteur au sein du G20, rôle de Lula, à l'initiative du forum IBAS, etc.).

Conclusion

Les États-Unis sont et demeurent une puissance dans les domaines clés, ce qui fait d'eux la seule puissance complète au monde et la seule à l'influence mondiale aussi marquée. Cette domination repose sur un territoire immense et riche et sur une population qui constitue l'un des grands marchés de consommation à l'échelle mondiale, s'appuie sur un modèle libéral et capitaliste, est véhiculée par les acteurs de la mondialisation, dont les États-Unis sont les instigateurs et le moteur. Néanmoins, depuis 2001, l'hégémonie américaine est progressivement contestée dans pratiquement tous les domaines par des puissances émergentes ou établies. Le nouvel ordre mondial qui se développe contraint les pays à reconsidérer leur place et à évaluer leur puissance à l'aune de ces nouveaux concurrents. Les États-Unis, profondément affectés par les attentats du 11 septembre 2001, puis par des catastrophes naturelles en cascades (La Nouvelle Orléans en 2005, New York en 2011), par la crise économique de 2007-2008 et enfin par la remise en cause de leur interventionnisme au Moyen-Orient, exercent désormais une domination relative en composant avec d'autres puissances. Un nouvel équilibre des puissances est ainsi à établir.

Autres sujets possibles

– Les États-Unis dans la mondialisation

– Les États-Unis, la construction de la puissance au XXe siècle

– Agricultures et industries, deux piliers de la puissance des États-Unis ?

– Les États-Unis : « un empire américain » ?

– Les États-Unis sont-ils sortis de la crise ?

– Les États-Unis, mythe et réalité de la puissance

– États-Unis et Chine, un duel au sommet

3

L'Amérique latine

Introduction

Véritable « Extrême-Occident » (Rouquié A., 1987), l'Amérique latine est l'un des rares espaces de dimension continentale à être défini par un aspect culturel : la latinité par opposition à l'Amérique anglo-saxonne. Colonisé pendant près de trois siècles par les Espagnols et les Portugais, cet ensemble de pays n'a cessé d'être vu depuis l'Europe comme une terre d'avenir. La qualification de latine pour ce vaste espace vient d'ailleurs de la France, quand Napoléon III souhaitait s'emparer du Mexique pour fonder « l'empire catholique et latin » face aux États-Unis d'Amérique en plein essor. Il faut cependant attendre 1934 pour que le géographe et politiste français André Siegfried consacre l'un des premiers essais embrassant l'Amérique latine comme un ensemble s'opposant aux États-Unis (EUA).

Le terme est repris par les intéressés et les géographes anglo-saxons pendant et aux lendemains de la Seconde Guerre mondiale, en particulier avec la création de la CEPAL, Commission économique pour l'Amérique latine. L'ensemble fragmenté, profondément marqué par la rétraction du commerce mondial suite à la crise de 1929, s'engage alors dans des politiques « développementistes » basées sur l'industrialisation par substitution aux importations. Mais ce qui le caractérise alors c'est aussi le début d'une explosion démographique et urbaine sans équivalent. À partir des années 1980 et de la « crise de la dette », les pays latino-américains se sont massivement convertis au libéralisme et ont tous retrouvé progressivement des régimes démocratiques. Depuis le début du XXIe siècle, l'Amérique latine réapparaît sur le devant de la scène. Politiquement, avec de nouveaux leaders réaffirmant une certaine autonomie vis-à-vis des États-Unis d'Amérique (EUA). Économiquement, en incarnant l'émergence. Mais aussi toujours socialement avec les défis du développement qui demeurent.

Problématiques

– Quelles sont les caractéristiques de l'Amérique latine ?

– Quels sont les fondements de son émergence économique ?

– Quels clivages la traversent ?

Plan de la partie 3

I. **L'Amérique latine : caractères généraux**

II. **L'Amérique latine en mutation**

III. **Des Amériques latines ?**

I

L'Amérique latine : caractères généraux

L'expression « Amérique latine » est d'usage récent, en particulier chez les géographes. Certes, comme cela a été mentionné en introduction, son invention date du XIXe siècle, au moment où les États-Unis s'affirment en tant que puissance majeure, annexant d'ailleurs entre 1845 et 1848 pas loin de la moitié du territoire mexicain. Une *Revue de l'Amérique latine* est même publiée sous le Second Empire qui traite de l'ensemble des pays catholiques (dont le Québec...) face au monde anglo-saxon. Le terme évitait l'emploi des expressions Amérique hispanique ou Amérique ibérique utilisées de l'autre côté des Pyrénées.

Pour autant, l'expression était loin de faire l'unanimité. À la fin du XIXe siècle, Élisée Reclus, dans sa *Nouvelle Géographie universelle* sépare « l'Amérique du Sud » des « Indes occidentales ». Optimiste, Reclus est fasciné par la nature de ce nouveau monde et souligne déjà l'importance du métissage le singularisant des États-Unis. Quelques années plus tard, lorsque Vidal et Gallois conçoivent leur propre Géographie universelle, ils suivent le même découpage : un volume « Amérique du Sud », confié à Pierre Denis et paru en 1927, et un autre pour le « Mexique, Amérique centrale », écrit par Max Sorre et publié l'année suivante. Finalement, il faut vraiment attendre l'essai d'André Siegfried de 1934 pour que le concept soit développé, d'une manière parfois un peu caricaturale. Les géographes français ne retiennent d'ailleurs pas cette vision, et ceux qui travaillent au Brésil, en particulier Pierre Monbeig (1908-1987) qui y enseigne à partir de 1935, ne partagent pas une vue si englobante. C'est donc bien davantage des États-Unis que, dans le contexte de la Seconde Guerre mondiale, le terme se généralise. La première étude géographique à l'incorporer dans son titre est alors celle de Preston James (1899-1966), intitulée *Latin America* et parue en 1942. À partir de ce moment, sont fondés aux États-Unis différents départements universitaires dédiés à l'Amérique latine. Dans le contexte de la Libération, la France crée l'institut français d'Amérique latine à Mexico et la Maison de l'Amérique latine à Paris. Aussi, on comprend que lorsque R. Brunet lance dans les années 1980 un nouveau projet de géographie universelle, un volume (publié en 1991) est consacré à l'*Amérique latine*.

Dès lors, des caractères culturels mais aussi en termes d'aménagement de l'espace apparaissent, largement hérités des colonisations européennes mais aussi produits de cultures indigènes qui renouvellent la vision de ce vaste espace.

1 Définition de l'espace latino-américain : une aire culturelle fragmentée

L'Amérique latine s'étend sur plus de 13 000 kilomètres du Nord au Sud et 20 millions de km². De Tijuana à la Terre de Feu, les paysages et sociétés n'ont aucun lien ou presque. En effet, cet ensemble est celui de grands contrastes en termes de géographie physique (*cf.* partie 1). La limite entre Mexique et États-Unis se fait dans l'aridité. Le Sud de l'Amérique du Nord, que l'on arrête conventionnellement à l'isthme de Tehuantepec, correspond à l'entrée dans la tropicalité. L'Amérique centrale, pont entre Nord et Sud, est émiettée en six petits États, sans compter les milliers d'îles autour de la mer des Antilles et des Caraïbes partagées entre dix-sept États. L'Amérique du Sud enfin, plus massive avec ses 18 millions de kilomètres carrés et structurée par la longue chaîne andine côté Pacifique et une série de plateaux et de plaines en contrebas, vers l'Atlantique. Essentiellement situé dans la zone tropicale (14 millions de kilomètres carrés), l'étagement y introduit des milieux aux climats frais, voire froids, qui ont été particulièrement peuplés. Le Sud est, quant à lui, dans la zone tempérée australe et présente également d'étonnants paysages, s'achevant par la chute des glaciers dans la mer en Terre de Feu.

A. Les héritages de la colonisation européenne

La notion même d'Amérique latine a ses limites et repose sur une vision dichotomique simple des effets des colonisations européennes. Il est vrai que celles-ci, à l'exception de la situation plus complexe des Caraïbes, ont exacerbé les oppositions entre Nord et Sud du « Nouveau Monde ». Quand le peuplement des parties les plus septentrionales par des Européens (parmi lesquels des Français, c'est-à-dire des… « Latins ») était l'objectif, celui des Amériques hispaniques était limité et ne correspondait qu'à un moyen pour mieux en exploiter les richesses, notamment minières. Contraste religieux aussi entre Anglo-Saxons très majoritairement protestants et latins exclusivement catholiques. Réflexion continue sur le métissage d'un côté et absence de métissage de l'autre. Ce métissage a souvent été présenté comme un corollaire de l'Amérique latine. La lecture qu'en fait le géographe Élisée Reclus à la fin du XIXe siècle est très révélatrice. Ainsi, il écrit que si « *les Néo-Saxons ont détruit ou repoussé les populations indigènes ; les Néo-Latins les ont assimilées* » (Reclus, 1891). Preuve quasi métaphorique : Cortez avait conquis l'Empire aztèque en grande partie grâce à son union avec la Malinche[1]. L'accession à l'indépendance de nombreuses entités espagnoles est d'ailleurs le fait, pour citer de nouveau Reclus, « *de nations armées comprenant à la fois les petits-fils des conquérants espagnols et les Indiens conquis* ». Tout au long du XIXe siècle, le mélange des races, comme on dit alors, est une caractéristique de l'Amérique latine qui retient l'attention de tous les anthropologues, ce qui fait dire à Reclus que « *des statisticiens essayent encore de classer les habitants du Brésil par races et sous-races, Blancs, Noirs, Rouges et Jaunes suivant leurs diverses colorations… Mais si le sens proprement dit ne saurait être obtenu avec quelque approximation, à bien plus forte raison ne saurait-on indiquer d'une manière précise la part des croisements qui se sont opérés : c'est ainsi que dans le Matto Grosso et les autres provinces de l'intérieur on distingue entre "Blancs" et Blancs : les uns, les Portugais, sont… les vrais Blancs, les autres, les "brancos da terra", les Blancs natifs* » (Reclus, 1891). À ce métissage biologique, s'ajoute un fascinant syncrétisme culturel particulièrement visible à travers les pratiques religieuses : l'adoption (largement forcée) du christianisme n'a pas mis fin à de nombreux rites préhispaniques qui ont en fait été assimilés. C'est ainsi que le culte des morts prend partout un sens particulier ou que, dans les régions andines, la Vierge est assimilée à la Pacha Mama, la divinité de la Terre.

---

1. Indienne, qui a joué le rôle d'interprète et qui a été la maîtresse de Cortez.

Pour autant, les raisons de rejeter l'unité de l'Amérique latine sont légion. Comme le faisait remarquer Alain Rouquié (Rouquié A., 1987), on parle anglais au Guyana et au Bélize, le Québec avec le français est bien un territoire « latin ». Des régions entières d'Amérique latine parlent davantage des langues indigènes (quechua, guarani...) que l'espagnol. Cependant, l'adoption généralisée du terme d'Amérique latine depuis les années 1940 par les observateurs extérieurs comme par les pays intéressés, justifie ce qui pouvait apparaître comme une projection de l'Europe sur l'Amérique, l'opposition entre Latins et Anglo-Saxons.

Les rapports de force économiques et politiques y sont pour beaucoup. Regarder la présentation du continent américain dans des manuels du secondaire, c'est vite comprendre que passer le Rio Bravo pour entrer en Amérique latine c'est quitter le Nord pour le « Sud ». Faire chemin inverse, c'est se confronter à une frontière de plus en plus fortifiée. Néanmoins, cette zone frontière rappelle aussi un autre élément d'identification, l'affirmation d'une culture « latino », qui s'exprime par une littérature, des rythmes musicaux, des graphismes, qui sont autant de métissages particuliers entre monde ibérique, cultures indigènes et cultures originaires d'Afrique. Dans les années 1960, au moment où l'Amérique latine est l'un des trois pôles du tiers-monde, son identité s'est exprimée par l'affirmation de toute une littérature spécifique. Des maisons d'édition font connaître alors toute une génération d'écrivains, qui révèlent leurs pays d'origine à travers un genre particulier qualifié de « réalisme magique ». En transformant des événements du quotidien à travers une atmosphère surnaturelle créée par la présence de croyances populaires et religieuses, ces auteurs mettent en scène tant la condition de leurs concitoyens que le cadre culturel. Le prix Nobel de littérature a consacré et renforcé le rayonnement de leurs romans. Après avoir concerné la Chilienne Gabriela Mistral (1945), il est attribué au Guatémaltèque Miguel Ángel Asturias (1967), au Chilien Pablo Neruda (1971), au Colombien G. García Márquez (1982) et au Mexicain Octavio Paz (1990). Aujourd'hui, ce sont la musique et les fresques murales (*murales* en espagnol) qui sont considérées comme l'expression la plus évidente de cette culture.

L'identité culturelle de l'Amérique latine

Il est classique de retenir trois critères principaux, qui jouent un grand rôle dans l'identification de l'ensemble :
- une histoire partagée avec la mise en valeur organisée par les colonisations ibériques, qui a abouti à une «*implantation massive et efficace de la civilisation européenne dans le monde tropical*» (Gourou, 1976),
- des politiques similaires de développement élaborées par la CEPAL ;
- l'unité linguistique à l'exception de quelques fragments des Empires français (Guyane, Guadeloupe, Martinique), anglais (Belize) et hollandais (Saint-Martin, Aruba, Bonaire, Curaçao, etc.), ce sont les deux langues ibériques qui se sont imposées aux langues indigènes.

B. Des tensions géopolitiques

Cette identité culturelle, qui permet de donner des stéréotypes faciles sur les Latino-Américains et qui a donné lieu à une littérature clairement identifiée, n'a jamais abouti à une unité politique. Au contraire, la sortie de la domination ibérique avec les indépendances acquises entre 1811 (Venezuela) et 1825 (Bolivie) s'est traduite par la multiplication des rivalités et l'affirmation de nations ennemies. Le rêve d'unification incarné par le Libertador, Bolivar (1783-1830), s'est fracassé sur les murs des revendications locales et des rivalités entre leaders politiques, c'est-à-dire bien souvent entre grandes familles. Tout le XIXe siècle fut celui des guerres civiles ou interétatiques. Non seulement l'unité entre les quatre vice-royautés ibériques ne s'est pas faite mais elle a donné naissance à dix-huit États, qui se sont disputés territoires et accès à la mer. Le Brésil a certes maintenu son unité grâce à la langue et la continuité monarchique incarnée par Pedro II. Le Mexique, se libérant des tutelles royales et ecclésiastiques, construit rapidement une unité nationale face au grand voisin du nord qui lui prend près de la moitié de son territoire lors de la guerre américano-mexicaine de 1846-1848. Le reste de l'Amérique latine s'est déchiré en guerres locales (*cf.* partie 4). Citons en qui ont encore des conséquences spatiales fortes et qui restent présentes dans les imaginaires nationaux :
- la guerre de la Triple Alliance (1864-1870) qui se traduit par un tiers de territoire en moins pour le Paraguay au profit de l'Argentine et du Brésil ;
- la guerre du Pacifique (1879-1883) qui a coûté à la Bolivie son accès à la mer, qu'elle ne cesse de réclamer depuis (en 2013, la Bolivie a posé une nouvelle instance devant la Cour internationale de justice pour réclamer ses droits maritimes).

❷ Populations et peuplement

A. 600 millions d'habitants à peine...

Aujourd'hui, l'Amérique latine compte environ 600 millions d'habitants (*cf.* partie 1) C'est moins de deux fois la population des États-Unis et une densité globalement faible, inférieure à 30 habitants/km². Ce chiffre est le résultat d'une évolution très particulière engagée sous le signe de la destruction. En effet, lorsque les Espagnols mettent le pied sur le sous-continent, les historiens estiment qu'il était peuplé d'environ 25 à 60 millions d'habitants. En quelques décennies, la population aurait été divisée par 15, essentiellement sous l'effet du « choc microbien ». Cette catastrophe démographique a largement été la cause de la rencontre des « *quatre parties du monde* » (Gruzinski S., 2006). En effet, pour exploiter les ressources, les conquérants ne pouvant se contenter d'une main-d'œuvre locale trop « fragile » ont fait appel aux bras qui paraissaient les plus appropriés, c'est-à-dire les esclaves africains. Une gigantesque déportation a alors été mise en place, qui a concerné environ 13 millions d'Africains dont 2 millions morts lors de la traversée de l'Atlantique.

Un révélateur : les tableaux de métissage

Il existe de nombreux tableaux dits de métissage ou de castes, que l'on retrouve par exemple au Musée des Amériques de Madrid ou au Musée national d'anthropologie de Mexico. Il s'agit de tableaux représentant les parents et le résultat de leur union, dans le cadre d'une scène de genre – partie de cartes, dispute... – alors très en vogue dans la peinture européenne. Très clairement, l'objectif est pédagogique, et ils ont été principalement destinés à l'Espagne pour y exhiber la singularité américaine (vêtements, aliments, habitudes) et y présenter la classification des différentes catégories. Ainsi, le descendant d'un Espagnol et d'une Indienne est un Métis (*Mestizo*), celui d'une Espagnole et d'un Nègre est un Mulâtre (*Mulato*), d'un Espagnol et d'une Mulâtre est un *Morisco*, etc. En tout, c'est en général seize catégories qui sont distinguées, pas toujours exactement les mêmes selon les séries de tableaux.
Ces tableaux peuvent être considérés comme révélant plusieurs phénomènes. D'abord bien sûr l'importance de la pureté pour l'aristocratie blanche. En effet, ce métissage est en fait l'exception. Au XVIIIe siècle, on estime qu'il ne concerne que 10 % de la population, et les élites politiques sont restées blanches. Mais cela révèle aussi l'importance des relations entre les différentes catégories de population qui existent et la fascination que ces « mélanges » produisent alors. De telles catégories ne sont pas présentes aux États-Unis d'Amérique ou au Canada, où les relations entre Indiens et Blancs ont été rarissimes.

B. Un peuplement très inégal

Le peuplement garde largement les traces de la trame coloniale, qui selon les pays a procédé de logiques différentes. Au Mexique, le littoral impaludé n'intéresse guère les colons, qui s'établissent majoritairement sur le plateau central, reprenant la trame de peuplement aztèque. Le peuplement du littoral n'est qu'un phénomène récent, et il reste bien en retrait du reste du territoire. Il aura fallu en effet, la marche à la mer, et surtout le développement du pétrole dans le golfe, adjoint au tourisme dans le Yucatan, pour que le Mexique connaisse une littoralisation plus importante de sa population.

En Amérique du Sud, le peuplement est concentré en périphérie du sous-continent, de vastes zones centrales y sont restées une frontière intérieure. Ainsi, de grands espaces vides restent présents. Au centre nord, l'Amazonie et le plateau des Guyanes représentent un espace de plus de sept millions de kilomètres carrés, pratiquement vide à l'exception de quelques villes brésiliennes. Au sud, la Patagonie, partagée entre Chili et Argentine, couvre plus d'un million de kilomètres carrés et compte un million d'habitants. Ces régions transfrontalières, largement vides, peuplées ponctuellement au gré des ressources minières ou d'exploitations agricoles, ont été au cœur des préoccupations des États qui ont toujours voulu y affirmer leur maîtrise et tenter d'y établir un peuplement pérenne. C'est que les régions de fortes densités sont limitées et correspondent d'abord aux implantations coloniales. En premier lieu, à l'est, le littoral atlantique urbanisé de Belém (estuaire de l'Amazone) à Buenos Aires (estuaire du Rio de la Plata), comporte 20 villes millionnaires qui continuent d'y croître, avec la formation de deux gigantesques espaces urbanisés, l'un entre Rio de Janeiro et Sao Paulo et l'autre autour de Buenos Aires. À partir du littoral, la trame des densités permet de suivre la trame historique du peuplement et de la construction nationale du Brésil et de l'Argentine. Ainsi, se dessine remarquablement la pénétration du peuplement vers Brasilia depuis Sao Paulo ou vers la Pampa depuis Buenos Aires. On découvre aussi des axes se dessiner, en particulier celui de Brasilia à Belém. En second lieu, les Andes révèlent des axes de fortes densités, parfois littorales, parfois en haute montagne.

La mise en valeur des territoires brésiliens

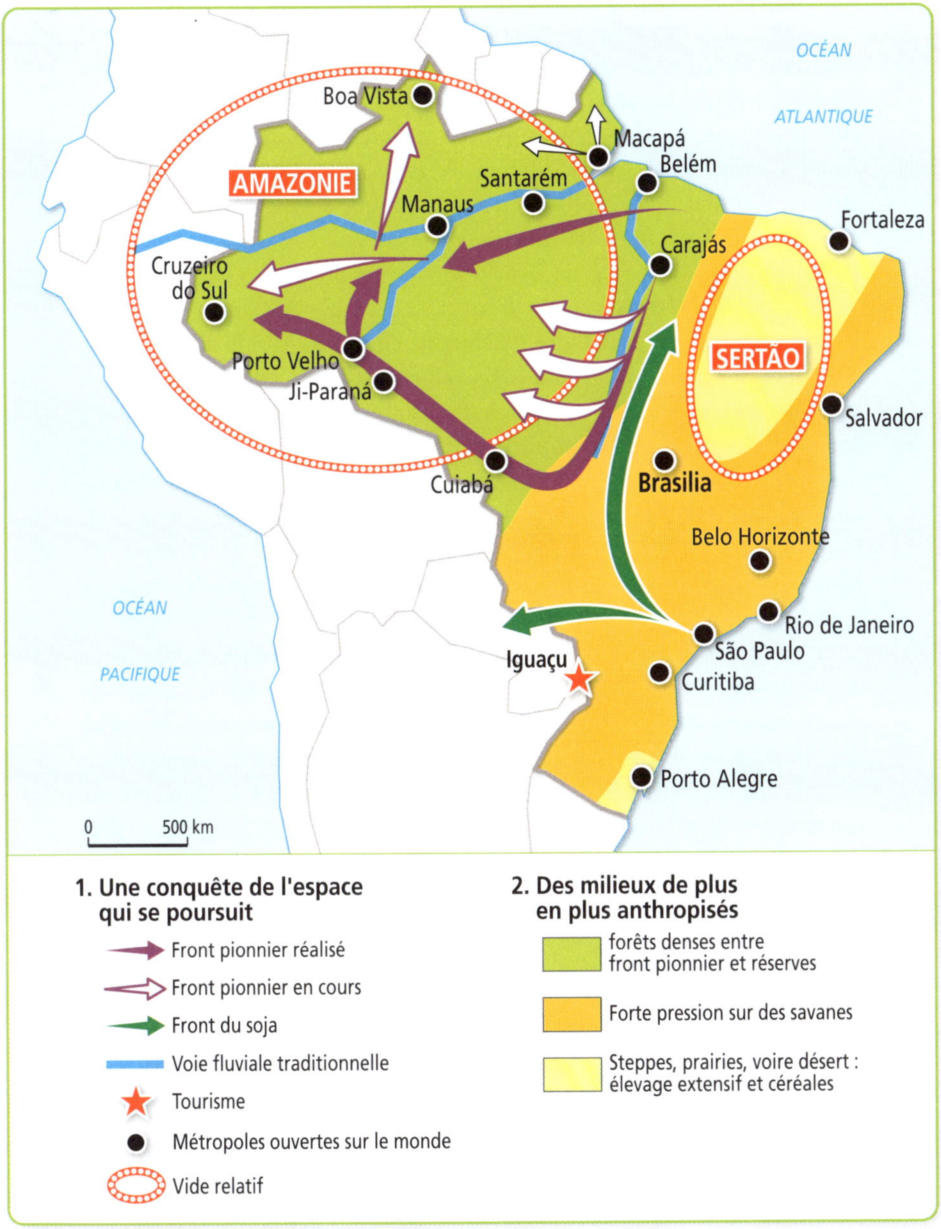

Alexandra Monot, 2012.

C. Une population majoritairement urbaine

L'une des caractéristiques essentielles de la population est sa concentration dans les villes (*cf.* partie 1). Le taux d'urbanisation dépasse en effet les 80 % (2015, données ONU). Alors que l'ensemble des pays du Sud atteint à peine les 45 %. L'urbanisation y a été précoce, en particulier en Amérique du Sud, ce qui l'a différenciée assez tôt des autres pays du tiers-monde, d'autant que l'explosion démographique s'y est en effet traduite, plus qu'ailleurs, par une explosion urbaine.

Là encore, les logiques de localisation des grandes villes montrent l'opposition entre l'Amérique du Sud et l'ensemble Mexique-Amérique centrale. Mexico (20,8 millions d'habitants en 2014), 4e ville mondiale, est au centre du pays, héritage de l'établissement de la capitale aztèque, tandis que les grandes villes d'Amérique du Sud sont majoritairement littorales, à commencer par les plus importantes, Sao Paulo la 5e agglomération mondiale avec 20,8 millions d'habitants ou Buenos Aires et ses 14,2 millions qui la placent à la 14e place. Les Latino-Américains sont donc de plus en plus nombreux à vivre dans les grandes métropoles, plus du tiers d'entre eux habitant dans la soixantaine de villes millionnaires que compte désormais la région, vingt de plus qu'en 1990.

Pour autant, ces gigantesques villes révèlent aussi un certain déclassement démographique de l'Amérique latine. En effet, à l'exception de Sao Paulo, ces mégapoles ont été déclassées en raison de la croissance plus rapide de celles de l'Asie. Le cas le plus emblématique est Mexico, considérée comme la plus grande ville du monde au début des années 1980, et dont les descriptions catastrophistes en faisaient encore un monstre urbain dans les années 1990. Aujourd'hui, elle incarne davantage « l'émergence économique ». Mexico se présente comme une « ville mondiale » forte d'une culture originale (archéologie, fresques murales de Diego Rivera, David Siqueiros ou Jose Clemente Orozco, architecture, etc.) et dont le quartier d'affaires de Santa Fé rappelle le rôle économique mondial. Buenos Aires s'est enorgueilli d'apparaître aux alentours de 2010 en premier parmi plusieurs classements, comme celui du GaWC (*Globalization and world cities*) qui retient l'importance des firmes de services et transnationales. Désormais, tous les classements mettent en évidence Sao Paulo qui, en tant que capitale économique du Brésil, domine largement les flux financiers. Cependant, si ces villes reconstruisent leur image dans le cadre de la mondialisation, elles demeurent encore bien en retrait des grandes capitales décisionnaires de la Triade (*cf.* tableau *infra*).

Les métropoles d'Amérique latine dans les classements des villes mondiales

	Classement Foreign Policy 2012*	Classement GaWC 2013**	Global Power City Index 2011***
Buenos Aires	22e	25e (ville niveau alpha)	Non classée
Mexico	33e	19e (ville niveau alpha)	Non classée
Sao Paulo	34e	14e (ville niveau alpha)	32e

* Classement Foreign Policy 2012 : 5 critères : capital humain, activité économique, expérience culturelle, échange d'informations et engagement politique.

** Classement GaWC 2013 : mesure qualitative de la qualité-insertion de ville pour les services supérieurs aux firmes internationales. On retient 3 catégories de villes : alpha, bêta, gamma.

*** Global Power City Index 2011 : mesure de l'attractivité à partir de 5 critères : économie, R&D, culture, qualité de vie, environnement, accessibilité.

Ce renouveau de l'image de l'Amérique latine, à travers une vision plus optimiste de ses très grandes villes, vues comme des centres de puissance et non plus seulement comme des monstres urbains a étrangement été corrélatif de la montée en visibilité des populations dites « indigènes » ou « afrodescendantes », longtemps marginalisées, qui ont obtenu leurs reconnaissances.

3 Un renouveau identitaire par les marges

En 1992, alors que sont célébrés les 500 ans de la découverte de l'Amérique, ce sont des milliers d'« Indiens » qui manifestent leur mécontentement, rappelant l'exploitation et les massacres dont leurs ancêtres avaient été victimes. Depuis un peu plus d'une vingtaine d'années, c'est ainsi que par les marges s'est effectué un véritable renouveau identitaire de l'Amérique latine. La « transition démocratique » (*cf. infra*) a donné une nouvelle visibilité à ces populations, dont des représentants ont su utiliser tous les nouveaux moyens de communications pour exprimer leur cause.

A. Les revendications indiennes

Certes ces mouvements identitaires s'ancrent dans une double logique, nationale et mondiale. Nationale, car au Mexique, en Équateur ou en Bolivie, beaucoup des revendications indiennes se sont exprimées au moment de la fin décrétée de la réforme agraire. C'est le cas de la fameuse révolte des néo-zapatistes du Chiapas mexicain en 1994. Logique mondiale également, qui a vu dans toutes les régions du monde l'émergence de revendications identitaires. Comme ailleurs, les peuples amérindiens se sont appuyés sur les textes internationaux pour exiger leur reconnaissance institutionnelle. Le référent a été la convention 169 de 1988 de l'Organisation internationale du travail qui stipule que les «*populations indigènes et tribales*» aspirent à «*avoir le contrôle de leurs institutions, de leurs modes de vie et de leur développement économique propres et à conserver et développer leur identité, leur langue et leur religion dans le cadre des États où ils vivent*». Ainsi, cette convention affirme les droits de propriété de ces peuples sur les terres qu'ils habitent «*traditionnellement*» et sur «*les ressources naturelles dont sont dotées ces terres*». Ce texte affirme la nécessité de la protection des langues indigènes, le droit au bilinguisme et même le respect du droit coutumier pour les différends internes dans la mesure de sa compatibilité avec les droits de l'homme et le système juridique national.

Mais ces revendications ont mis en avant un véritable renouveau identitaire de populations qui n'hésitent plus à proclamer leur culture indienne. Les nouveaux modes de recensement, par auto-déclaration (*cf. infra*), ont ainsi révélé des populations se proclamant indiennes plus nombreuses qu'attendu. Le cas le plus emblématique est probablement le Chili où le premier recensement de l'ère post-Pinochet vit en 1992 un million d'habitants (soit 6,5 % de la population) se déclarer indiens.

Qui sont les populations indigènes ?

Il a longtemps existé des écarts importants entre les recensements des populations indiennes d'Amérique latine et les évaluations proposées par les organismes les étudiant comme l'Institut indigéniste interaméricain. Cela s'explique en grande partie par des raisons politiques. Diminuer le nombre de personnes se déclarant indiennes était ainsi le signe de leur meilleure intégration. Aujourd'hui, c'est souvent limiter le poids des populations intéressées par des droits collectifs. À l'inverse, il est probable qu'en Bolivie, leur nombre est surévalué en raison du poids de certains partis politiques indiens. Dans tous les recensements s'est imposé le principe de l'autodéclaration, même si, dans certains pays, des questions font le contrepoids à partir de la connaissance des langues ou d'un caractère phénotypique, la couleur de peau étant renseignée au Brésil où les références raciales persistent.
Un excellent révélateur est la croissance statistique de ces populations entre chaque recensement. Par exemple, entre 2000 et 2010, dans tous les pays concernés, on observe une augmentation considérable du nombre d'indigènes et de Noirs déclarés que les différentiels de croissance démographique ne peuvent expliquer. Cela révèle que de plus en plus de personnes revendiquent leur identité «indienne» ou «noire».

B. La place des autochtones en Amérique latine et ses évolutions

Ce résultat s'inscrit en fait dans un long processus et est révélateur des évolutions socio-politiques des pays latino-américains. Reléguées dans les zones considérées comme les moins favorables, à la limite souvent des capacités de projection de l'État, ces populations étaient littéralement marginalisées politiquement et économiquement. Cette situation de pauvreté extrême avait été prise en compte par les États à partir des années 1930. Le modèle « national populiste », qui veut intégrer toutes les couches de la nation et sortir les Latino-Américains de la domination des élites économiques, prétend assimiler les Indiens tout en revendiquant leur richesse culturelle. C'est la naissance de ce que l'on peut qualifier de mesures « indigénistes », c'est-à-dire des politiques mises en œuvre en faveur des Indiens mais « non dirigées par eux » comme l'a défini *a posteriori* l'anthropologue Aguirre Beltrán, directeur de l'institut indigéniste interaméricain en 1966. Très révélateurs sont les premiers congrès de l'indigénisme interaméricain qui réunissent à partir de 1941 politiques, administratifs et anthropologues, mais ne comprennent aucun représentant des populations concernées ! Cet indigénisme a pris des formes assez différentes. Au Mexique, le président Cardenas a créé en 1936 l'INAH (Institut national d'anthropologie et d'histoire), devenu en 1946 l'INI (Institut national indigéniste). Son objectif est d'« *incorporer l'Indien à la nation mexicaine* », tout en sauvegardant son histoire et sa culture. L'enseignement de l'histoire aux enfants mexicains comprendra donc les résistances indiennes comme le métissage. Les peintures murales de Diego Rivera (1886-1957) donnent ainsi une large place à la figure de l'Indien. Il s'agit à la fois d'étudier et de sauver les cultures indiennes et de donner aux communautés les moyens de sortir de la dépendance économique et sociale en promouvant l'éducation bilingue par des enseignants issus du milieu indigène et en introduisant les éléments de l'économie moderne. De fait, les Indiens ont appris l'espagnol, nombre d'entre eux ont migré vers les villes pour y trouver un emploi et il serait excessif de parler d'un échec du projet assimilationniste de la nation. Au Chili, le processus de « *métissage par le haut* » (Cordonnier C., 2000) est également un fondement national. Au Brésil, la voie fut tout autre car l'urgence était différente. Il s'agissait de mettre fin aux massacres des tribus d'Amazonie dans le cadre de la véritable ruée sur le caoutchouc du début du XXe siècle.

Le maréchal Rondon[2] (1865-1958), après avoir découvert ces populations lors de missions d'exploration, incarna cette politique de protection en luttant pour garantir les droits de ces tribus et les protéger de l'exploitation et de l'alcool. Premier directeur du service de protection de l'Indien, il mit en œuvre les fondements de cette politique à travers la délimitation de réserves. Mais, d'autres pays ont pratiqué des stratégies assimilables à de la ségrégation, comme le Guatemala, et la domination des « Blancs » a été une règle générale au sous-continent qui s'est largement maintenue après les indépendances, et s'est traduite par le maintien de la majorité des Indiens dans des zones de relégation.

En 1967, Aguirre Beltrán publiait *Regiones de Refugio* (régions de refuge) pour expliquer comment les communautés indiennes s'étaient réfugiées dans les milieux les plus difficiles, forêts tropicales, déserts ou hautes montagnes sous la pression des dominants. L'indigénisme devait les libérer de cette situation de domination. Les années 1990, à travers les revendications indiennes ont imposé ces territoires au centre des vies politiques nationales. Les Andes centrales, jusqu'alors bien tenues par les élites blanches, ont renversé la donne politique. Au Pérou, Alberto Fujimori (président de 1990 à 2000) met en avant ses origines métisses en se faisant appeler El Chino (métis d'Indien et d'Asiatique), et son successeur, Alejandro Toledo, n'a cessé de rappeler son identité Chola (c'est-à-dire métis, quechua et habitant des bidonvilles). En Bolivie, la question indienne est apparue au grand jour avec l'élection d'Evo Morales qui avait été précédée par la venue de Victor Hugo Cardenas, vice-président Aymara. De fait, les partis traditionnels ne sont pas parvenus à intégrer convenablement les Indiens, au point que les partis de ces derniers se sont imposés comme première force politique. En Équateur, c'est la CONAIE (Confédération des nationalités indigènes de l'Équateur) qui semble être devenue clé dans toute l'évolution politique du pays. Cette organisation, créée en 1986, fédéra des mouvements indiens plus anciens, soutenus soit par le Parti communiste équatorien, soit dans la mouvance de la théologie de la libération. Ses revendications se sont transformées en combat politique à partir de 1990 et depuis plusieurs gouvernements ont été renversés par la CONAIE, qu'il s'agisse du président Bucarám en 1997 ou du président Gutierrez en 2005, élu trois ans plus tôt avec le soutien du parti politique issu de la CONAIE (Pachakutik).

---

2. D'où le nom de Rondona donné à un État amazonien du Brésil.

Chronologie de la reconnaissance multiculturelle de la nation

Année	État
1987	Nicaragua
1988	Brésil
1991	Colombie
1992	Mexique Paraguay
1994	Pérou Bolivie
1998	Équateur Venezuela

Augmentation statistique des effectifs des Indiens et Noirs entre les deux derniers recensements (2010/2000) (en %)

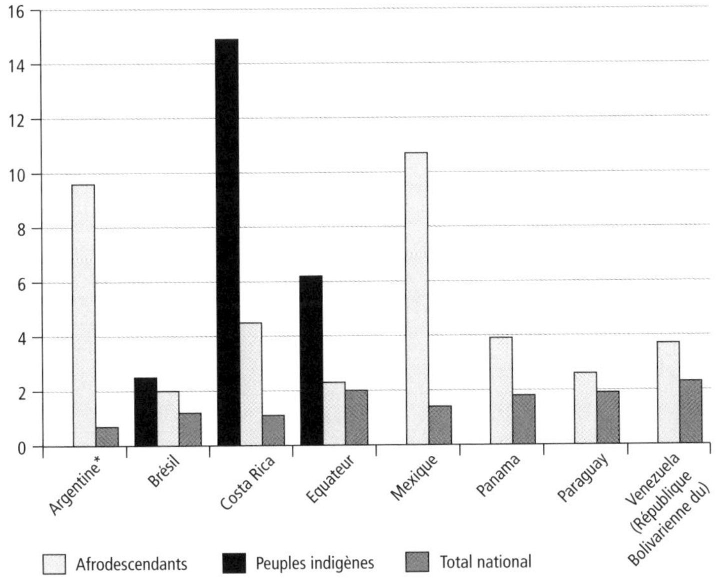

* sauf Argentine recensements 2010/2005

D'après les données du Centre d'études démographiques latino-américaines et caraïbéenes (CELADE), de la Division de la population de la CEPAL, Observatorio demografico, 2012, Santigo de Chile, 2013.

Amérique latine : population des peuples indigènes et des afrodescendants (recensements de 2000 et 2010) (en nombre de personnes et en %)

Pays et date du recensement	Population d'après le recensement			Pourcentage sur le total national	
	Peuples indigènes	Afrodescendants	Total national	Peuples indigènes	Afrodescendants
Argentine					
2004-2005	603 758	-	38 747 148	1,6	-
2010	955 032	149 493	40 117 096	2,4	0,4
Brésil					
2000	734 128	75 872 428	168 666 180	0,4	45,0
2010	896 917	97 171 614	190 755 799	0,5	50,9
Costa Rica					
2000	63 876	72 784	3 810 179	1,7	1,9
2011	104 143	334 437	4 301 712	2,4	7,8
Équateur					
2001	830 418	604 009	12 156 608	6,8	5,0
2010	1 018 176	1 041 559	14 483 499	7,0	7,2
Mexique[1]					
2000	6 101 632	-	97 483 412	6,30	-
2010	16 933 283	-	112 336 538	15,10	-
Panama					
2000	284 753	-	2 839 177	10	-
2010	417 559	302 598	3 405 813	12,3	8,9
Paraguay					
2002	87 099	-	5 163 198	1,7	-
2012[2]	112 848	-	6 232 511	1,8	-
Venezuela					
2001	506 341	-	21 548 687	2,3	-
2011	726 543	936 794	27 052 362	2,7	3,5

1. Sont considérés comme indigènes les mineurs de 3 et 5 ans dans chaque recensement, selon la condition indigène du chef de famille ou du conjoint.

2. Cela correspond aux résultats préliminaires du recensement indigène. N'inclut pas la population indigène comptabilisée dans le recensement général.

Source élaborée à partir des données du recensement du Centre de démographie latinoaméricain et caribéen, de la Division population de la CEPAL ; pour l'Argentine, les données 2004-2005 correspondent aux résultats de l'enquête complémentaire sur les peuples indigènes.

C. La transition démocratique

L'Amérique latine présentait dans les années 1970 douze dictatures militaires (*cf.* partie 4). Elles ont été soutenues par les États-Unis contre tous les mouvements pouvant apparaître socialistes. La manifestation la plus effrayante en fut le plan Condor, mis en œuvre sous la houlette du dictateur chilien. Argentine, Chili, Brésil, Bolivie, Pérou, Équateur, Uruguay, Paraguay unissent leurs moyens d'espionnage et d'action policière pour éliminer les opposants des régimes, en particulier les mouvements d'extrême-gauche. L'Amérique latine est alors aux premières loges de ce que l'historien américain Goldhagen appelle les crimes de masse, par l'importance des exécutions. Au Guatemala, ce sont les populations qui sont pourchassées et tuées par des groupes paramilitaires. À ces douze dictatures militaires, il fallait ajouter cinq pays ayant un régime pouvant être qualifié d'autoritaire selon différents degrés (Cuba, la République dominicaine, Haïti, Mexico et le Nicaragua). Seuls le Costa Rica, la Colombie et le Venezuela avaient des régimes démocratiques, mais très clairement dominés par une oligarchie. Finalement, les années 1980 sont celles d'une véritable vague de démocratisation, par retrait des différents dictateurs (Équateur en 1978, Pérou en 1980, Bolivie en 1982, Argentine en 1983, Brésil en 1985, Chili en 1989, Nicaragua en 1990). Le fait que, comme en Europe du Sud dans les années 1970, ces régimes militaires se transforment pacifiquement en démocraties a fait parler de « transition démocratique », définie comme l'ensemble des processus qui réalisent le passage pacifique d'une dictature à un régime démocratique à travers l'instauration d'élections libres. Les régimes autoritaires ont également été concernés, à l'exception de Cuba. Ainsi, au Mexique, au terme d'un processus engagé en 1982, les élections de 2000 voient pour la première fois la victoire de l'opposition libérale après soixante-dix ans de gouvernement du Parti révolutionnaire institutionnel (PRI).

II

L'Amérique latine en mutation

L'identité renouvelée, la transition démographique achevée ou en voie d'achèvement et la disparition des dictatures militaires ont profondément transformé le cadre de fonctionnement de l'espace latino-américain. Les années 1980 avaient été qualifiées de « décennie perdue » pour l'Amérique latine. Dans le contexte de la « crise de la dette » (*cf. infra*) et d'une dégradation des termes de l'échange (rapport entre la valeur des exportations des produits agricoles et matières premières et celle des importations de produits manufacturés), la baisse globale de la richesse par habitant avait été de l'ordre de 12 %. L'Argentine avait été particulièrement touchée avec une baisse moyenne annuelle du PIB de l'ordre de 3 %. Aujourd'hui, l'heure globale est à l'optimisme. En effet, l'Amérique latine a retrouvé sa visibilité sur la scène économique internationale. Elle attire de nouveau des investissements et a fait le choix de la mondialisation économique. Le Brésil est présenté comme une des principales puissances émergentes d'un monde multipolaire. Si l'intégration régionale s'est relancée difficilement, le rapprochement économique qui s'opère autour des régions motrices et les projections politiques ont conduit à la mise en œuvre de nouvelles infrastructures de transport. Cependant, cette émergence économique fondée sur la « reprimarisation » des économies ne doit pas cacher la question de la dépendance aux marchés extérieurs et des inégalités socio-territoriales qui demeurent considérables.

La crise de la dette

Dans le contexte d'une explosion démographique sans précédent, et de politiques publiques nécessitant des investissements massifs, les États du tiers-monde se sont massivement endettés. Ainsi, en Amérique latine, la dette a été multipliée par cinq entre 1976 et 1987. En 1982, lorsque le Mexique a annoncé qu'il ne pouvait plus rembourser sa dette, une crise internationale, dite crise de la dette, s'est propagée dans les pays en développement et particulièrement en Amérique latine. De 1980 à 1991, dix-huit pays ont dû y négocier avec leurs créanciers des accords de restructuration de la dette. Durant les années 1980, deux grandes initiatives, portant chacune le nom d'un secrétaire américain au Trésor, ont été lancées dans le but de venir à bout de cette crise. La première, le «plan Baker» préconisait des «prêts concertés» par les institutions multilatérales (Fonds monétaire international, Banque mondiale, banques régionales de développement) et les banques commerciales. Toutefois, les principaux acteurs financiers ont estimé que les pays débiteurs ne pourraient résoudre leur endettement et les banques commerciales cessèrent d'accorder de nouveaux prêts, accentuant les difficultés des États. La seconde, le «plan Brady», prévoyait la réduction «volontaire» de la dette par une négociation entre États débiteurs et organismes créditeurs en échange de réformes structurelles visant à libéraliser les économies. Le Fonds monétaire international (FMI) a lui aussi conditionné les prêts à l'adoption de programmes d'ajustements structurels (PAS). Ceux-ci ont été fondés sur des mesures d'austérité, afin de réduire les dépenses publiques en vue de baisser la demande de capitaux ainsi que sur des dévaluations monétaires afin d'améliorer le solde de la balance commerciale et sur la restriction de la masse monétaire pour maîtriser l'inflation. Les politiques développementistes étaient donc définitivement abandonnées.

1 La dynamique retrouvée de l'intégration ?

On peut qualifier d'«intégration régionale» les processus d'unification volontaire d'entités politiques proches géographiquement. Actuellement, ces processus correspondent largement à la mise en œuvre géographique de la «globalisation» (au sens de processus d'unification des normes, qu'elles soient juridiques, politiques ou économiques), d'autant plus que les institutions internationales porteuses de la «mondialisation» (au sens d'augmentation des échanges) favorisent la mise en place des principaux accords d'intégration qui se font tous sur une base commerciale. Aussi, interroger les processus d'intégration régionale ce n'est pas seulement se poser la question de l'émergence de nouveaux « blocs », de grands ensembles, mais aussi poser celle de leur insertion, voire de leur dissolution, dans le système monde. L'Amérique latine est l'une des régions du monde qui a connu depuis une trentaine d'années un chevauchement de multiples processus d'intégration (*cf.* partie 4). Ils y prennent une tonalité particulière parce que l'identité latino-américaine s'est largement forgée sur l'idée d'unification et par là d'intégration.

A. Les fondamentaux : l'Amérique latine, entre rêves d'unification, dispersion et influence américaine

L'idée d'unification latino-américaine est restée un fondement des représentations géopolitiques actuelles de l'Amérique latine. Elle est contemporaine des luttes pour l'indépendance, et constitutive de ce qu'on appelle parfois le « rêve bolivarien ». Le « Libertador » dans *la Lettre de la Jamaïque* (1815) écrivait que faire de tout le nouveau monde une seule nation était « *une idée grandiose* ». Bolivar était néanmoins sans illusion et le congrès panaméricain qu'il tenta de rassembler à Panama en 1826 échoua. D'ailleurs, des confédérations se mettent en place dans les premiers temps de l'indépendance : Grande Colombie et Provinces unies d'Amérique centrale, mais elles éclatent au bout d'une dizaine d'années (respectivement en 1830 et 1839). Pour autant, l'éventualité d'une intégration n'a jamais été oubliée, en particulier en Amérique du Sud, et à la fin du XIXe siècle, Élisée Reclus pouvait encore écrire à propos de l'Amérique du Sud qu'elle paraissait être « destinée à devenir une grande individualité politique, et, parmi les causes de cette évolution, l'unité géographique de la contrée a *[...] une importance de premier ordre* » (Reclus E., 1893). C'est d'ailleurs pour partie au nom d'idéaux « bolivariens » que l'opposition au projet de zone de libre-échange américaine s'est constituée dans la première décennie des années 2000.

Le second fondement de la problématique latino-américaine de l'intégration est le panaméricanisme et le rôle majeur des États-Unis. La fameuse doctrine Monroe (1823) qui proclamait « l'Amérique aux Américains » et stipulait donc la protection des Républiques émergentes des Empires espagnols et brésiliens contre les intrusions européennes, ne fut en fait pas appliquée et la domination de l'Amérique latine par les États-Unis devint la règle (*cf.* partie 4). Dans la première moitié du XXe siècle, les interventions américaines sont dénuées de toute volonté panaméricaine et se concentrent sur Cuba (c'est lors de l'intervention de 1898 qu'est acquise la base de Guantanamo) et l'Amérique centrale (canal de Panama, interventions au Nicaragua, soutien permanent des intérêts de la compagnie bananière United Fruit). L'acuité de la crise de 1929 montre l'importance de l'insertion de l'Amérique latine dans l'économie mondiale, mais ouvre une parenthèse dans l'interventionnisme américain avec la « politique de bon voisinage » de Roosevelt. La seconde moitié du XXe siècle est marquée par un changement de nature des relations entre le géant américain et ses voisins du Sud. La guerre froide implique un nouvel interventionnisme essentiellement motivé par des raisons géopolitiques et ravive le panaméricanisme conçu comme un moyen pour empêcher l'expansion du communisme et assurer la sécurité des États-Unis. L'Organisation des États américains (OEA), dont le siège est établi à Washington, est fondée en 1948 dans un tel but, et, en 1954, la Conférence interaméricaine de Caracas condamne le communisme. Cuba est ainsi exclue de l'OEA en 1962 du fait de l'accession au pouvoir de Fidel Castro (1959) et l'OEA donne son aval à l'intervention américaine pour destituer de la présidence de la République dominicaine Juan Bosch, élu démocratiquement en 1965. Néanmoins, les États-Unis ne parviennent pas nécessairement à imposer leurs vues. Ainsi, en 1979, l'OEA refuse la création d'une Force de paix interaméricaine d'intervention au Nicaragua, et onze États latino-américains s'affichent dans le camp des non-alignés. L'interventionnisme américain se déroule donc largement hors de la charte de l'OEA et consiste à lutter contre tous les régimes ou mouvements politiques considérés comme présentant une menace « communiste ». Cela se traduit par un soutien à de multiples mouvements contre-révolutionnaires et au coup d'État de Pinochet au Chili (1973). Le soutien accordé par les États-Unis au Royaume-Uni lors de la guerre des Malouines/Falkands en 1982 (*cf.* partie 4) justifie la défiance de certains États vis-à-vis du puissant voisin et la constitution de nouvelles alliances avec le groupe de Contadora (Colombie, Mexique, Panama, Venezuela). Celui-ci marque la naissance d'une concertation latino-américaine dans le domaine géopolitique et s'est élargi dès 1985 aux deux grands du Sud Brésil et Argentine ainsi qu'au Pérou et à l'Uruguay pour constituer le « groupe des huit ». Cette concertation permet de relancer la dynamique de la paix et, en février 1987, le président costaricain Oscar Arias soumet un plan régional (Esquipulas II), qui lui vaudra le prix Nobel de la paix et marquera le point de départ de la démocratisation de l'Amérique centrale.

B. Les alliances latino-américaines : des tentatives de développement peu abouties

Les États-Unis ont largement tourné le panaméricanisme au service de leur politique sécuritaire dans le cadre de la guerre froide, limitant largement la marge de manœuvre des politiques latino-américaines. Dans le domaine économique, néanmoins, d'importantes tentatives d'intégration ont été accomplies durant toute cette période, qui ont entretenu une certaine unité de façade.

Ces accords d'intégration ont été réalisés dans le cadre de la stratégie du développement endogène (*hacia adentro = vers l'intérieur*) d'inspiration keynésienne définie par la CEPAL : l'industrialisation par substitution des importations. En 1960, est fondée l'Association latino-américaine de libre-échange (ALALE), ainsi que le Marché commun centraméricain (MCCA); en 1969, le Pacte andin et, dans les Caraïbes, en 1973, le CARICOM qui succède au CARIFTA (Association de libre-échange des Caraïbes, établie en 1965). Il s'agit de favoriser le commerce à l'intérieur de ces marchés, tout en permettant le développement industriel à l'abri de la concurrence extérieure.

L'existence de ces accords s'est traduite par une augmentation du commerce intra-régional, en particulier en Amérique centrale et dans le cadre du Pacte andin. Néanmoins, leur application n'est guère allée au-delà : les divisions et la guerre Honduras-Salvador en Amérique centrale, le départ du Chili du Pacte andin dès 1976 ont freiné ces intégrations dont l'expression géographique est *de facto* restée minime : le développement s'est produit à l'intérieur des États dans le cadre de politiques nationales.

Cette stratégie d'intégration a de fait perdu tout sens avec le changement de paradigme économique qui s'impose au cours des années 1980 au sein des institutions internationales. Les marchés communs et les accords d'intégration régionale ont alors été conçus dans l'objectif d'une insertion dans l'économie mondiale (développement *hacia afuero*, vers l'extérieur) selon le modèle néo-libéral. C'est le « régionalisme ouvert » qui doit permettre aux pays qui s'associent d'ouvrir et de libéraliser leurs marchés. Les années 1990 ont alors vu le monde latino-américain se diviser en deux ensembles d'intégration : autour du Mercosur en Amérique du Sud, tandis que le Mexique s'ancrait au Nord avec l'ALENA.

Le Mercosur, marché commun du Sud, est institué en 1991 par la signature du traité d'Asunción. Il est né du rapprochement opéré par deux poids lourds du sous-continent : Argentine et Brésil et inclut également le Paraguay et l'Uruguay. Ses objectifs déclarés (texte du traité) sont ambitieux : replacé dans le contexte de « *l'effort d'intégration latino-américaine* », le Mercosur vise à avoir « *une insertion internationale adéquate* » et est mis en place pour promouvoir le « *développement économique avec justice sociale* ». Pour cela, il prévoit la coordination des politiques macroéconomiques, l'amélioration des interconnexions, la libre circulation des biens et services. Le Mercosur a recherché un certain élargissement en accordant un statut d'associés à la Bolivie et au Chili en 1996 puis au Pérou en 1999. Le Venezuela l'a rejoint en 2006.

L'Accord de libre échange nord-américain, signé en 1992 entre le Mexique, les États-Unis d'Amérique et le Canada, est plus modeste dans ses ambitions et affiche la volonté « *de contribuer au développement et à l'essor harmonieux du commerce mondial ainsi qu'à l'expansion du commerce mondial* ». C'est une zone de libre-échange et non un marché commun : il n'existe pas la volonté d'établir une barrière douanière commune. Il comporte en revanche la mise en place d'organismes plus contraignants, et fixe des objectifs et un calendrier précis de libéralisation des échanges.

Les effets économiques de ces deux accords (*cf.* partie 4) ont été beaucoup commentés et ont donné lieu à des controverses. De fait, ils apparaissent largement ambivalents. Si le Mercosur a semblé avoir renforcé son attractivité, les crises n'ont pas été empêchées et la dévaluation du Real au Brésil en 1999 avait même aggravé la récession de l'Argentine. L'ALENA a permis une augmentation importante des échanges nord-américains, mais celle-ci a davantage traduit leur focalisation sur les États-Unis, accentuant la dépendance de l'économie mexicaine à l'égard de son puissant voisin du Nord.

Cependant, ces deux accords, malgré leurs faiblesses en comparaison avec l'intégration européenne et au-delà de leurs conséquences économiques, ont eu une portée géographique sans commune mesure avec les précédents essais d'intégration et constituent des facteurs essentiels à l'apparition de nouvelles dynamiques. Ils ont motivé la redéfinition de nombreuses infrastructures de transport, ont contribué au développement des régions transfrontalières et à la modification des systèmes productifs latino-américains.

C. L'enjeu des infrastructures de transport

Le domaine des transports a donné lieu à de nombreux discours et études car il est central d'un point de vue de l'intégration régionale, d'autant qu'aussi bien en Amérique centrale qu'en Amérique du Sud, les liaisons entre pays avaient souvent été négligées, soit à cause de rivalités, soit en l'absence de véritables liens économiques. De fait, l'accentuation des échanges entre les pays a impliqué de nouveaux regards sur les infrastructures, mais ceux-ci ont été radicalement différents. Au Mexique, l'essentiel du commerce de marchandises se faisant par voie terrestre, ce sont des concessions autoroutières qui ont été accordées à des investisseurs privés et ont permis de mieux relier la frontière Nord à la région de Mexico. Dans le même temps, le système portuaire a été en partie privatisé, ce qui a conduit à un phénomène de concentration de la charge conteneurisée sur très peu de ports : Manzanillo (Pacifique) et Veracruz (Atlantique) comme débouchés de Mexico, et Altamira comme débouché de Monterrey. Les autres ports, dont les infrastructures avaient généralement été installées dans des logiques de développement régional mais aussi pour répondre à des intérêts clientélistes, ont perdu toute importance.

En Amérique du Sud, les infrastructures ont été au cœur du traité et des négociations entre les pays membres. C'est ainsi que le franchissement des fleuves du bassin de la Plata est un enjeu essentiel, d'où la réalisation de ponts impressionnants comme celui sur le Parana, entre Rosario et Victoria, réalisé en 2001. L'autoroute du Mercosur devrait permettre de relier Buenos Aires à Sao Paulo tandis que la navigation fluviale a été améliorée et fait l'objet de projets d'envergure comme celui de la voie Paraguay-Parana (projet *Hidrovia*).

La réalisation de ces diverses infrastructures contribue à donner une place de premier plan aux régions frontalières dans un contexte d'asymétrie de développement important. Au Mexique, la frontière Nord qui connaissait depuis les années 1980 un essor important a encore conforté sa place. Les États du Nord représentent près du tiers du PIB et les villes de la frontière sont celles qui connaissent les plus fortes croissances démographiques. C'est à un glissement vers le Nord du centre de gravité économique que l'on assiste. Ce développement et la recherche du passage vers les États-Unis contribuent à alimenter un flux massif d'immigrants en provenance des autres États du Mexique mais aussi de toute l'Amérique latine (*cf.* parties 1 et 4). L'insécurité, liée aux multiples trafics, est devenue un enjeu de communication essentiel, qui voit s'affronter régulièrement États-Unis et Mexique. Les premiers dénoncent l'insécurité et l'incompétence des autorités mexicaines, tandis que celles-ci reprochent à leurs détracteurs leur manque de coopération. Néanmoins, des processus de coopération se sont approfondis ou se sont mis en place, notamment au niveau de la gestion des bassins versants (Colorado, Rio Grande) et du contrôle migratoire.

En Amérique du Sud, la problématique du développement des 5 000 kilomètres de frontières est nouvelle. Néanmoins, elle est bien réelle (Gamblin coord., 2005). Des centres de commerce frontaliers se sont développés, entraînant la croissance de conurbations frontalières. À proximité du barrage d'Itaipu et des chutes d'Iguaçu (*cf.* partie 4), au point triple frontalier, la conurbation en formation constituée par Ciudad del Este (Paraguay), Foz do Iguaçu (Brésil) et Puerto Iguazu (Argentine) comprend plus de 700 000 habitants. Les autres agglomérations frontalières sont plus modestes et sont au mieux des villes moyennes, dans des pays qui comptent un nombre conséquent de villes millionnaires. Des comités de frontières ont été mis en place pour permettre le rapprochement de ces villes et plusieurs commissions du Mercosur travaillent à l'aménagement des zones frontalières. Pour autant, contrairement au cas du Mexique, on ne peut pas parler d'une tendance à la « frontérisation » de l'économie des pays. Celle-ci serait difficile à observer dans le cas de l'Uruguay ou de l'Argentine qui ont leur cœur économique à proximité de la zone frontalière. Quant au Brésil, on n'assiste pas à une augmentation de la part des États frontaliers comme le Rio Grande do Sul dans l'économie nationale.

D. De nouveaux rapports de force ?

Le développement de ces nouvelles dynamiques spatiales et économiques au cours de la dernière décennie n'a pas été sans générer de nouveaux discours et pose la question de l'apparition de nouveaux rapports de force.

À l'échelle nationale, l'ALENA n'a pas cessé de susciter des débats entre ses opposants, anti-libéraux et anti-américains, et ses promoteurs. Les politiques de libéralisation menées ont conduit à percevoir le Mexique différemment, coupé entre un Nord intégré et un Sud marginal. La stratégie mexicaine, à travers le plan Puebla Panama (2001) devenu Projet Mésoamérique (*Proyecto Mesoamerica*) et les accords de libre-échange, a consisté à essayer de réorienter ses échanges vers ses voisins du Sud, d'étendre la zone de libre-échange vers le reste de l'Amérique latine dans la perspective de la zone de libre-échange des Amériques (ZLEA). L'idée lancée par le président Bush en 1990 lors de l'Initiative pour les Amériques dans le cadre de la redéfinition de la politique étrangère américaine avec la fin de la guerre froide a, en effet, été reprise par ses successeurs comme un objectif à court terme. Prévue pour 2005, elle a de fait rencontré un refus catégorique de la part du Mercosur et du Venezuela. Le lancement en 2000 de l'Initiative pour l'intégration de l'infrastructure régionale sud-américaine (IIRSA), qui préconise la mise en place de corridors de développement transnationaux ou corridors d'intégration, a conforté l'objectif d'une intégration du sous-continent et est utilisé comme une réponse à la volonté des États-Unis d'établir la ZLEA. Lors de la réunion fondatrice à Brasilia en 2000, le président péruvien Fujimori avait employé l'expression « d'États-Unis d'Amérique du Sud ». Cette « Initiative » a été amplifiée avec la création de la Communauté sud-américaine des nations (CSAN) en décembre 2004 qui reprend comme objectif majeur l'intégration du sous-continent. L'intégration apparaît du reste en ligne de mire permanente du Brésil comme le montre la décision récente du Mercosur de mettre en place des fonds de convergence structurelle sur le modèle européen, et devient le moyen majeur pour l'établissement d'un nouveau rapport de force entre l'Amérique latine et les États-Unis, mais aussi les firmes multinationales. Le virage à gauche de l'Amérique latine ne s'est cependant pas traduit par des avancées majeures dans les politiques d'intégration régionale.

E. L'intégration dans le contexte d'un retour de l'État

Le début des années 2000 a été marqué par le virage à gauche d'une grande partie des pays d'Amérique du Sud. Inauguré par l'élection à la présidence du Venezuela d'Hugo Chavez en 1998, ce fut ensuite Lula en 2002, syndicaliste qui avait été emprisonné, qui arrive à la tête du géant brésilien puis Nestor Kirchner en Argentine en 2003 et Michèle Bachelet, victime du régime de Pinochet, en 2005 au Chili. En tout, entre 1998 et 2014, la gauche a remporté vingt-huit (voire vingt-neuf pour ceux qui considèrent Luis Solis de centre gauche au Costa-Rica) élections présidentielles dans quatorze pays différents. Ainsi, à l'exception de la Colombie et du Mexique, tous les grands pays latino-américains sont donc passés, au moins quelques années, à gauche.

Virage à gauche des pays d'Amérique latine

Pays	Président/*parti politique*	Mandats	Faits marquants
Argentine	Nestor Kirchner Cristina Fernandez Kirchner *Front pour la victoire, coalition de centre gauche dominée par le parti justicialiste, péroniste*	(2003-2007) (2007-2011, 2011-)	Restructuration de la dette, nationalisation des fonds de pension de retraite, compagnies aériennes, compagnie Repsol, allocations familiales Accusés d'enrichissement personnel et de financement illégal des campagnes électorales par la presse
Bolivie	Evo Morales *Mas, mouvement pour le socialisme*	(2006-2009, 2009-)	Nationalisation des ressources naturelles, réforme agraire
Brésil	Lula da Silva Dilma Rousseff *Parti des travailleurs*	(2003-2006, 2007-2010) (2011-)	Continuité politique économique libérale, Programme faim zéro puis « *bolsa familia* », hausse du salaire minimum
Chili	Michelle Bachelet *socialiste, à la tête de concertacion : coalition centre et gauche*	(2005-2009) (2013-)	Réforme constitutionnelle Réforme des retraites : instauration d'un minimum
Équateur	Rafael Correa *Alianza país (alliance de partis de gauche)*	(2007-2009, 2009-2013, 2013-)	Réforme constitutionnelle Restructuration de la dette, renégociations des contrats pétroliers avec les entreprises étrangères
Uruguay	Tabaré Vázquez *Socialiste à la tête de Frente Amplio (coalition de partis de gauche)*	(2005-2010)	Restructuration de la dette, PANES (plan d'urgence sociale), « guerre du papier » (tension avec Argentine/pollution liée à des usines de cellulose)
Venezuela (République bolivarienne du)	Hugo Chávez Nicolas Máduro *Socialistes MVR (mouvement cinquième* République) puis parti socialiste	(1998-2000, 2000-2006, 2007-2012, 2013-2013) (2013-)	Réforme constitutionnelle (pays prend le nom de République bolivarienne du Venezuela), nationalisations, politiques d'aide sociale (Mercal pour fournir alimentation moins cher à 13 millions de Vénézuéliens), pétro-diplomatie et anti-américanisme (« anti-impérialisme »)

Difficile pourtant de saisir l'unité de ces gauches. Réformiste au Chili ou au Brésil, nationaliste et autoritariste au Venezuela, véritablement populiste à la « sauce » péroniste en Argentine, elles ont mis en œuvre des stratégies assez différentes pour lutter contre les inégalités. Au Brésil, Lula, élu du Parti des travailleurs, d'obédience marxiste, n'a pas hésité à chercher le soutien des grandes entreprises pour essayer d'encourager la croissance de l'activité économique à partir de laquelle l'État s'est engagé dans des programmes de redistribution. Le plus fameux est le programme « *Bolsa familia* » qui aide financièrement les familles les plus pauvres à la condition qu'elles s'engagent dans le suivi médical et scolaire de leurs enfants. En Argentine, Nestor Kirchner puis son épouse Cristina ont restructuré de 2005 à 2010 de manière non conventionnelle la dette publique. Elle représentait 166 % du PIB en 2002 et n'en représenterait plus que 41,5 % en 2012. Cependant, cette restructuration a fait l'objet de contestations de la part de certains milieux financiers donnant lieu à une multiplication de procédures judiciaires. La plus étonnante fut l'affaire du navire-école de la marine argentine. La *Libertad* a ainsi été saisie en octobre 2012 puis finalement restituée deux mois plus tard suite à un jugement du Tribunal international du droit de la mer. Le discours de libération des intérêts étrangers s'est poursuivi. L'État a en effet procédé à la nationalisation des activités argentines de Repsol, la compagnie pétrolière espagnole qui avait racheté la compagnie argentine YPF. Au Venezuela, Hugo Chávez a quant à lui incarné une gauche révolutionnaire, opposante affirmée aux États-Unis. Sa politique diplomatique a été ambitieuse grâce à la manne pétrolière (pétro-diplomatie) et a consisté en premier lieu à se rapprocher des États ennemis des États-Unis, comme Cuba.

Partout, le leader politique incarne un lien fort avec la population, focalisant aussi des oppositions importantes, et incarnant un volontarisme renouvelé.

La figure du « téléprésident »

Ce retour de l'État s'est accompagné d'un véritable « néo-populisme », c'est-à-dire un style de pouvoir qui associe le leader au peuple via des discours mobilisateurs contre les opposants prônant une compréhension directe et des réponses rapides aux problèmes liés à la modernisation que connaît la population de base. En 1999, Hugo Chávez a ainsi lancé sa propre émission *AloPresidente* dans laquelle chaque dimanche il répondait aux demandes de personnes et résolvait en direct leurs problèmes. À partir de 2002, en Colombie, le président Uribe fit de même dans *Consejos Municipales*. Ce dernier joue de ses colères pour montrer son souci que politiques et administrations respectent ses directives et répondent au besoin du peuple. Lula, Rafael Correa en Équateur ou Álvaro Colom au Guatemala ont également institué des émissions, mais dans un format bien plus réduit.

Cependant, cette diversité de situations révèle un point commun. L'attente très forte des populations vis-à-vis d'un État qui, dans le cadre des politiques de libéralisation menées au cours des années 1980-1990, n'avait cessé de limiter ses prérogatives. Ce virage à gauche illustre en fait un véritable retour de l'État. Les besoins de redistribution sociale et de sécurité sont au cœur des demandes sociales. La question de la reprise du contrôle sur le territoire est devenue essentielle. Qu'il s'agisse du contrôle de l'exploitation des ressources du sous-sol ou de la reprise en main des territoires en situations de sécession comme les *favelas* de Rio dans lesquelles l'armée a été envoyée pour lutter contre les cartels de la drogue ou de très vastes zones comme en Colombie. Le président de droite y a incarné la lutte sans merci menée contre les FARC (Forces armées révolutionnaires de Colombie). Si la croissance économique a été le facteur déterminant, la lutte contre les inégalités est également présentée comme un moyen de maintenir la croissance et la plupart des États ont lancé des politiques de redistribution sociale.

2 L'horizon retrouvé de l'émergence économique

L'Amérique latine, ou plus précisément certains de ses États, n'ont cessé d'être présentés comme des puissances en affirmation, des puissances du futur. Ainsi au début du XXe siècle, les Européens s'inquiètent de la concurrence de l'Argentine, de sa puissance à venir.

Le Brésil était déjà qualifié de pays d'avenir, même si Clémenceau s'en moquait avec cette boutade sans cesse reprise : « le Brésil une terre d'avenir qui le restera longtemps ». Le début du XXIe siècle a remis la question au cœur des interrogations et des réalités. Dans l'économie mondiale, le Brésil s'affirme. Sa croissance a été forte, le PNB/habitant a été multiplié par quatre entre 2003 et 2012.

A. Une re-primarisation des économies ?

La mise en valeur coloniale s'était fondée sur l'extraversion à partir des productions primaires : agriculture et mines. Toute l'œuvre de la CEPAL et de la majorité des gouvernements après 1945 avait été la tentative de construire une industrie pour sortir de la dépendance de l'extérieur. Or, ce qui est notable c'est que le retour de l'Amérique latine dans la mondialisation s'effectue par le biais du secteur primaire au sens large. Il n'est pas anodin que lorsque le Brésil de Lula a voulu affirmer ses positions à l'OMC, il le fit en fédérant les agriculteurs du Sud contre les subventions agricoles des États-Unis et de l'Union européenne (sommet de Cancùn en 2003). Il faut admettre que les ressources sont immenses, tant au niveau des richesses minières que des potentialités agricoles, d'autant plus que les besoins latino-américains restent inférieurs aux capacités de production.

L'importance de l'exploitation minière

Les exportations de minerais et de produits miniers d'Amérique latine de 1962 à 2012 (en %)

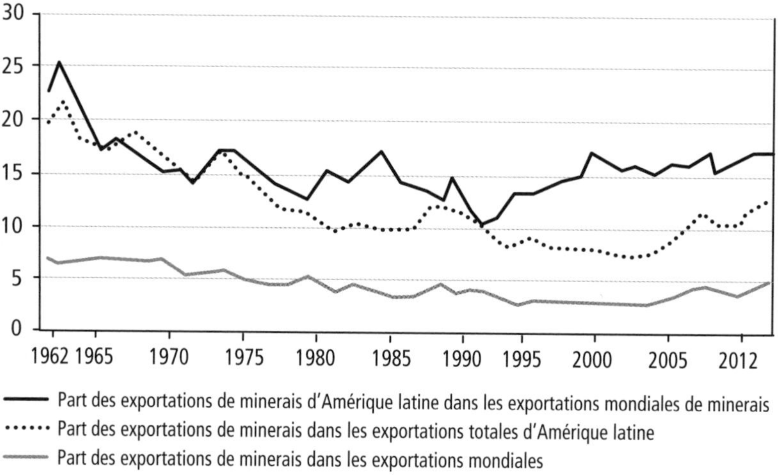

D'après les données de la CEPAL et de la Banque mondiale.

Les conquistadors étaient assoiffés par l'or et l'argent. La gigantesque mine de Potosi (Bolivie) ou celles de la région de Zacatecas (Mexique) ont alimenté l'Europe en argent pendant plus de trois siècles. Au Brésil, l'activité minière a donné son nom à l'État de Minas Gerais (les mines générales). Aujourd'hui encore, plusieurs États d'Amérique latine restent aux premières loges de l'exploitation des richesses minérales (*cf.* partie 1), et ont vu au cours des dernières années se multiplier les investissements. Comme le rappelle le graphique ci-après, le poids des exportations de minerais est reparti à la hausse et reste beaucoup plus important en Amérique latine que dans le reste du monde (à l'exception de l'Australie). Plus de 12 % de la valeur totale des exportations latino-américaines reposent sur trois métaux : fer, cuivre et or. Le Chili d'abord, premier réservoir de cuivre et de lithium du monde, qui a bénéficié de la hausse spectaculaire du cours de ces métaux. Sa célèbre mine de Chuquicamata en plein désert d'Atacama est la deuxième mine à ciel ouvert du monde avec une profondeur de 850 mètres. Propriété du groupe d'État chilien Codelco, elle a produit encore 340 000 tonnes de cuivre en 2013. La moitié des exportations brésiliennes sont des produits miniers, essentiellement le fer (3e producteur mondial) mais aussi l'étain, l'aluminium, dont il est le 6e producteur mondial (non sans effet sur l'environnement, la bauxite y étant généralement exploitée en pleine forêt tropicale). Le cas du Pérou est plus révélateur encore. Sa croissance continue depuis quinze ans repose en large partie sur l'exploitation minière (cuivre, argent, plomb, étain) et est donc très dépendante du cours de ces produits.

Les hydrocarbures

Les hydrocarbures (*cf.* partie 1) constituent la première source des revenus d'exportations du sous-continent. Tous les États ont un contrôle important de cette ressource, tout en s'appuyant sur les investissements des firmes internationales auxquels ils se sont largement ouverts ces dernières années (à l'exception du Mexique), ce qui a permis la mise en exploitation de nouveaux gisements comme dans le piémont amazonien en Équateur ou la modernisation des méthodes d'extraction. En 1990, l'Argentine avait privatisé sa compagnie nationale (YPF) rachetée par Repsol. Or, en 2012, Cristina Fernandez Kirchner l'a « renationalisée » (parlant de récupération) au grand dam des Espagnols qui dénoncent une expropriation. Au Brésil, Petrobras a conservé son statut public, tout en ouvrant une partie de son capital et en n'ayant plus le monopole. En Colombie, Ecopetrol est une entreprise publique depuis 1951 mais elle a toujours collaboré avec des opérateurs privés et a été constituée en société à économie mixte en 2003, dont 88 % des actions sont détenues par l'État. Au Mexique, Pemex, entreprise nationale du pétrole depuis 1938 l'est restée malgré les politiques de libéralisation entreprises depuis 1982, gardant son monopole. Cependant, en 2013, le président mexicain a annoncé une révision constitutionnelle afin d'ouvrir son capital. Le Venezuela, lui, n'a jamais été aussi dépendant de sa production pétrolière. Bénéficiant des plus importantes réserves de brut du monde, devant l'Arabie saoudite, la situation pétrolière y est en fait complexe. Les entreprises étrangères ont été converties en entreprises mixtes dont le capital doit être majoritairement détenu par l'entreprise nationale, la PDVSA, qui est définie comme une « entreprise de production sociale ». Certains investissements étrangers ont été freinés par les conditions de mise en exploitation (durée maximale de 25 ans, obligation de restituer à l'État l'ensemble des infrastructures d'exploitation). Surtout, la PDVSA a été désorganisée par une véritable purge. En effet, en 2003, suite à une grève, le président H. Chávez a licencié près des deux tiers du personnel qui ont dû être remplacés par de nouveaux employés, souvent moins ou pas qualifiés. En raison de l'importance des bénéfices reversés à l'État, mais aussi des différents accords « pétro-diplomatiques » mis en place par le régime chaviste (comme la fourniture de pétrole à Cuba en échange de médecins et d'aide militaire), la PDVSA est en difficultés financières et la production tend à diminuer (le Venezuela a dû importer de l'essence des États-Unis). La baisse des cours du pétrole depuis 2014 a conduit à un effondrement de l'économie vénézuélienne et à une crise sociale sans précédent.

L'agriculture

En Amérique du Sud comme en Amérique centrale existaient d'anciens foyers agricoles avec leurs pratiques culturales propres. L'aire maya s'est ainsi développée autour de la culture du maïs.

Ces pratiques traditionnelles ont été supplantées par les agricultures coloniales, à la fois en raison de la prise de pouvoir des Européens mais aussi à cause de la baisse dramatique des populations indigènes. Aussi, c'est à la mise en place de trois grands types de mise en valeur que l'on a assisté, qui perdurent sous des formes modernisées aujourd'hui : le *ranching* pour l'élevage extensif au sein de grandes exploitations foncières, les plantations pour des productions tropicales d'exportation et les exploitations en faire-valoir direct, souvent dans le cadre d'une petite paysannerie.

L'immensité du nouveau continent est telle que l'espace apparaît comme sa première ressource. Des Européens procèdent alors, aussi bien dans les terres de la couronne espagnole qu'au Brésil, à la mise en œuvre d'immenses exploitations consacrées prioritairement à l'élevage extensif. Appelées *haciendas* (Amérique hispanique) ou *fazendas* (Brésil), elles occupent des territoires gigantesques aussi bien dans la Pampa argentine, que dans les *llanos* vénézuéliens. Les troupeaux sont conduits par des vachers à cheval (les fameux *gauchos* argentins). Les grandes plantations se sont structurées essentiellement autour de trois cultures : la canne à sucre, le café et les bananes. Ces dernières sont d'ailleurs très révélatrices. Totalement dominées par des firmes internationales, comme United Fruit.

Pour pallier les fortes inégalités foncières sur la propriété de la terre, un certain nombre de réformes agraires ont été menées en Amérique latine. Elles ont poursuivi trois objectifs principaux :

- réduire l'inégalité foncière et donc sociale en donnant des terres à ceux qui n'en ont pas ou pas assez, en limitant la taille des exploitations et en confisquant le surplus pour le redistribuer aux paysans sans terre ;
- améliorer la production ;
- retirer aux riches propriétaires la source de leur force économique et donc politique : la terre.

De plus, dans certains pays andins, les réformes ont visé parfois à régler le problème des terres collectives des communautés indiennes qui avaient souvent été rattachées indûment aux grands domaines. Mais au final, peu de pays latino-américains ont conduit à leur terme les réformes agraires.

Le Mexique a été précurseur, lançant sa réforme dès 1915, les autres suivront surtout dans les années 1960. Au Pérou, elle a été rapidement abandonnée ; au Chili, elle a été détournée de ses objectifs ; quant à Cuba, elle s'est réalisée sous une forme collectiviste (*cf. infra*). Même lorsqu'elles ne sont pas allées complètement à leur terme, les réformes agraires ont incontestablement contribué à modifier les structures socioéconomiques des campagnes. Elles ont généralement réduit la taille des *latifundios*, augmenté le nombre de petits propriétaires, contribué à réduire les inégalités et les tensions foncières et donc sociales. Elles ont permis la mise en place d'exploitations moyennes, dynamiques, rentables et compétitives sur les marchés nationaux ou internationaux. Mais elles ont aussi multiplié le nombre de *minifundios*, souvent trop petits pour être rentables. À partir des années 1980, dans le cadre des réformes néolibérales, on a assisté à l'arrêt de ces réformes dans le cadre de ce qui a pu être appelé une « modernisation conservatrice ». Trois raisons principales ont été avancées :
- l'exode rural a permis une certaine décompression de la main-d'œuvre agricole ;
- l'intégration toujours plus poussée de l'agriculture aux marchés mondiaux rend plus ou moins dépassée la création de petites exploitations qui ne pourraient pas soutenir la concurrence internationale ;
- le développement économique a été axé peu à peu sur l'industrie et les services, qui encouragent davantage l'exode rural.

Néanmoins, à l'exception de la Bolivie (où plus des 4/5 des exploitations ont été effectivement redistribuées concernant donc plus des 3/4 des exploitants), ces réformes n'avaient concerné qu'une partie minoritaire des territoires concernés. a conduit à l'achat des petites exploitations par de plus grands exploitants. Cette mutation a eu de grands impacts, puisqu'elle a rendu l'accès impossible à la terre à de nombreux petits paysans, qui n'ont eu le choix qu'entre un salariat précaire et l'exode rural incertain ou l'espoir de l'émigration internationale. Aussi les conflits agraires et mobilisations paysannes se sont multipliés, alors même que jamais le continent n'a autant produit et que de vastes surfaces ont été mises en exploitation en particulier avec la progression du soja au Brésil.

Évolution de la population active agricole en Amérique latine

	1970	1980	1990	2000	2010
Part de la population active (en %)	42	34	25	20	15
Actifs agricoles (en millions)	40	45	45	44	41

D'après les données de l'OCDE.

L'Amérique latine représente aujourd'hui environ 10 % des exportations mondiales de produits agricoles, mais elle est l'un des centres mondiaux de production pour certains produits tropicaux : 77 % pour les bananes, 52 % pour le café, 46 % pour le sucre. Contrairement à l'Amérique du Nord, en Amérique latine un actif agricole produit peu de valeur ajoutée agricole alors que le poids de l'agriculture dans les économies (part du PIB) demeure important. Partout, les techniques se modernisent (*cf.* extension des productions OGM, comme le soja à 100 % OGM au Brésil) et l'insertion dans des filières agro-industrielles se généralise. L'Amérique latine comporte par ailleurs quelques géants agricoles d'échelle mondiale : le Brésil, la « ferme du monde », suivi par l'Argentine, le Mexique et le Chili, pays dont les exportations agricoles dépassent les 11 milliards de dollars par an. Mais ces pays aux productions agricoles fortement tournées vers les marchés mondiaux sont aussi de grands importateurs. Le Mexique a ainsi une balance commerciale agricole négative, tandis qu'aux Brésil, Argentine et Chili elle est positive. Une grande part des productions agricoles latino-américaines, notamment issues des géants territoriaux, se retrouve dans les assiettes de consommateurs européens, chinois, japonais et même africains. Pour autant, cette agriculture n'arrive pas à nourrir une population croissante qui développe de nouveaux goûts, ce qui explique l'importance des importations de produits alimentaires.

L'agriculture revêt également en Amérique latine un enjeu géopolitique qui détermine des rapports de force, notamment au sein du continent américain. Le protectionnisme des États-Unis et de l'Union européenne est régulièrement dénoncé par les exportateurs agricoles du sous-continent. Mais les tensions apparaissent aussi au sein du Mercosur, ce qui entrave son approfondissement, notamment sur la question des marchés de la viande et du sucre pour lesquels il y a des concurrences fortes entre Brésil et Argentine par exemple, ou encore entre Amérique centrale et Caraïbes. Face à ces différends, un certain nombre de pays latino-américains sont intégrés dans des organisations qui tentent de défendre leurs intérêts agricoles sur la scène internationale, telles le Groupe de Cairns qui dénonce le *dumping* agricole des États-Unis, ou le G20 où ils défendent les exportations agricoles des pays en développement face au lobby des pays développés.

Importance de l'agriculture latino-américaine en 2010

Pays	**Part dans le PIB** (en %)	**Part dans les exportations** (en %)
Argentine	6	56
Brésil	14	34
Chili	7	37
Costa Rica	17	66
Guatemala	25	66
Honduras	20	90
Mexique	8	24
Pérou	7	30
Venezuela	5	7

D'après les données de l'OCDE.

En étant un des moyens essentiels de la croissance économique, l'exploitation des ressources naturelles pose de nouveau la question de la pérennité de l'émergence latino-américaine. En effet, les économies sont très dépendantes des cours des matières premières tandis que leur diversification interne, notamment l'industrialisation, n'est pas encouragée. En effet, la surévaluation des monnaies ne favorise pas le développement de productions manufacturières faciles à importer. Cela explique en grande partie le déficit des balances commerciales qui semble s'être généralisé. De plus, les questions de durabilité sont posées plus que jamais. Ces ressources naturelles ne sont pas inépuisables et leur mise en exploitation a de lourdes conséquences environnementales (érosion des sols favorisée par la déforestation et la monoculture, pollution des cours d'eau, etc.).

B. Des trajectoires industrielles diverses

L'industrialisation des pays latino-américains s'est réalisée souvent sous l'égide d'États interventionnistes, qui ont imposé les modèles de développement, dans les années 1950 à 1970. Il faut toutefois noter le rôle essentiel de la CEPAL (*cf. supra*), dont l'objectif premier était de remédier aux carences du secteur industriel grâce à une intervention volontariste des États, dans le cadre du courant « développementiste »[3]. L'Amérique latine se lance alors dans une politique d'industrialisation au sein d'économies dirigées, l'État contrôlant et planifiant la formation et le capital et limitant les investissements étrangers. Les secteurs clés sont nationalisés : transports, télécommunications, énergie, matières premières, ce qui permet la création d'entreprises nationales publiques ayant souvent le monopole de l'activité dans leur domaine (la Pemex est créée en 1938 et contrôle le pétrole mexicain, Petrobras au Brésil, etc.). Cette politique doit permettre de limiter les importations et de sortir de la dépendance aux pays développés (et notamment aux États-Unis).

Pour se doter d'un appareil industriel, les pays latino-américains appliquent le modèle de l'industrialisation par substitution aux importations (ISI), d'abord en Argentine, au Brésil et au Mexique, puis plus tardivement dans les pays andins et au Venezuela. L'industrialisation s'est en réalité réalisée en deux phases. Jusqu'au milieu du XXe siècle, les industries légères, les IAA, le textile, la métallurgie et la production des biens courants forment le socle des industries nationales, auxquelles il faut ajouter des secteurs industriels stratégiques (sidérurgie, énergie, armement) dans les grands pays. Après 1950, la remontée des filières permet la mise en place de pôles de croissance autour des industries de base, telles la pétrochimie, la métallurgie ou les industries lourdes comme l'automobile. Si la première phase s'est déroulée sous protectionnisme, la seconde s'ouvre sur les IDE afin de densifier le tissu industriel, dans le cadre de la création de filiales locales de firmes transnationales ou par des *joint ventures* (par exemple dans l'automobile avec l'alliance à des constructeurs étrangers). Dans les années 1960, les experts de la CEPAL constatent que l'industrialisation n'induit pas la modernisation attendue pour la majorité des populations et qu'elle ne réduit pas la vulnérabilité et la dépendance des économies latino-américaines sur les marchés mondiaux. Ils préconisent alors l'essor de l'intégration régionale avec la mise en place d'un marché commun continental et la spécialisation industrielle des pays.

La crise économique des années 1970 (chocs pétroliers de 1973 et 1979), qui provoque une croissance de l'endettement, conduit la CEPAL à un autre modèle, l'industrialisation par promotion des exportations (IPE), en privilégiant cette fois une industrialisation tournée vers les marchés inté-

3. Développentisme : courant politique né au Brésil dans les années 1950 qui identifie la croissance industrielle au progrès et à la civilisation. L'industrialisation est alors perçue comme le moyen de résoudre les problèmes économiques des pays en développement.

rieurs (industries de biens de consommation) et extérieurs (produits d'exportation à bas coûts). Les années 1970 voient également l'essor de la haute technologie dans les grands pays (Brésil, Mexique, Argentine, Chili), principalement localisée dans les grandes villes.

Le bilan de l'ISI est contrasté. Elle a permis au Brésil, à l'Argentine et au Mexique de développer leurs productions industrielles (+ 5 %/an entre 1940 et 1970). Mais elle a aussi consacré une hypertrophie des États qui ont maintenu une importante bureaucratie, une imbrication des milieux politiques et des affaires, ainsi que des syndicats corporatistes. Les pesanteurs qui en découlent constituent aujourd'hui un frein à une croissance plus intensive, alors que les inégalités sociales et le maintien de la pauvreté offrent peu de débouchés aux productions industrielles à destination des marchés intérieurs trop restreints. Si l'ISI a conduit à une réduction des importations de biens de consommation, elle a aussi provoqué une augmentation des importations de biens d'équipement et de combustibles. Pour les financer, l'Amérique latine doit exporter, or les productions industrielles jusque dans les années 1980 sont censées être en grande partie à destination du marché intérieur, et sont ainsi non compétitives à l'extérieur. Aussi les pays exportent-ils leurs produits agricoles et miniers pour obtenir des devises étrangères.

À la fin des années 1990, l'Amérique latine croule sous l'endettement, malgré l'aide massive des institutions financières internationales. L'intervention du FMI (Brésil, Argentine, Chili) et les plans d'ajustement structurel entraînent alors une libéralisation des marchés (ouverture aux IDE) et une privatisation des secteurs stratégiques. Le modèle économique ultralibéral adopté par Thatcher et Reagan à la fin des années 1980 est devenu le nouveau dogme économique des institutions internationales (FMI, Banque mondiale). Les politiques économiques se font pragmatiques, en insérant des volets sociaux, et tentent de nombreuses expériences, comme au Chili ou au Brésil sous Lula (commerce en progression de 23 %, lancement en 2004 du « programme faim zéro » et du programme de *Bolsa familia* pour soulager les 48 millions de Brésiliens vivant en dessous du seuil de pauvreté). Néanmoins, cet interventionnisme extérieur a favorisé l'arrivée au pouvoir de partis politiques de gauche qui, depuis la fin des années 1990, remettent en cause ces politiques ultralibérales qui ont eu des effets sociaux dévastateurs (*cf. supra*). En 2002, à la conférence mondiale sur le développement à Monterrey (Mexique), les pays latino-américains tombent d'accord sur un certain nombre de principes : réduction des dettes, mise en cohérence des politiques monétaires, lutte contre la corruption avec l'aide de l'ONU, tout en rejetant la tutelle étatsunienne.

Cuba, un autre modèle

Arrivé au pouvoir en 1959, lors de la révolution cubaine (1958-1959) qui renversa la dictature du général Batista à la solde des États-Unis, Fidel Castro est progressivement poussé dans le camp soviétique par les États-Unis qui tentent de le renverser en plaçant en 1960 Cuba sous embargo, puis en 1961 en débarquant à la baie des Cochons. En 1961, Castro met en place une économie planifiée, nationalise les industries, collectivise les terres, et se place dans le giron de Moscou (*cf.* l'épisode des fusées de Cuba en 1962). Il lance alors un vaste programme de diversification agricole afin de sortir de la monoculture sucrière (81 % des exportations de l'île en 1958) héritée de la colonisation et d'industrialisation par substitution aux importations. Mais c'est un échec : l'agriculture est peu productive et n'assure plus l'entrée de devises étrangères, d'autant plus réduite par l'embargo étatsunien. Castro n'a alors d'autre choix que d'en revenir à la culture de la canne à sucre, dont les exportations financent les importations des produits nécessaires à la population. Les débouchés du sucre cubain sont garantis au sein de l'URSS par un accord de 1964. L'économie cubaine se fonde alors sur deux piliers : l'agriculture et les IAA (sucre, tabac, agrumes) d'un côté, et les matières premières (nickel, fer) d'un autre côté, tout en tombant dans une forte dépendance au Comecon, qui lui vend pétrole, céréales et acier et qui représentera jusqu'à 50 % du PNB. Moscou finance aussi la construction de centrales électriques, de raffineries, et de nouvelles installations portuaires. Au niveau politique, Fidel Castro promeut l'essor de la révolution cubaine en Amérique latine, en s'appuyant sur « Che » Guevara, dont la mort en 1967 en Bolivie marque la fin de cette tentative d'extension du communisme cubain. La dictature progressivement développée, la chasse aux opposants, la pauvreté croissante poussent à l'exil des millions de Cubains, à destination des États-Unis et surtout de Miami et de la Floride.

La dislocation de l'URSS en 1991 entraîne une grave crise économique sur l'île, qui, toujours sous embargo étatsunien, doit trouver de nouveaux débouchés. Le pays cherche de nouveaux partenaires et s'ouvre à l'Union européenne et au Mexique. Le retrait de la vie politique de Fidel Castro au profit de son frère Raul en 2008, qui devient chef de l'État en 2011, permet de nouvelles réformes vers un socialisme de marché. Le développement touristique est patent : l'île est désormais la deuxième destination touristique des Caraïbes (2,5 millions de touristes en 2011), après la République dominicaine, le 10e producteur mondial de nickel et reçoit d'importantes remises des Cubains exilés. La croissance économique annuelle a atteint les 3 % en 2012, mais la situation financière du pays est fragile face à son fort endettement et à une balance commerciale très déficitaire (importations 2,5 fois plus importantes que les exportations). Au niveau politique également l'ouverture se fait sentir : depuis 2013, les Cubains peuvent circuler à l'étranger librement.

C. Des économies aux évolutions contrastées

Les évolutions du PIB de l'Amérique latine et des Caraïbes ont ainsi fortement fluctué depuis les années 1960, au gré des modèles de développement suivis et de plus en plus en fonction des crises économiques internationales.

Évolution du PIB réel annuel en Amérique latine et Caraïbes de 1961 à 2012 (en %)

1961-1970	1971-1980	1981-1990	1991-2002	2003-2008	2009-2012
5,1	5,8	1,8	2,7	4,6	2,9
Application du modèle ISI	Modèle ISI	Fort endettement, essoufflement du modèle ISI, début des crises économiques	Plans d'ajustement structurel, série de crises économiques nationales	Effets du modèle IPE tirés par la croissance mondiale	Crise économique mondiale, reprimarisation des économies

D'après les données de l'Agence française du développement, 2014.

On peut ainsi établir trois grandes périodes dans l'histoire économique récente de l'Amérique latine :

- Le modèle « agro-exportateur » ou « d'extraction des ressources » primaires entre 1880 et 1950.
- Le modèle de « l'industrialisation par substitution des importations » (ISI) des années 1950 à 1980. Les années 1980 sont qualifiées de « décennie perdue » du fait de l'augmentation importante de l'endettement des pays (« faillite » mexicaine en 1982) et d'une baisse du PIB par habitant (– 1,4 % par an).
- Le modèle néo-libéral, depuis les années 1990 (Consensus de Washington), mondialisé et exportateur, parfois qualifié de modèle de « l'industrialisation par la promotion des exportations » (IPE), même si aujourd'hui on préfère le terme de modèle « néo-extractiviste », qui provoque d'un côté une reprimarisation des économies et d'un autre côté une dépendance aux exportations, notamment vers la Chine. Celle-ci est devenue le deuxième partenaire commercial du sous-continent, représentant pour certains pays sud-américains plus de 70 % des exportations de matières premières. Dans les années 1990 et au début des années 2000, une série de crises économiques nationales secoue les pays sud-américains et entrave le développement (1994-1995 : Mexique, 1999 : Brésil, 2000 : Équateur, 2001 : Argentine, 2002 : Uruguay). La crise économique mondiale débutée

en 2007 aux États-Unis n'a eu d'impacts que temporaires en Amérique latine, en 2009 principalement, et surtout au Mexique. En effet, dès 2010, la hausse des prix des matières premières sur les marchés internationaux a permis aux pays de la surmonter rapidement.

Aujourd'hui, la dette et l'inflation sont maîtrisées, la croissance est repartie à la hausse, tant pour le PIB réel que pour le PIB par habitant (+ 3,4 % en 2012). Il faut toutefois noter la dépendance aux marchés extérieurs. L'Amérique centrale voit sa croissance ainsi liée au modèle « *maquila* » (*cf. infra*) par la hausse du poids des produits manufacturés dans les exportations, qui représentent plus de 50 % des exportations en 2011 de la Barbade, du Costa Rica, du Salvador, de la République dominicaine et du Mexique. Ces productions sont liées au développement de parcs industriels souvent localisés dans les zones franches portuaires (comme Colon à Panama, Saint-Domingue, etc.). De plus, les Caraïbes fondent leur croissance sur deux autres activités majeures fortement rémunératrices : les paradis fiscaux (îles Caïman et Turks-et-Caïcos en tête) et le tourisme, la mer des Caraïbes étant la première destination mondiale de croisiéristes, à proximité du premier marché de consommateurs du monde. Enfin, l'Amérique latine et les Caraïbes profitent largement des remises des migrants souvent installés aux États-Unis, transferts financiers qui ont représenté 61,3 milliards de dollars en 2012, dont 17,3 uniquement pour le Mexique.

La croissance du PIB et ses facteurs en Amérique latine de 2003 à 2008 (en %)

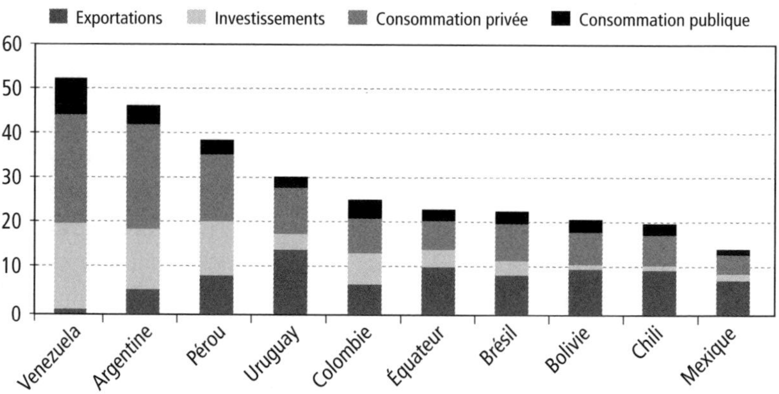

NB : nous avons retiré la composante importée de la consommation privée et de l'investissement. Faute de statistiques détaillées, nous avons fait l'hypothèse que la moitié des importations correspond à des produits destinés à la consommation et l'autre moitié aux achats de biens de capitaux.

D'après les données de la CEPAL, OCDE, Banque mondiale, AFD 2011.

Les industries *maquila* au Mexique

Le terme de *maquiladora* trouve son origine dans celui de «*maquila*», la part de farine que prélevaient les meuniers espagnols aux paysans pour moudre leur blé. Il désigne les établissements industriels de montage implantés côté mexicain de la frontière (*cf.* carte), où ils bénéficient de dispositions douanières et fiscales favorables, tandis que maison mère, capitaux et ingénierie demeurent côté américain (à plus ou moins grande distance de la frontière). En anglais, on parle de *twin plants* ou *in-bond industry*, bien que le terme de *maquiladora industry* soit très utilisé aussi ; au Mexique, la dénomination complète est Industrie *Maquiladora* d'Exportation (IME). Le fonctionnement initial est celui d'un système de sous-traitance internationale : les établissements industriels mexicains sont des usines d'assemblage qui emploient une main-d'œuvre peu qualifiée : ils importent hors taxes les composants nécessaires à leur activité (très peu de composants sont fabriqués au Mexique même), bénéficient d'impôts peu élevés, et réexportent ensuite leurs produits sur le marché américain, sans taxe autre que sur la valeur ajoutée, ce qui explique leur concentration géographique frontalière. Les branches industrielles les plus présentes sont celles qui nécessitent un assemblage de pièces détachées comme l'électronique (premier secteur en importance aujourd'hui), la fabrication de jouets ou d'articles de sport, l'automobile et le secteur textile.

Il ne s'agit donc pas d'un secteur homogène et ces évolutions ont amené à distinguer des «générations» de *maquiladoras*. Jorge Carillo[4] parle ainsi de «première génération» pour les entreprises étrangères d'assemblage traditionnel implantées entre 1965 et 1981 essentiellement, peu liées à l'industrie nationale, de niveau technologique faible et reposant sur une main-d'œuvre peu qualifiée et largement féminine ; de «deuxième génération» pour les usines au capital plus diversifié, capables de s'adapter rapidement aux fluctuations de la demande, organisant un réseau local de fournisseurs et de services, avec un niveau technologique et une autonomie en progrès, et une main-d'œuvre plus qualifiée et plus masculine ; de «troisième génération» pour les filiales transnationales implantées plus récemment, orientées vers la conception, la recherche et développement et ayant gagné encore en niveau technologique et en autonomie ; et enfin de «quatrième génération» pour les établissements qui réalisent un travail de centralisation et de coordination des décisions pour un groupe d'usines de la même firme et s'appuient sur le développement d'activités de logistique.

Ce type d'industrie a vu le jour car les intérêts se conjuguent : les entreprises, nord-américaines pour la plupart, recherchent de bas coûts de production au Mexique, et le gouvernement mexicain vise la création d'emplois, de revenus d'exportation, et les transferts de technologies. C'est pourquoi le gouvernement fédéral mexicain a favorisé l'implantation de ces usines par le biais du Programme national d'industrialisation

...

4. Jorge Carillo, «Les générations d'entreprises maquiladoras : une analyse critique», *Cahiers des Amériques Latines*, n° 56, 2007/3, p. 27-43.

de la frontière Nord (PRONAF) lancé en 1965, pensé comme un moyen de peupler le nord du pays et d'offrir une alternative aux migrants qui voyaient la frontière des États-Unis se fermer à cette époque (fin du programme *Bracero).* 2 090 *maquiladoras* étaient recensées dans les cinq États frontaliers du nord début 2012 (chiffres de l'AIM, l'Association de l'industrie Maquiladora mexicaine), générant 943 554 emplois formels, contre 75 000 en 1975. Les villes qui accueillent le plus d'emplois sont, par ordre d'importance, Ciudad Juarez (180 000 emplois en 2011 dans les *maquiladoras*), Tijuana (premier pôle en termes de nombre d'entreprises : 560), Reynosa et Mexicali. Tijuana, premier centre mondial d'assemblage de téléviseurs, y doit son surnom de *Tivijuana*, où sont implantés Sony, Samsung, Panasonic, Pioneer, Philips, Sanyo entre autres. Sony (électronique) et Mazda (automobiles) arrivent en tête des plus gros employeurs des *maquiladoras* au Mexique.
Cependant, malgré les questionnements sur l'épuisement du modèle, les *maquiladoras* continuent à fonctionner et à être définies par les gouvernements comme un secteur prioritaire, et recommencent à embaucher (lente récupération estimée entre 6 et 7 % par l'AIM, l'Association de l'industrie *maquiladora* mexicaine, entre 2010 et 2011). L'industrie aérospatiale est notamment en forte croissance en Basse Californie, Tijuana accueillant déjà 35 entreprises dans cette branche.

D'après Lucille Medina, « La frontière : permanence et portée d'un concept », in A. Monot (dir.), *L'Amérique du Nord*, Bréal, 2012, p. 123-152.

3 Le défi maintenu des inégalités sociospatiales

L'Amérique latine reste le continent le plus inégalitaire du monde (*cf.* partie 1). La proportion de pauvres n'y est certes pas plus élevée qu'en Asie ou qu'en Afrique, mais la distribution des revenus y est particulièrement dispersée, c'est-à-dire inégalitaire. Cependant, la tendance globale est à la baisse.

A. Une baisse de la pauvreté

La croissance économique ainsi que les programmes de lutte contre la pauvreté ont permis d'inverser la tendance apparue dans les années 1980.

D'importantes politiques de redistribution ont été mises en œuvre. À la différence des précédentes, la majorité de ces politiques ne se limite pas à la distribution d'aliments ou de services, c'est-à-dire de pallier des manques mais fonctionne sur la base de distribution d'un revenu conditionné à des obligations pour les bénéficiaires (scolarisation des enfants, vaccination…).

Le programme *Bolsa Familia* mis en place par l'administration Lula au Brésil, après le programme *Oportunidades* mis en route au Mexique, a été le plus important et en a inspiré de plus modestes dans certains pays voisins. Il a concerné onze millions de familles.

Ainsi, la pauvreté a baissé et depuis 1999, environ 25 millions de personnes sont sorties de la problématique de la survie au jour le jour. Plus globalement, depuis quinze ans, les statistiques compilées par la CEPAL font apparaître que la part des populations considérées comme pauvres est passée de plus de 40 % à moins de 30 % de la population totale. Cela concerne tout de même 165 millions de personnes. Le cas du Brésil est exemplaire : 35 à 40 millions de Brésiliens ont quitté la pauvreté pour venir grossir les rangs de la classe moyenne. Le pays n'a jamais été aussi éduqué avec une baisse très marquée de l'analphabétisme et une hausse spectaculaire du nombre d'étudiants qui atteint sept millions, soit deux fois plus qu'il y a dix ans. Pour autant, au Brésil comme ailleurs, la violence n'a pas disparu, au contraire.

Évolution de la pauvreté et de la pauvreté extrême en Amérique latine

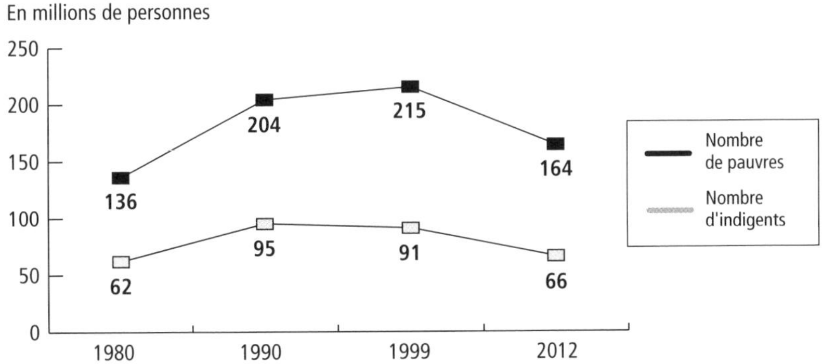

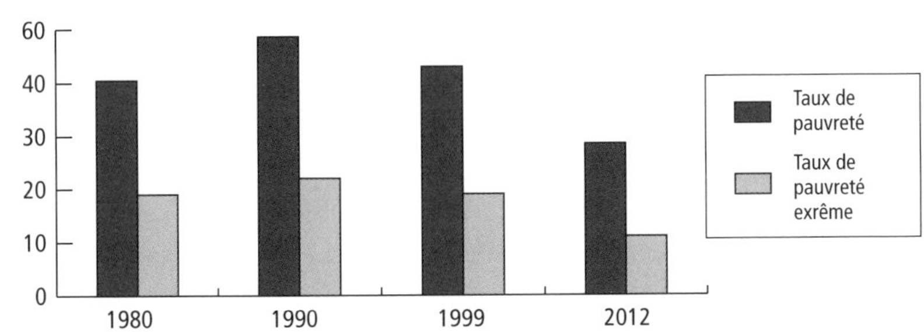

La pauvreté et la pauvreté extrême sont déterminées par la CEPAL à partir du coût d'un panier de produits, leur définition est donc légèrement différente de celles classiquement utilisées fondées sur un seuil monétaire (fixé à deux dollars/jour pour l'indigence).

B. Les manifestations de la pauvreté : le continent de toutes les violences ?

Dans les statistiques internationales, parmi les nations en paix, ce sont les pays latino-américains qui caracolent en tête des statistiques. Ainsi, les vingt villes les plus violentes au monde sont latino-américaines. En 2012, la seule Caracas, 4,8 millions d'habitants, a compté 3 164 homicides, cinq fois plus que pour toute la France ! Surtout, presque tous les pays, à l'exception de la Colombie, ont vu les indicateurs s'aggraver avec des taux d'homicides qui augmentent. Le cas le plus spectaculaire est le Mexique du sexennat[5] Calderón qui avait déclaré la guerre aux narcotrafiquants : en 2006, il y a eu 10 500 homicides, six ans plus tard, 20 000 ! (*cf.* partie 4).

Cette violence semble s'être enracinée et prend sa source dans une multiplicité de facteurs : pauvreté endémique de certains quartiers, poids des gangs et du trafic de drogue, corruption de la police et des autorités politiques, etc.

Certains processus de sécession urbaine se comprennent mieux à l'aune de cette violence. Les quartiers fermés qui se sont multipliés et continuent d'être construits répondent à la demande de sécurité des classes plus aisées mais aussi moyennes.

Le trafic de drogue est pour beaucoup dans cette géographie de la violence. La coca, la plante des Incas, cultivée depuis des siècles dans les forêts humides d'altitude des contreforts andins, excitant local massivement consommé, est devenue au cours du XXe siècle un des symboles de la face sombre de la mondialisation à travers la « cocaïne ». À plus de 250 euros le gramme du produit fini, sniffé par de riches Américains et de plus en plus d'Européens, on comprend que le contrôle de ce marché peut être source d'enrichissements aussi considérables que condamnables et condamnés. Pour les pays producteurs, l'enjeu n'est pas mince. Une partie non négligeable des PNB agricoles de la Colombie, du Pérou et de la Bolivie est

5. Le mandat présidentiel de Mexique est de six ans, non renouvelable.

directement issue de la culture de la coca. Mais surtout, la lutte contre la drogue à sa source, lancée par les États-Unis, a eu des répercussions très fortes sur l'organisation des territoires et a contribué à un « effet ballon », les zones préférentielles de culture rebondissant d'une région et d'un pays à l'autre en fonction de l'intensité de la lutte antidrogue. Le plan Colombie (2000-2005), plan de lutte contre la drogue, a certes contribué à diminuer drastiquement les surfaces cultivées dans ce pays – et à renchérir le prix de la drogue – mais aussi à redistribuer la production vers le Pérou. La violence a fortement diminué en Colombie (le nombre d'homicides a été divisé par deux entre 2002 et 2012) mais s'est déportée vers les pays voisins et surtout vers le Mexique dont les cartels ont pris le relais et assurent une partie conséquente du transport vers les États-Unis, le principal marché de consommation (*cf.* partie 4).

III

Des Amériques latines ?

L'ensemble latino-américain est ainsi marqué par des césures encore très fortes, à toutes les échelles, que ni les affirmations d'intégration, ni la croissance économique récente, n'ont pu colmater. Les divisions apparues lors des indépendances ont en fait conduit à accentuer les différenciations spatiales, avec des États qui ont suivi chacun leurs propres stratégies de développement, selon des discours et des modèles parfois proches, mais toujours en fonction de leur lecture du territoire national. On peut distinguer trois grands ensembles, qui correspondent aux grandes divisions géographiques. Le Mexique est un cas particulier en raison de sa proximité avec les États-Unis. L'Amérique centrale et les Caraïbes, très émiettées politiquement, jouent le rôle d'interface à deux niveaux : celui américain et celui mondial. Enfin, l'Amérique du Sud reste dominée par trois puissances économiques rivales, et se divise entre le cône Sud et le Brésil d'une part et les Pays andins d'autre part.

1 Le Mexique, entre Nord et Sud

A. Un Nord industriel et dynamique

Tout le Nord est marqué par le manque d'eau, qui en avait limité depuis des siècles le peuplement. Certes, il existe toute une gamme d'ambiances climatiques, entre le désert du Chihuahua et les forêts de la Sierra Madre occidentale mais c'était l'ambiance des steppes à cactées des grandes *haciendas* d'élevage extensif, des mines et de la frontière, qui avait donné au Mexique son image hollywoodienne. Le voisinage des États-Unis a contrebalancé les difficultés du milieu et sa position périphérique pour en faire une interface dynamique entre la première puissance du monde et un pays en développement. Ainsi, les Nords, à travers leurs villes mais aussi leurs cultures spéculatives au sein de grands districts d'irrigation, constituent l'image d'un Mexique dynamique, intégré à l'économie mondiale, avec des revenus 50 % supérieurs à la moyenne nationale. La population est à plus de 90 % urbaine, et la frontière attire des migrants de tout le Mexique. Le développement des villes frontalières, initié à l'époque de la prohibition, est devenu spectaculaire depuis la libéralisation de l'économie. Toutes ont profité du boom des *maquiladoras* (*cf. supra*), même si elles présentent des caractères différents. Tijuana (1,5 million d'habitants), proche de San Diego, est la porte d'entrée mexicaine de la mégalopole qui se constitue à partir de Los Angeles. Point de passage frontalier le plus fréquenté du monde, elle maintient, à côté de son industrie, ses activités de service, notamment de tourisme frontalier. À l'inverse, Ciudad Juarez (1,4 million d'habitants), championne des *maquiladoras*, domine son double du Nord El Paso. Mais la proximité de la frontière, c'est aussi une économie du passage des stupéfiants et des clandestins. La guerre contre et entre les cartels a profondément marqué la population, avec un taux d'homicides parmi les plus importants du monde (150/100 000 habitants). En dehors de ces deux agglomérations millionnaires, une douzaine de villes importantes jalonnent les 3 000 kilomètres de frontière, et fonctionnent selon une logique Nord-Sud. En retrait de la frontière, Monterrey (3,5 millions d'habitants), offre un paysage urbain proche des villes nord-américaines. Fière d'une vieille tradition industrielle et libérale, cette métropole a su restructurer son économie longtemps fondée sur l'industrie lourde, et son Institut technologique supérieur, conçu à l'image du MIT de Boston, a ouvert des sites dans tout le pays.

B. **« Le poids des Centres »** (A. Musset)

Depuis l'époque préhispanique, les hautes terres du plateau central constituent le principal foyer de peuplement du Mexique. La latitude tropicale y est tempérée par l'altitude (souvent supérieure à 2 000 mètres), et les édifices volcaniques, en multipliant les expositions, les étages et en différenciant les sols, sont à l'origine d'une multitude de milieux qui permettent une diversification des cultures. Mexico, fondée à la place de Tenochtitlán, la capitale aztèque, maintient sa domination en se stabilisant aux alentours des 20 millions d'habitants. Si la capitale, en particulier après le séisme de 1985 (10 à 20 000 morts), a vu son poids être contesté et d'une certaine façon relativisé, elle maintient un fort pouvoir décisionnel et domine l'ensemble du réseau des villes qui peut être considéré comme un espace mégapolitain en formation. Une partie de la population s'est en effet redistribuée vers les États voisins, qui ont récupéré l'implantation de nombreuses usines. Ainsi, Cuernavaca, Puebla ou Toluca, dont le développement avait longtemps été ralenti par la capitale bénéficient désormais de leur proximité. Les liens (en tout cas les flux) avec Guadalajara, la deuxième agglomération du pays avec 3,5 millions d'habitants, souvent présentée comme la capitale des petites entreprises, via le développement du corridor industriel (Leon, Queretaro) et les villes intermédiaires du Bajio (Guanajuato, Michoacan, Jalisco), se sont accentués.

C. Un Sud globalement en difficulté

À l'opposé des Nords, dynamiques, et du Centre, qui maintient sa domination, le Sud apparaît comme un vaste ensemble en marge du développement, à l'écart du reste du pays, appartenant à la Mésoamérique. Cette perception, développée au début des années 2000 par les autorités mexicaines, s'appuie sur des indicateurs qui font apparaître que les populations y sont deux fois plus pauvres que la moyenne du pays, que l'économie y est plus rurale et peu intégrée. Pour autant, ce Sud présente des visages très contrastés. La côte du Golfe du Mexique, en particulier l'État de Véracruz, développée à l'époque du boom pétrolier, a subi les incertitudes sur le sort de PEMEX et la baisse du nombre d'emplois. La péninsule du Yucatán se singularise essentiellement grâce au développement spectaculaire de la station balnéaire de Cancún, fréquentée aux trois quarts par le tourisme international. À l'opposé, le Sud pacifique, dont plus du tiers de la population est indienne, reste en grandes difficultés comme l'a mis en exergue l'insurrection néo-zapatiste au Chiapas particulièrement médiatisée entre 1994 et 2000. Malgré la production de café, et quelques enclaves plus développées (station balnéaire d'Acapulco, sites touristiques mayas du Chiapas), ce Sud reste à la traîne. Le renouveau de l'intérêt de l'État qui y a réalisé de nouvelles infrastructures de transport et lancé des programmes de développement est en fait largement le produit de la migration et du passage au statut de pays de transit. L'isthme de Tehuantepec, en tant que rétrécissement du Mexique est une zone utilisée pour essayer de contrôler les passages de migrants originaires d'Amérique centrale, à la demande des États-Unis.

2 L'espace caraïbe : Méditerranée américaine ?

L'espace caraïbe, qui comprend les îles et l'Amérique centrale, auquel on adjoint souvent le Venezuela voire la côte Est du Yucatan mexicain, est caractérisé par son morcellement extrême. Plus de trente États, sur moins de deux millions de kilomètres carrés. Les États sont dominés pour la plupart, mais le positionnement n'en demeure pas moins stratégique, entre Amérique du Nord et du Sud, entre Pacifique et Atlantique, et, pour certains territoires, entre Europe et Amérique.

A. L'espace caraïbe : une double interface

Les nombreuses îles des Caraïbes, généralement de taille réduite, au relief tourmenté ont été les premiers lieux explorés par les conquérants européens. Les alizés du nord-est y avaient en effet conduit les navires. Cela a donné à certaines de ces îles une double vocation particulière. D'une part, elles ont été les premiers espaces appropriés par les Européens au détriment des populations originelles qui ont quasiment disparu, sous l'effet des violences et des maladies. D'autre part, elles étaient devenues des positions stratégiques comme points d'escale entre Europe et Amérique. Certains territoires sont encore sous contrôle européen, et fonctionnent comme des enclaves de richesse grâce aux transferts financiers mis en place par les métropoles.

Cependant, la situation géographique à proximité immédiate des États-Unis, explique l'importance des flux. Les touristes, très majoritairement issus des États-Unis s'y rendent pour des croisières ou pour les plages. Ainsi, Porto Rico, la République dominicaine, Cuba, les Bahamas ou la Jamaïque ont travaillé leur image de « l'île tropicale » pour développer l'industrie touristique dans le cadre de la crise de l'économie des grandes plantations.

À l'inverse, des flux se sont établis pour les migrants mais aussi pour la drogue, afin de rejoindre le marché étatsunien. À ce titre, le bassin caraïbe est devenu un vaste espace de transit, complexe à surveiller et à contrôler.

La présence de paradis fiscaux (onze îles, sans compter Panama) explique que ces territoires sont par ailleurs devenus une plaque tournante pour de nombreux flux financiers, afin de blanchir de l'argent sale, de l'évasion fiscale ou dans le cadre des politiques d'optimisation fiscale des firmes transnationales.

Haïti, République dominicaine, « une île pour deux »[6]

Haïti et la République dominicaine se partagent la même île. Elles présentent pourtant une différenciation considérable en termes de développement et de richesse. La première est le pays le plus pauvre de l'Amérique latine, le seul à être classé parmi les PMA, avec un revenu par habitant corrigé en parité de pouvoir d'achat qui est huit fois inférieur à celui de son voisin (1 152 dollars PPA/hab. contre 9 350 en 2010 selon la Banque mondiale). En 2010, le séisme de magnitude 7,3 a littéralement détruit Port-au-Prince, faisant 250 000 à 300 000 morts et révélant l'extrême vulnérabilité de la population (78 % de pauvres avec moins de 2 dollars/jour, 54 % en situation d'extrême pauvreté c'est-à-dire avec moins de 1 dollar/jour).

La République dominicaine a été dominée par les États-Unis depuis la fin du XIXe siècle, mais des compagnies américaines y ont développé une économie de plantation (sucre, banane, élevage) puis au XXe siècle des emplois industriels dans les zones franches établies par l'État. Elle connaît aujourd'hui un fort développement du tourisme. Pour les élites dominicaines, Haïti représente une source de menaces (sida, immigration clandestine, drogue, armes) tandis que pour beaucoup d'Haïtiens la République dominicaine est une terre d'espoir vers laquelle beaucoup tentent d'émigrer afin de travailler dans les exploitations de canne à sucre ou sur les chantiers des hôtels.

Cette divergence entre les deux parties de l'île se comprend historiquement. Haïti a acquis son indépendance grâce à la lutte contre les troupes françaises. Pourtant Haïti n'est pas parvenue à se développer. Sa population agricole nombreuse occupe de minuscules lopins de terre sans aucune possibilité d'extension, tous les terrains ayant été défrichés, d'où l'accentuation des problèmes d'érosion. Si l'on regarde les deux dernières décennies, on constate qu'Haïti a souffert d'une instabilité chronique depuis 1986 (fin de la dictature Duvalier). Les transferts financiers des migrants sont devenus un moyen de survie essentiel pour la population dont près d'un quart bénéficie par ailleurs du programme alimentaire mondial.

6. Titre repris d'un ouvrage géohistorique de Jean-Marie Théodat, 2003.

B. L'Amérique centrale

L'isthme centraméricain, au lieu de constituer un véritable axe de circulation entre Nord et Sud, est surtout apparu comme une barrière aux communications entre les deux océans. Dès la conquête espagnole, Charles Quint donne mission à ses officiers de chercher un passage pour rejoindre la « mer du Sud » (le Pacifique), et c'est à défaut de détroit que l'idée du creusement d'un canal s'imposa. Élisée Reclus a une formule tout à fait révélatrice pour évoquer les différents rétrécissements de l'Amérique centrale : « *ces détroits, la nature les a fermés depuis l'époque tertiaire et c'est à l'homme qu'il appartient de les rouvrir* » (Reclus E., 1891). Au début du XIXe siècle, l'explorateur Alexandre de Humboldt rappelle de vieux projets espagnols de canaux et redonne de l'intérêt à cette problématique en consacrant de longs passages à la question du canal interocéanique. Il dresse une liste et propose une carte générale des tracés possibles. Dans une Amérique centrale morcelée géographiquement avec le passage de cordillères élevées, et surtout encore mal connue, le naturaliste allemand reconnaît neuf passages possibles. En particulier, au niveau de l'isthme de Tehuantepec (240 kilomètres d'un océan à l'autre), du lac Nicaragua (290 km), de Panama (75 km), de San Blas (53 km), du fossé d'Atrato (290 km). Le processus des indépendances, en dessinant les républiques à partir des anciennes provinces de la capitainerie générale du Guatemala puis l'échec de la fédération des républiques d'Amérique centrale ont ajouté un morcellement politique à l'espace centraméricain en étant à l'origine d'une série de pays tracés latitudinalement d'un océan à l'autre. La question du lien interocéanique n'en a été que renforcée en apparaissant comme une problématique commune à chaque État.

Il en résulte un même modèle spatial (Demyck N., in Gamblin A., 2005) :

- les hautes terres centrales et la façade pacifique constituent l'axe majeur du peuplement. Les populations précolombiennes étaient concentrées dans ces hautes terres, cultivant les bassins intramontagnards. La façade pacifique liée à cet axe est l'espace des grandes plantations (café, canne à sucre, coton) ;
- les plaines littorales de la façade caraïbe n'ont que mal été colonisées par les Espagnols, ce qui a permis aux Britanniques d'y établir des positions commerciales. Ils y ont développé un protectorat sur une partie des littoraux actuels du Honduras et du Nicaragua et sur l'actuel Belize.

De grandes plantations bananières y ont été installées, dominées par des compagnies anglaises puis américaines d'où l'expression de « républiques bananières » pour qualifier ces États d'Amérique centrale ;
- les isthmes interocéaniques (*cf. supra*) ont donné lieu à des infrastructures ferroviaires qui ont favorisé les échanges. Panama, dont le percement avait été lancé par le Français Ferdinand de Lesseps, a été achevé par les États-Unis en 1914 qui sont à l'origine de la création de cet État, entièrement développé autour du canal et des deux terminaux portuaires. Aujourd'hui, ce couloir logistique de 80 kilomètres draine le passage de 5 % du trafic maritime mondial.

3 Les espaces moteurs de l'Amérique du Sud

A. Le Brésil, puissance mondiale en devenir ?

Le Brésil est, en 2016, la 9e puissance économique mondiale, et la première puissance d'Amérique latine. Il y a cinquante ans, il était loin derrière le Mexique, l'Argentine et le Chili en termes de PIB/hab. Il a globalement connu une croissance économique importante, s'appuyant sur ses exportations agricoles et minières. Ses firmes transnationales sont parvenues à s'imposer sur la scène mondiale, qu'il s'agisse de JBS (agroalimentaire), Vale (mines), Gerdau (sidérurgie), Petrobras (hydrocarbures) ou Embraer (aéronautique). Cependant, cette économie exportatrice est loin d'avoir été stabilisée. En 2009, l'économie a connu une très légère récession avant de redémarrer fortement en 2010, pour entrer dans une période de faible croissance de 2011 à 2014, avant de connaître une récession (- 7 % de PIB entre 2015 et 2016). La balance commerciale, excédentaire depuis 2003, reste très dépendante de la situation internationale et de la consommation intérieure. Ainsi en 2013, elle a chuté de 87 %, en raison de la dégradation des termes de l'échange et en 2014, les manifestations qui s'expriment au moment de la coupe du monde du football rappellent le mécontentement des classes moyennes, qui ont vu leurs effectifs augmenter mais souffrent de l'inflation et contestent la corruption qui perdure.

Le Brésil, puissance émergente

En 2014, le pays a accueilli la coupe du monde de football, en 2016 les Jeux olympiques. Comme avant lui l'Afrique du Sud et la Russie, le Brésil veut afficher à travers ces manifestations sportives son rayonnement et son statut de puissance mondiale. Le Brésil s'affirme comme le porte-parole des BRICS, même si ceux-ci ne partagent qu'une partie de ses intérêts, les profils économiques de l'Inde et de la Russie étant très différents. Défenseur du multilatéralisme dans toutes les négociations internationales, il a voulu à plusieurs reprises fédérer les pays du « Sud » dans les négociations commerciales pour peser davantage face à l'Europe et aux États-Unis dont il dénonce le protectionnisme sur les produits agricoles. Il mène une politique diplomatique active en Afrique, notamment auprès des anciennes colonies portugaises. Il n'a pas hésité à intervenir sur les grands dossiers, condamnant au nom de la souveraineté l'intervention en Libye en 2011 puis s'opposant à l'idée d'une intervention internationale en Syrie. Cet alignement sur la Russie s'expliquerait d'ailleurs par la crainte, souvent relayée par les médias brésiliens, d'une mainmise internationale sur l'Amazonie. Ce souverainisme s'exprime également par le renouveau de l'équipement militaire du pays, qui a diversifié ses contrats.

Les performances du Brésil en 2011

	Rang mondial	**Part du Brésil dans la production mondiale** (en %)
Café	1	35
Sucre	1	23
Soja	2	28
Agrocarburants	2	26
Minerai de fer	3	15
Véhicules automobiles	6	5

D'après les données de la Banque mondiale.

Les trois Brésil

Les inégalités régionales délimitent trois espaces brésiliens. Elles ont certes diminué, mais elles demeurent importantes, dans cet immense pays de 8,5 millions de kilomètres carrés, et formé de vingt-six États. En moyenne, au Nordeste, le revenu d'un habitant est 48 % plus faible qu'au Sudeste. L'emploi informel y est deux fois plus fort, atteignant près de la moitié du total, et le taux de mortalité infantile y atteint trente trois pour mille contre seize au Sudeste.

Le Nordeste est ainsi la région la plus pauvre du Brésil. Dans cette région, les Portugais avaient établi la première capitale (Salvador de Bahia, entre 1549 et 1763) et les premières grandes plantations à sucre, d'où la part importante des « afrodescendants » dans la population. En fait, cette région de plus de 1,5 million de kilomètres carrés s'est retrouvée totalement périphérique au moment de l'industrialisation. Elle est alors devenue un réservoir de main-d'œuvre tant pour Sao Paulo que pour les différents fronts pionniers. Depuis une vingtaine d'années, des politiques se sont mises en place pour essayer d'y impulser le développement. Dans le Sertáo, ce « polygone de la sécheresse », de nouveaux périmètres irrigués ont été mis en œuvre, et le littoral bénéficie de plans de développement touristique, mais aussi d'une certaine industrialisation (autour de l'aquaculture, de la cellulose, des usines à sucre, etc.).

Le Brésil continue sa politique de conquête intérieure du continent vers et dans l'Amazonie (*cf.* partie 1). Les hauts plateaux du centre ouest, voués à l'élevage extensif, sont devenus la zone de progression du soja (transgénique). L'Amazonie est en soi un territoire emblématique des enjeux et difficultés du « développement durable ». Forêt tropicale de près de six millions de kilomètres carrés, après avoir été assimilée par les mouvements écologistes à un poumon de la planète, elle est aujourd'hui présentée comme un des principaux « points chauds » de la biodiversité. Essentiellement brésilienne, mais aussi en marge des Guyanes, du Venezuela, de la Colombie, du Pérou et de la Bolivie, cette région a subi d'importantes pressions anthropiques et a été l'objet de multiples représentations géopolitiques.

En effet, depuis le début des années 1970, chacun des États a essayé de mieux intégrer l'Amazonie à son espace national. En 30 ans, six cent mille kilomètres carrés sont ainsi déforestés. Cependant, l'intérieur demeure largement préservé de l'exploitation intensive. D'une part, le plan routier initial est loin d'avoir abouti. En effet, la fameuse Transamazonienne n'est qu'en partie effective. Une des trois pénétrantes méridiennes a été fermée, Manaus n'est plus reliée que par avion ou bateau depuis l'embouchure. D'autre part, le gouvernement brésilien a pris conscience, sous la pression internationale initiée par des ONG de protection de l'environnement, de la nécessité de préserver la forêt et ses populations, d'autant plus que l'installation de paysans en Amazonie a largement été un échec. Les petites exploitations du Rondonia ont été vite ruinées et reprises par de grandes sociétés ou de grands propriétaires qui en ont fait de vastes terres de pâture.

Le Sudeste et le Sud concentrent plus de la moitié de la population et produisent 80 % du PIB industriel. Il s'agit donc véritablement de la région motrice du pays, organisée autour d'un « triangle » de trois métropoles.

Sao Paulo, 5e agglomération mondiale, est souvent considérée comme la capitale économique du pays. Autour d'elle, c'est une gigantesque région urbaine de 30 millions d'habitants qui s'est constituée. Rio de Janeiro, capitale du pays de 1763 à 1960, reste la ville la plus connue du Brésil malgré son déclassement politique qui a accentué sa désindustrialisation. Elle en symbolise toutes les ambivalences avec ses gigantesques *favelas* qui côtoient les quartiers les plus aisés. Le pétrole est venu suppléer aux pertes administratives grâce à l'exploitation offshore du gisement pétrolier du bassin de Campos. Belo Horizonte, la ville native de Dilma Rousseff, est la 3e métropole à considérer, située à 500 et 400 kilomètres des deux précédentes. Trois à quatre fois plus petite avec 5 millions d'habitants, elle est située au cœur des terres, au sein du Minas Gerais d'où l'importance de la sidérurgie, et présente un panel varié d'industries (agroalimentaire, mécanique).

Ce triangle métropolitain est en lien avec la capitale politique, Brasilia, qui a été établie de toute pièce en 1960 à l'intérieur et symbolisait par son architecture ambitieuse (œuvre de l'architecte Oscar Niemeyer sur un plan de l'urbaniste L. Costa) l'affirmation de modernité du Brésil.

B. Le cône Sud

On emploie fréquemment l'expression « cône Sud » pour désigner sa partie la plus étroite qui comprend le Chili, le Paraguay, l'Uruguay et l'Argentine. Cet ensemble pèse 70 millions d'habitants, presque trois fois moins que le géant brésilien. Cependant, ils sont d'une certaine façon un contrepoids. L'Argentine a longtemps été la première puissance économique, et le

Chili a bâti son économie presque indépendamment du Brésil et de l'Argentine, même s'il est membre associé du Mercosur. On peut dès lors distinguer deux grands ensembles :

– la région centrale du bassin de la Plata peut être considérée comme motrice, qui fonctionne d'ailleurs avec le Sud du Brésil. C'est l'Argentine, avec le grand Buenos Aires, qui constitue le principal ensemble. L'État et la société argentine ont été ébranlés par les crises, d'où le tournant néo-péroniste des Kirchner qui, après les politiques de privatisations généralisées, ont conduit à un véritable retour de l'État ;

Buenos Aires, modèle de la ville fragmentée ?

En 1990, c'est à propos de Sao Paulo que le géographe brésilien Milton Santos avait parlé pour la première fois de ville « fragmentée ». Beaucoup de travaux montrent en effet que le modèle ségrégatif centre/périphérie ne s'applique que difficilement aux métropoles latino-américaines. L'hétérogénéité croissante de la ville se traduit par l'imbrication de quartiers sociologiquement très différents, ainsi que par la multiplication des coupures liées aux infrastructures de transport mais aussi à la multiplication de quartiers sécurisés. Cette fragmentation physique et sociale s'accompagne d'une autre, économique, qui s'exprime à travers les quartiers des affaires dans lesquels les héliports s'établissent sur les toits des buildings. Les hommes de l'économie mondiale ne voient plus ceux de l'économie de la rue, très souvent informelle.

Buenos Aires et ses 13 millions d'habitants, est tout à fait représentative de ces processus. Du plan damier initial du XVIe siècle, la ville n'a cessé de s'étendre suivant les axes ferroviaires à partir de 1930, les interstices se densifiant progressivement. Depuis une trentaine d'années, on assiste à une périurbanisation assez commune des métropoles, qui s'effectue à partir des nœuds autoroutiers. Cependant, cette périurbanisation s'accompagne d'une véritable privatisation des espaces urbains avec la diffusion de country-clubs, de centres d'affaires et de quartiers privés (*barrios privados* en espagnol, *gated communities* en anglais) tandis que le centre-ville connaît des processus de gentrification. Ainsi, l'étalement urbain a à la fois accentué et complexifié les contrastes. Les quartiers populaires entourent le centre-ville et les quartiers privés peuvent se juxtaposer à des bidonvilles. Les *villeros*, habitants des anciens quartiers informels, refusent les « invasions » c'est-à-dire les nouvelles installations de bidonvilles. Les *cartoneros* (chiffoniers) ont manifesté puis ont dû s'adapter à la fermeture du « Train blanc » aux wagons sans sièges qui leur permettaient de faire l'aller-retour avec le caddy entre le prospère centre-ville et leurs propres quartiers.

Buenos Aires, une métropole fragmentée

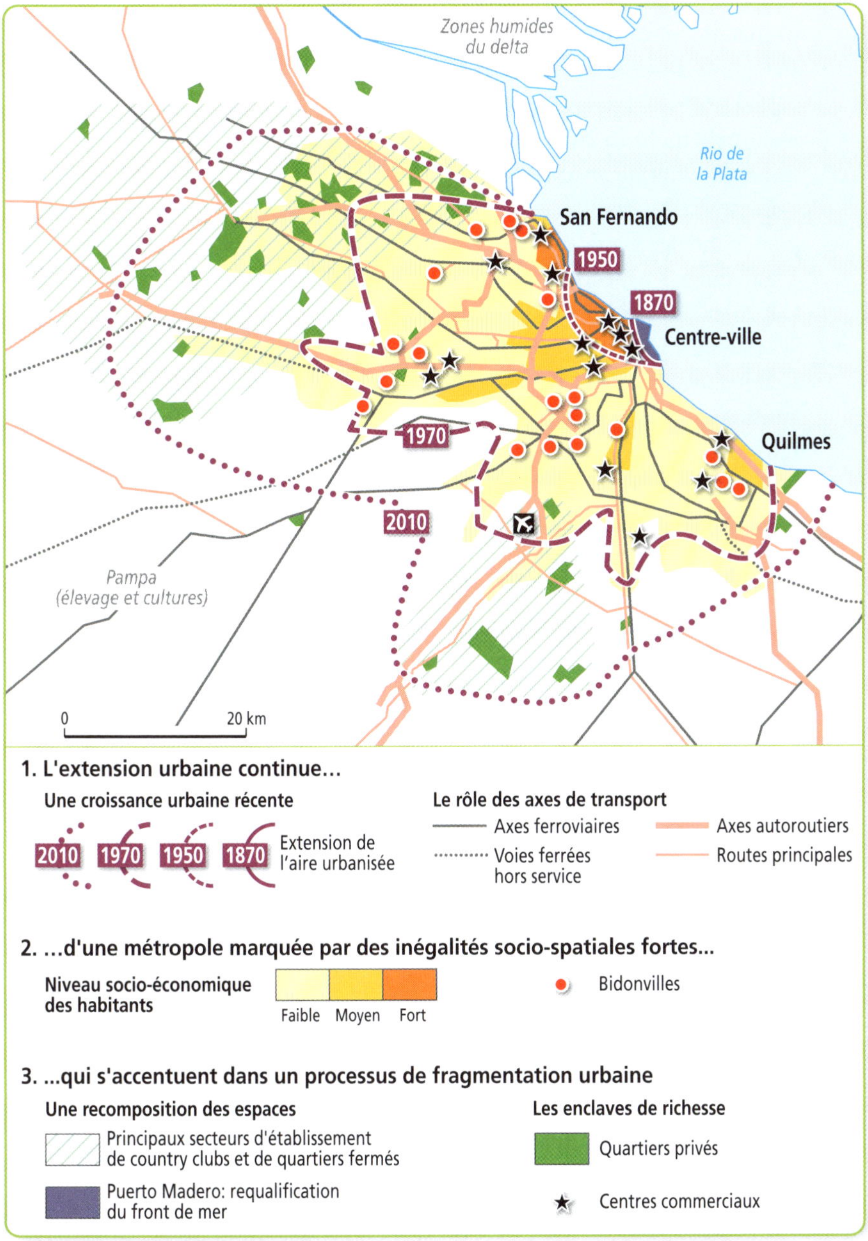

Philippe Sierra, 2014.

– le cône austral est caractérisé par la difficulté des communications, qui s'explique d'abord par les conditions topographiques (les Andes, volcaniques de surcroît) mais aussi par des raisons géopolitiques pour la Patagonie australe (tensions entre Chili et Argentine). Le Grand Nord chilien reste peu peuplé, mais constitue une zone de ressources minières, essentiellement le cuivre, attirant les investissements. Ainsi la grande mine de Chuquicamata, a été dépassée au niveau de la production par celle de La Escondida, exploitée par un consortium privé. Au centre du pays, Santiago domine la vallée centrale avec ses 6 millions d'habitants, et a par maints aspects l'allure d'une Californie de l'Amérique du Sud (Droulers M., in Gamblin A., 2005). Capitale politique, culturelle et économique incontestée du pays, elle est en lien direct avec la ville industrialo-portuaire de Valparaiso. Les Patagonies ont été l'objet de tous les conflits entre Argentine et Chili, d'où l'imbrication complexe de leurs territoires. Ces espaces très peu peuplés, dans lesquels les activités se limitaient à de l'élevage extensif d'ovins, est passé en quelques dizaines d'années de la situation de « territoire obstacle » à celle de « territoire ressource »[7]. Une nouvelle économie patagonienne s'est mise en place autour de l'exploitation des hydrocarbures, de l'élevage du saumon et… du tourisme, trois activités aux intérêts souvent divergents.

C. Les Pays andins

Du Venezuela, qui est aussi (d'abord) un État caraïbe et en a été la porte d'entrée pour les *conquistadores*, au Pérou, un ensemble de pays peut être rapproché, à la fois pour des raisons géographiques (l'axe structurant de la cordillère des Andes) et pour des raisons politiques, en raison de l'absence de puissances véritablement motrices et du poids actuel des néo-populismes. Les milieux naturels ont joué, là encore, un rôle fondamental dans la compartimentation des mises en valeur. Les contrastes sont en effet énormes. Topographiquement, entre les plaines littorales, les axes montagneux (une cordillère au Venezuela, deux en Équateur, Pérou et Bolivie, trois en Colombie), les bassins intramontagnards. Climatiquement, avec la dualité Andes sèches/Andes humides et l'effet de l'étagement. La particularité de ces pays est l'importance et l'ancienneté de leur peuplement, liée à un vieux

7. Expression de Philippe Grenier, 2003.

foyer agricole (il y a 7 000 ans que quinoa, maïs et tubercules sont cultivés en altitude) et l'unification politique opérée par l'Empire inca (4 000 km du nord au sud). Ces civilisations ont su particulièrement bien utiliser la complémentarité des étages, ce que l'on retrouve encore aujourd'hui à travers certaines communautés agraires. L'installation du pouvoir espagnol avait totalement modifié l'organisation spatiale avec l'établissement de mines et de grandes exploitations, mais une géographie complexe s'est établie avec le maintien de communautés indigènes plus ou moins autonomes. Comme le reste de l'Amérique latine, ces pays ont été marqués par l'extraversion de leurs économies (bois, mines, café, caoutchouc…). Mais ici plus qu'ailleurs les dernières années du XXe siècle ont été marquées par la montée en puissance de la question identitaire. Les populations indiennes ou noires sont devenues, à travers les organisations les représentant, des forces politiques de premier plan, même si la situation est très différente d'un pays à l'autre.

On peut retenir quelques grandes lignes (Collin-Delavaud A., in Gamblin A., 2005), qui nous rappellent que l'émergence brésilienne est loin d'être généralisable à toute l'Amérique du Sud.

– Globalement, l'agriculture « traditionnelle » n'est plus suffisante à la majorité de la population, à la fois à cause de l'explosion démographique mais aussi en raison des attentes sociales en termes de niveau de vie (confort, santé, éducation). Aussi, ces pays ont connu un véritable basculement de leur structure vers les basses terres, les hautes terres devenant un foyer d'émigration à la fois vers les villes, vers les nouveaux fronts pionniers et vers l'étranger.
– Leurs économies restent très dépendantes de l'exportation des produits primaires, la hausse récente de leur cours a donc été favorable mais a aussi fait apparaître la question des retombées pour l'État et pour les territoires concernés.
– L'économie de la drogue reste très présente, mais très instable s'adaptant aux politiques de lutte en déplaçant les foyers de production. La région a d'ailleurs diversifié sa production en devenant également celle qui produit le plus de pavot.
– Chaque pays est organisé autour d'une région centre. En Bolivie, l'axe La Paz-Santa Cruz concentre le commandement économique. Au Pérou, c'est Lima et en Équateur l'axe Quito Guayaquil qui dominent l'espace. En Colombie, l'organisation est plus complexe et se fait autour des trois grandes villes Cali-Bogotá-Medellín. Enfin, au Venezuela, Caracas est la région centrale.

– À ces zones centrales s'opposent de vastes régions périphériques, parfois marginales et incontrôlées, mais constituant de plus en plus des enjeux de type front pionnier. Leur éclatement pose encore la question de l'intégration et des transports à l'échelle de l'ensemble de cet espace alors qu'elle n'est pas encore acquise à l'intérieur des États, qui ont tous connu, dans un cadre certes démocratique, une forte instabilité politique, à l'exception du Venezuela et de la Colombie où se sont imposées deux visions diamétralement opposées des relations avec les États-Unis.

Deux États face aux enjeux de développement territorial : Venezuela et Colombie

Le Venezuela est un pays qui a connu un enrichissement colossal au XXe siècle grâce à la mise en exploitation du pétrole. Son vaste territoire (912 000 km²) pour une population de 30 millions est en fait très inégalement occupé, la population étant concentrée dans la cordillère littorale centrale, autour de Caracas, qui bloquée par le relief montagneux s'étend le long de l'axe routier vers Valencia. La principale zone pétrolière, au nord-ouest du lac de Maracaïbo, a été à l'origine de plusieurs villes créées de toutes pièces au fur et à mesure des mises en exploitation qui ont attiré des populations de tout le pays dans cette zone initialement peu occupée. C'est aujourd'hui la question de la mise en exploitation d'une marge à savoir la ceinture pétrolière de l'Orénoque, aux gisements considérables, mais nécessitant d'importants investissements, qui est posée. La politique volontariste incarnée par Chavez complique en effet les investissements étrangers, dans un pays très divisé et marqué par une très forte insécurité. La richesse pétrolière permet des redistributions de revenus mais n'assure plus le développement territorial. Mais, cette économie de rente demeure fragile, comme le montre la crise économique et sociale liée à la forte baisse des cours mondiaux du pétrole depuis 2015. La Colombie voisine a fait des choix internationaux radicalement différents, incarnés par la présidence de droite d'A. Uribe (2002-2010), autre « téléprésident » qui a affronté avec l'appui des États-Unis la question des FARC (*cf.* partie 4). Ce pays qui bénéficie de deux façades océaniques, est organisé autour des villes concentrées dans la moitié occidentale du pays. Comme au Venezuela, de très vastes espaces sont très peu peuplés et difficilement accessibles, ce qui avait favorisé leur prise de contrôle par des cartels ou par les organisations rebelles FARC (Forces armées révolutionnaires de Colombie) et ELN (Armée de libération nationale). C'est sur la reprise en main de vastes territoires et l'ouverture de négociations, que la Colombie espère, grâce au soutien des États-Unis, obtenir l'appui des institutions internationales pour financer ses politiques publiques.

L'organisation territoriale de la Colombie et du Venezuela

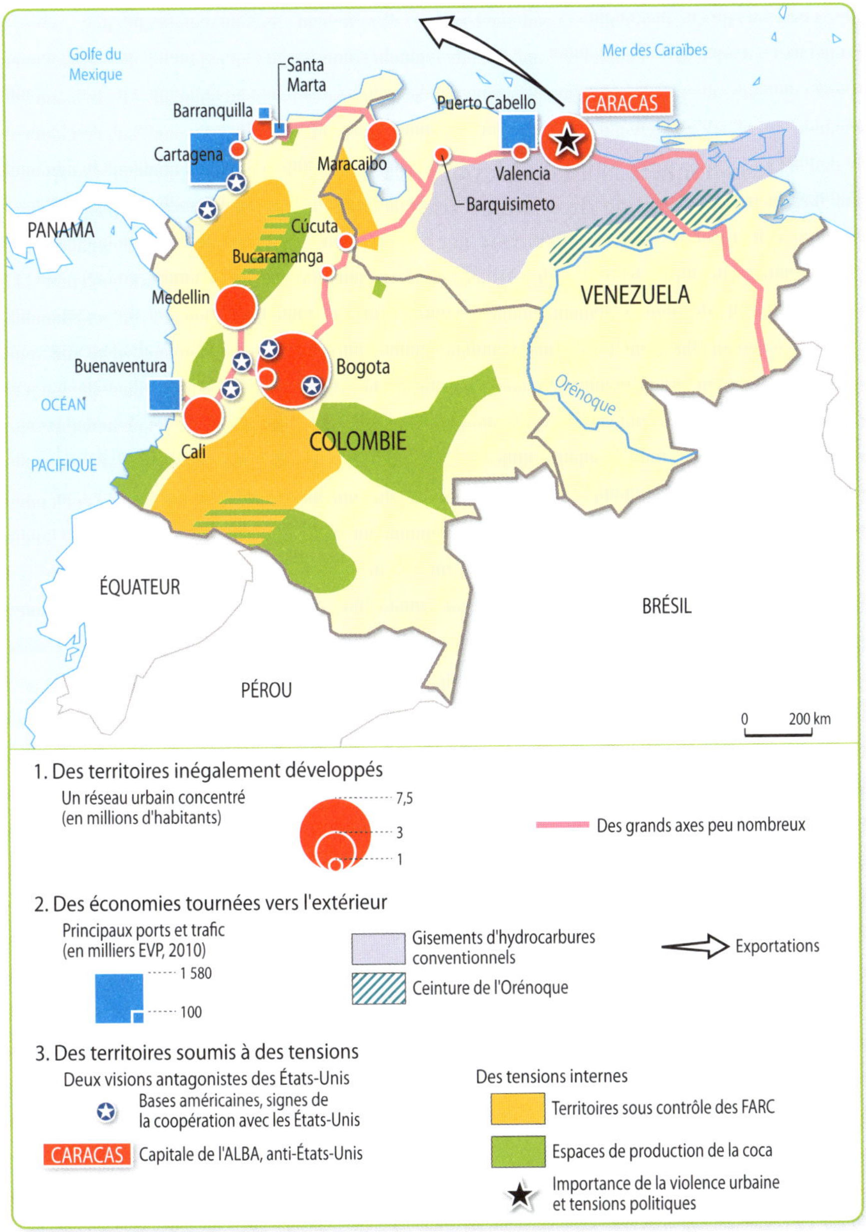

Philippe Sierra, 2014.

Conclusion

De la frontière Nord du Mexique à la Terre de Feu, l'Amérique latine présente une grande diversité de situations, que le qualificatif global de continent émergent ne saurait cacher. En effet, la forte demande en matières premières et la disponibilité d'espaces ont permis aux pays latino-américains de retrouver le chemin de la croissance économique. Cependant, les défis de développement restent grands. Malgré la diversification des relations économiques vers l'Asie, la dépendance à l'égard des États-Unis demeure importante. L'externalisation des économies, qui a conduit à une re-primarisation des activités, pose triplement la question de la durabilité. Durabilité environnementale, car les vastes espaces en réserves posent la question des modalités de leur mise en exploitation. Durabilité économique, car les marchés intérieurs restent minés par les inégalités et l'insécurité. Durabilité financière, car le moteur de la croissance dépend fortement des termes de l'échange et de la demande extérieure. Depuis le début des années 2000, l'Amérique latine semble donc bien partie, mais les fragilités demeurent, à commencer au Brésil qui n'échappe pas aux tensions sociales.

Pour aller plus loin

Ouvrages

Albrecht, D. *et alii, L'Amérique latine*, CNED-SEDES, 2005.

Bailly, A. *et alii, États-Unis, Canada*, in Brunet R. (dir.), « Géographie universelle », Belin-Reclus, 1992.

Bataillon, C. *et alii, Amérique latine*, in Brunet R. (dir.), « Géographie universelle », Belin-Reclus, 1991.

Bret, B., Ghorra-Gobin, C., Medina, L., *Géopolitique des Amériques*, Sedes, 2008.

Carroué, L. *et alii, Les Amériques*, Bréal, 2008.

Gamblin, A. (coord.), *Les Amériques latines*, Sedes, 2005.

Gauchon, P., Gervaise, Y., *Le Nouveau Monde. Géopolitique des Amériques*, PUF, coll. Major, 2005.

Monot, A. (dir.), *Les Amériques*, Bréal, coll. Le monde en fiches, 2017.

Musset, A., Thébault, V. (dir.), *Géopolitique des Amériques*, Nathan, coll. Nouveaux Continents, 2014.

Rouquié, A., *Amérique latine*, Le Seuil, 1987.

Tellier, L.N., Vainer, C. (dir.), *Métropoles des Amériques en mutation*, Presses universitaires de Québec, 2012.

Volvey, A. (dir.), *L'Amérique latine*, Atlande, 2006.

Ouvrages historiques

Preston, J., *Latin America*, Wiley, 1986 (5e édition actualisée de l'ouvrage paru en 1942).

Reclus, E., *Nouvelle Géographie Universelle*, volumes XVII à XIX 1891 à 1894.

Siefried, A., *L'Amérique latine*, Armand Colin, 1934.

Trois revues spécialisées sur les espaces latino-américains ou émergents :

– *Cahiers des Amériques latines*

– *Problèmes d'Amérique latine*

– *Tiers-Monde*

Atlas

Dabene, O. (dir.), *Atlas de l'Amérique latine*, Autrement, coll. Atlas/Monde, 2016.

Ribardiere, A., Tallet, B., *Mexico*, Autrement, coll. Atlas/Mégapoles, 2011.

Sites web

http://www.eclac.cl/, site de la CEPAL (commission économique pour l'Amérique latine, ONU)

http://www.census.gov/, site du bureau du recensement des USA, nombreuses données et cartes

Révisions

Principales problématiques

– Peut-on parler « d'une » Amérique latine ?

– En quoi les populations indigènes et noires ont-elles renouvelé l'identité de l'Amérique latine à travers leurs revendications ?

– En quoi peut-on dire que les puissances latino-américaines ont fait le pari de la mondialisation ?

– Quelles sont les dynamiques d'intégration à l'œuvre et leurs ambivalences ?

– En quoi l'émergence est-elle encore très dépendante de l'extérieur ?

– Quel est le poids des inégalités socioéconomiques ?

– Quelles sont les régions motrices de l'Amérique latine ?

– Quelles sont les périphéries en difficulté ?

– En quoi l'espace caraïbe est-il à la fois une interface mondiale et une interface américaine ?

Idées à retenir

L'Amérique latine s'est profondément transformée depuis la décennie perdue. Si les stigmates des inégalités s'expriment à toutes les échelles, la plupart des pays ont connu une phase de rattrapage économique qui fait suite à la triple transition économique (libéralisation accentuée), politique (sortie de l'autoritarisme pour la quasi-totalité des pays) et démographique (fin de l'explosion démographique).

I. Les caractéristiques de l'Amérique latine

– L'Amérique latine est l'un des rares espaces de dimension continentale que l'on qualifie par une caractéristique culturelle. Alors que l'Empire hispanique s'était disloqué et déchiré contrairement au Brésil, l'unité de l'ensemble a été considérée au regard de l'Amérique anglo-saxonne. Cette projection européenne des différenciations culturelles sur le continent américain a été adoptée au moment de la Seconde Guerre mondiale et renforcée par la situation économique différenciée de part et d'autre de la frontière États-Unis/Mexique.

- L'Amérique latine compte 600 millions d'habitants qui vivent à 80% en milieu urbain, ce qui la différencie des autres régions du Sud. La transition urbaine est donc achevée tout comme l'explosion démographique et les grandes capitales des principaux pays tentent de s'affirmer sur la scène économique mondiale. Si Sao Paulo y parvient, elle reste néanmoins encore en retrait dans la hiérarchie des villes mondiales.
- Depuis vingt ans, les populations indigènes, qu'on appelle encore classiquement les Indiens, sont apparues comme des acteurs majeurs de la scène latino-américaine, ce qui a également permis l'émergence des Afrodescendants, c'est-à-dire des populations noires issues de l'esclavage. Le multiculturalisme a été intégré dans la plupart des États concernés.

II. L'Amérique latine en mutation

- L'Amérique latine a été traversée tout au long de son histoire par l'affirmation de la nécessité de l'intégration. Il en a résulté une multiplicité d'organismes censés incarner cette intégration, mais les résultats concrets sont restés limités. Depuis une quinzaine d'années, s'il n'y a pas eu de progrès nets en termes de gouvernance globale, les États ne souhaitant pas déléguer leurs prérogatives à des institutions supranationales, on assiste à des progrès importants en termes d'infrastructures de transport.
- L'Amérique latine incarne de plus en plus dans les représentations globales l'émergence économique. Il est vrai qu'elle a connu au cours de la première décennie des années 2000 une croissance économique assez élevée qui lui a permis de rattraper la décennie perdue des années 1980. Cependant, si l'émergence du Brésil est incontestable, cela ne doit pas cacher une réalité plus contrastée. De nombreux pays

sont totalement dépendants du cours des matières premières qu'ils exportent et demeurent confrontés à la pauvreté.

- Cette croissance a permis la sortie de la pauvreté d'une partie conséquente de la population et la constitution d'une classe moyenne solide. Cependant, les inégalités sociales restent considérables et s'expriment dans l'espace à toutes les échelles. Les progrès socio-économiques n'ont pas permis de réduire la violence et le poids de l'économie des trafics, en particulier de la drogue mais aussi des migrations ou des armes, reste fort dans de nombreux pays en étant contrôlés par des cartels bien organisés et armés.

III. Des Amériques latines

- Le Mexique est caractérisé par sa situation entre Nord et Sud. Branché sur l'économie de son puissant voisin du Nord, la croissance des régions frontalières et des métropoles a été très importante depuis vingt ans alors que ses régions tropicales demeurent dans une situation de dépendance. Il a été marqué par une forte augmentation de la violence liée à l'importance prise par les cartels qui utilisent sa position clé à la frontière des États-Unis, principal marché de la drogue et foyer d'attraction pour de nombreux Latino-Américains qui souhaitent y immigrer.
- L'Amérique centrale est sortie du chaos et commence à se restructurer à travers la mise en œuvre d'infrastructures de transport et de partenariat. Elle reste encore dans une situation de périphérie dominée. L'espace Caraïbe est lui celui de tous les contrastes, en jouant un rôle d'interface à l'échelle américaine mais aussi à l'échelle mondiale.
- L'Amérique du Sud a retrouvé depuis vingt ans la voie d'une certaine intégration, et a bénéficié de l'augmentation du cours des matières premières. Le Brésil s'y affirme comme la puissance dominante incontestable. La re-primarisation des économies s'y traduit par une progression des activités agricoles et minières, tandis que les métropoles ont un rôle de plus en plus moteur.

Chiffres clés

- Amérique latine : 8,5 % de la population mondiale (600 millions d'habitants) pour près de 20 millions de km², soit une densité de 24 habitants/km², un taux d'urbanisation de 80 %, 7,5 % du PIB mondial et 5 % des échanges internationaux.
- 12 % des exportations reposent sur le fer, le cuivre et l'or, et représentent 5 % des exportations mondiales de minerais.
- En 2010, 15 % de la population active est agricole, soit environ 41 millions de personnes.
- L'Amérique latine porte 10 % des exportations mondiales de produits agricoles.
- Croissance annuelle moyenne du PIB réel (2009-2012) : + 2,9 % et + 3,4 % pour le PIB/hab.
- 15 régions urbaines représentent à elles seules près de 48 % de la production sud-américaine totale (Sao Paulo, Buenos Aires, Rio de Janeiro, Santiago du Chili et Bogota : 1/3).
- Les remises des migrants en 2012 ont été de 61,3 milliards de dollars dans le sous-continent.
- Le canal de Panama porte le 5e trafic maritime mondial.

4

Géopolitique des Amériques

Introduction

L'Amérique est un continent de contrastes, tant d'un point de vue économique, social, culturel que politique. Si la démocratie semble désormais installée, les mouvements sociaux, la violence ou la criminalité ne sont pas éteints pour autant, au contraire, cette dernière est en croissance, alimentée par le vaste narcotrafic à l'échelle continentale. Les États sont nés non seulement de différents processus de décolonisation, de guerres d'indépendance, d'insurrections, d'autonomisation progressive, principalement dans la première moitié du XIXe siècle, mais aussi de mouvements révolutionnaires, de coups d'États, de dictatures et de guerres interétatiques au cours de la seconde moitié du XIXe siècle et tout au long du XXe siècle. De cette histoire chaotique, il demeure des frontières floues, des nations encore en construction et des contrastes générateurs de frustrations et de revendications. Cependant, depuis la fin de la Seconde Guerre mondiale, le régionalisme est à l'œuvre, passant par une intégration économique et protectionniste dans les années 1950 et 1960, puis à des associations plus politiques afin de trouver des réponses communes à des problèmes communs dans les années 1980, à des accords de libre-échange au sein d'unions régionales dans les années 1990, et enfin à des accords destinés à faire front face à l'ingérence américaine avec l'arrivée au pouvoir de gouvernements de gauche dans les années 2000.

Entre intégration et dislocation, l'Amérique doit faire face à de nombreux défis à différentes échelles. À l'échelle continentale, les processus de régionalisation servent de plus en plus à asseoir la domination de quelques grands pays, tandis que les États-Unis ont de plus en plus de mal à maintenir leur emprise en dehors de l'Amérique centrale. À l'échelle régionale ou nationale, la délimitation des frontières demeure une pomme de discorde, tandis que certains États connaissent encore des guérillas déstabilisatrices de plus en plus souvent liées aux groupes mafieux ou aux cartels de la drogue. À l'échelle locale, la criminalité et la violence sont de plus en plus marquées.

Problématiques

- Comment les États se sont-ils décolonisés ?
- Quelles sont les difficultés des États-nations ?
- Comment s'effectue le processus de régionalisation à l'échelle du continent ?
- Quels sont les enjeux frontaliers entre les États ?
- Quels sont les origines et les effets de la criminalité sur le continent ?
- Quels sont les conflits présents sur le continent à différentes échelles ?
- Quel est le poids des États-Unis sur le continent ?

Plan de la partie 4

I. L'Amérique, entre intégration et dislocation

II. Un continent terre de violence et de trafics ?

III. Des relations ambiguës avec les États-Unis, entre fascination et rejet

I

L'Amérique, entre intégration et dislocation

1 États et identités nationales en construction

A. De rares États-nations

La formation des nations anglo-saxonnes

Aux États-Unis, l'indépendance a été acquise par une guerre (1775-1781), brutale et précoce, contre la Couronne britannique, qui s'acheva par le traité de Versailles de 1783. Le pays possède des institutions fédérales stables depuis 1787, date de la Constitution des États-Unis d'Amérique, complétée depuis par 26 amendements (par exemple l'abolition de l'esclavage en 1865 ou le droit de vote des femmes en 1920). Le pouvoir fédéral est relativement limité (politique extérieure, défense, monnaie, liberté de commerce entre les États fédérés et réglementation du commerce extérieur), alors que les États fédérés ont d'importantes prérogatives (politique fiscale, sociale, éducative, de santé ou de justice, comme la peine de mort).

La Confédération du Canada, quant à elle, née en 1867 par « l'Acte de l'Amérique du Nord britannique », adopté par le Parlement britannique à Londres suite aux négociations avec quatre provinces anglaises (Ontario, Québec, Nouveau-Brunswick, Nouvelle-Écosse). Il s'agit alors d'une fédération à régime monarchique constitutionnel, dans le cadre d'un dominion anglais. La forte participation du Canada aux efforts de guerre lors du premier conflit mondial a conduit le Parlement britannique à l'adoption du traité de Westminster en 1931, qui a donné au pays sa pleine indépendance. Mais il faudra attendre 1949 pour que soit créée une citoyenneté canadienne distincte de la citoyenneté britannique. Le Canada, demeuré membre du Commonwealth, a aujourd'hui encore pour chef d'État la reine d'Angleterre et est dirigé par un régime parlementaire. Dans les faits, le gouverneur général est le chef de l'État. Ce n'est que depuis 1952 qu'un Canadien occupe ce poste. Profitant de la crise économique des années 1930, puis de la Seconde Guerre mondiale, le pouvoir fédéral a renforcé ses attributions. Cependant, depuis les années 1960, la situation politique fédérative est compliquée. En effet, les Canadiens francophones revendiquent la mise en place d'une politique économique et sociale en faveur du Québec, mais gérée par la province elle-même et non par l'État fédéral. Ils ont obtenu en 1954 leur propre impôt sur le revenu et en 1968 le bilinguisme fédéral. Pourtant, le Québec n'a pas pu empêcher l'adoption d'une nouvelle Constitution en 1982, qui entérine l'interventionnisme de l'État fédéral sur les décisions provinciales. Les autres minorités, notamment les autochtones (4,6 % de la population), y ont vu une occasion de s'exprimer, parfois par de violentes contestations dans les années 1970 et 1980. Ces revendications ont mis à mal le modèle multiculturel canadien et sont en partie à l'origine du développement d'une certaine instabilité gouvernementale dans les années 1980 et 1990, entre conservateurs et libéraux. La question du statut du Québec n'est toujours pas réglée et pose également celle de la distribution des compétences entre Ottawa et les provinces.

On peut identifier trois traits dominants dans la naissance des nations anglo-saxonnes du continent (L. Carroué *et al.*, 2008) : la primauté de la liberté des individus ; la prééminence du modèle de la petite propriété individuelle ; l'organisation de la conquête graduelle d'un gigantesque territoire. Ce dernier élément renvoie au lien profond qui a existé entre l'expansion territoriale, les modalités de l'avancée du front pionnier et la construction des États-nations. C'est pourquoi la *Frontier*, le front pionner qui a commandé la conquête de l'Ouest du territoire, est un des mythes fondateurs aux États-Unis et dans une moindre mesure au Canada. Il faut voir dans la conquête de l'Ouest la période fondatrice des enjeux territoriaux et identitaires des États-Unis, creuset de la nation américaine. Cette période a été aussi celle de la maturation des institutions du nouveau régime, qui ne s'est pas faite sans mettre en jeu l'existence même de l'Union (guerre de Sécession). 27 versions du drapeau national des États-Unis ont existé, depuis la version initiale comptant 13 étoiles symbolisant les 13 États originels, jusqu'à la version actuelle qui en affiche 50 : autant d'ajouts successifs qui sont l'expression même de cette construction territoriale. Le processus d'occupation progressive des terres « neuves » vers l'Ouest a donné naissance au mythe américain de la *Frontier*, ligne qui signale la progression continue du peuplement blanc et qui sépare la civilisation du monde sauvage. La vision défendue dans l'ouvrage de Frederick Jackson Turner, jeune historien du Wisconsin, *The Significance of the Frontier in American History*, publié en décembre 1893 (New York, Dover Publications, 1996), a contribué à construire le récit fondateur de la construction de la nation américaine, qui veut que ce soit dans l'Ouest que la nation soit née, dans la confrontation avec la Nature et les Indiens[1]. Le front pionnier, mobile donc par définition, dont le dynamisme fut généré par la migration des colons, incarne le triomphalisme de la marche de la civilisation américaine vers l'Ouest. La notion de « destinée manifeste » (*Manifest Destiny*) aux États-Unis recoupe toute la problématique liée à l'expansion et à la conquête du continent. La devise du Canada, *a mari usque ad mare* (« d'un océan à l'autre »), adoptée à la fin du XIXe siècle, rend également compte de l'ambition transcontinentale de la Confédération en dépit de l'immensité du territoire et des distances.

Le fractionnement des empires ibériques en Amérique latine

Les pays latino-américains sont nés de la dislocation des empires espagnol et portugais entre 1810 (révoltes des colonies après l'abdication en 1808 du roi d'Espagne au profit de Napoléon) et 1825. Les communautés d'Amérique latine refusent la tutelle française et profitent alors de l'incapacité des Couronnes à réagir pour se révolter, processus qui donne naissance à une quinzaine de pays, sans réels heurts avec les autorités coloniales, mais avec des mouvements insurrectionnels entre juntes de gouvernement. En Amérique du Sud, les prises d'indépendance s'effectuent entre 1811 (Paraguay) et 1830 (Venezuela, Équateur), après une série de mouvements insurrectionnels entre 1809 (Équateur) et 1814 (Chili). En Amérique centrale, le morcellement des capitaineries de Cuba et du Guatemala intervient entre 1821 et 1844, en deux temps, d'abord une indépendance des

---

1. L'historien français Tangi Villerbu a particulièrement étudié la question : *Thomas Jefferson et l'Ouest. L'expédition Lewis et Clark*, Paris, Atlande, 2006, et *La Conquête de l'Ouest. Le récit français de la nation américaine au XIXe siècle*, Presses universitaires de Rennes, 2007.

entités coloniales (1821-1824) puis une division interne de celles-ci en plusieurs États (1839-1844). Néanmoins, dans la colonie portugaise, l'indépendance s'acquiert plus aisément par la venue de la famille royale de Bragance de 1815 à 1821, installée à Rio de Janeiro, dont le fils, Dom Pedro, devient empereur du Brésil en 1822, ayant refusé de rentrer au Portugal et proclamant l'indépendance. Les colonies portugaises d'Amérique restent unies dans l'indépendance, au sein d'un unique pays à régime monarchique, cas exceptionnel en Amérique latine (si l'on excepte l'empire mexicain, qui dura de 1821 à 1823). Pourtant, des insurrections républicaines émaillent là aussi le jeune État entre 1815 et 1844. Il faut attendre un coup d'État militaire, soutenu par l'oligarchie foncière (*les fazendeiros*), en 1889, pour que soit proclamée la République.

Les frontières des États et les mailles administratives en leur sein sont ainsi issues de capitaineries (de Cuba, du Guatemala, du Venezuela, du Chili), vice-royautés (de Nouvelle-Espagne, de Grande-Grenade, du Pérou, du Rio de la Plata, du Brésil) et d'audiences, dépendant des Couronnes européennes, système politique qui avait progressivement permis la mise en place de particularismes régionaux politiques, économiques et sociaux. Les indépendances développent des républiques fondées sur la notion d'État de droit. Les grands pays appliquent le fédéralisme, mais conservent les frontières coloniales (congrès d'Angostura, 1819). Les colons européens ont importé en Amérique latine le concept d'État-nation et les types de régimes politiques d'Europe. En effet, c'est bien l'aspiration des élites créoles à vouloir être maîtresses de leur destin face à des Couronnes européennes jugées inaptes à permettre le progrès et le développement économique, qui conduisit aux indépendances. L'État-nation s'est construit, ici, sur la langue – espagnole ou portugaise – et sur une volonté commune de créer de nouveaux territoires, souvent reproduits d'un modèle européen que l'on voulait parfaire. Mais, au-delà de cet idéal, l'État reste dans l'ensemble embryonnaire car ses ressources sont limitées (souvent que des taxes douanières) et il repose sur le clientélisme (des liens personnels entre individus), qui donne lieu à la corruption. Le pouvoir, économique et politique, appartient encore très largement aux grands propriétaires fonciers. Quant aux nations, elles sont divisées par les inégalités (*cf.* partie 1) et par des mouvements révolutionnaires nombreux.

B. De nombreuses remises en cause de l'unité nationale en Amérique latine

Pourtant, les dissensions au sein des républiques et le jeu des États-Unis et des puissances européennes ont conduit à l'exacerbation de rivalités d'ambition qui sont à l'origine de la plupart des guerres latino-américaines des XIXᵉ et XXᵉ siècles. Les frontières sont remises en cause, alors même qu'il est difficile pour les nouveaux gouvernements de maintenir leur emprise sur de vastes espaces vides d'hommes. De nombreux conflits frontaliers surgissent, dont certains demeurent latents, aujourd'hui encore (*cf. infra*). Les trois quarts des frontières actuelles sont soit issues d'une partition historique due aux colons, soit fixées sur des frontières dites naturelles (lignes de crête, fleuves). Mais 26 % des frontières sont issues de guerres, et certaines sont récentes (1995 : Pérou-Équateur).

Ces dissensions conduisent à de nombreuses guerres, soit entre les nouveaux États, soit des guerres civiles. Les conflits armés de la seconde moitié du XIXᵉ siècle modifient la carte de l'Amérique latine : le Mexique perd près de la moitié de son territoire au profit des États-Unis (1846-1848), le Paraguay un tiers de son territoire au profit de l'Argentine et du Brésil (guerre de la Triple Alliance, 1864-1870), la Bolivie la moitié de son territoire et son accès à la mer au profit du Chili, du Pérou, du Paraguay et du Brésil (guerre du Pacifique, 1879-1883, puis guerre du Chaco, 1933-1935). De nombreuses guerres civiles soulèvent régulièrement le sous-continent pendant plus d'un siècle, entre les années 1850 et les années 1980. Les pouvoirs politiques sont faibles, tiraillés entre des mouvements conservateurs et d'autres libéraux, ce qui provoque une forte instabilité politique et laisse la porte ouverte à l'essor fréquent de dictatures ou de régimes autoritaires (les *caudillos* dans la seconde moitié du XIXᵉ siècle). Ainsi, entre 1861 et 1889, la majeure partie des pays latino-américains connaissent ces types de régimes. Au XXᵉ siècle, ce sont davantage les mouvements révolutionnaires, soulèvements populaires, coups d'État et autres guérillas qui secouent les pays (*cf. infra*). Le modèle révolutionnaire a façonné pour longtemps les comportements politiques du sous-continent, comme l'attestent le maintien d'un régime révolutionnaire à Cuba ou les républiques révolutionnaires (Venezuela, Bolivie). Pendant la guerre froide, les États-Unis, pour contrer l'essor des révolutions marxistes (qui se développent entre 1952 et 1967), vont aider à l'accès au pouvoir puis au maintien de dictateurs en Amérique centrale (Guatemala, Panama, Honduras) et du Sud (Équateur, Pérou, Bolivie, Argentine, Brésil).

Dans ce contexte, l'émergence d'un sentiment national propre à chaque État se développe autour de quelques figures révolutionnaires devenues mythiques :

- Simón Bolívar (1783-1830) qui intervient dans l'indépendance de la Colombie, du Venezuela, de Panama, de l'Équateur, du Pérou et de la Bolivie, avec un projet, celui d'unifier ces territoires pour en faire une Grande Colombie, confédération ou « communauté de nations » dont il fut le premier président en 1822. Il est devenu une icône politique unioniste (régulièrement brandie, notamment par les présidents Chavez ou Morales) et militaire dans de nombreux pays d'Amérique latine et dans le monde.
- José de San Martín (1778-1850), qui participa aux indépendances de l'Argentine en 1816, du Chili en 1818 et du Pérou en 1821 (où il croise Bolívar).
- Che Guevara (1928-1967), un des dirigeants de la révolution marxiste cubaine qu'il tenta ensuite d'étendre sur le continent, notamment en Bolivie, où il fut exécuté.

Les États-nations ont d'autant plus de mal à se développer que la diversité ethnique est importante du fait de la présence de fortes minorités et que les économies sont souvent confisquées par une oligarchie foncière alors qu'une masse de paysans sans terre vit dans la pauvreté. Ce n'est que dans les années 1980-1990 que les démocraties vont se consolider au centre et au sud du continent.

2 La multiplication des unions régionales

Le continent américain connaît, essentiellement depuis les années 1980, un processus d'intégration par l'essor et la multiplication d'unions régionales. C'est le continent qui porte le plus grand nombre d'organisations régionales au monde. Mais il faut distinguer différentes formes d'intégration : l'union douanière (libre-échange), le marché commun (normes communes), l'union politique (institutions communes), ainsi que les accords comprenant les puissances moyennes (Mexique, Brésil) et les accords entre petits États, susceptibles de se désagréger. Les différentes organisations continentales ne répondent pas toutes aux mêmes objectifs, même si les principaux sont transversaux – promouvoir la paix, la démocratie, favoriser le développement économique et peser dans les relations internationales et dans la mondialisation – et, surtout, elles sont dominées par deux unions puissantes au sein du continent : l'Alena au nord et le Mercosur au sud, jouant le rôle de moteurs sous-continentaux. Néanmoins, chacune de ces deux unions tente de s'élargir, l'une par la volonté politique étatsunienne à l'échelle du continent tout entier (ZLEA), tandis que l'autre rêve d'une Amérique latine unie face au poids des États-Unis (CELAC).

A. Deux unions puissantes : Alena au Nord, Mercosur au Sud

L'Alena

L'**Accord de libre-échange nord-américain** (Alena) est une zone de libre-échange entre le Canada, les États-Unis et le Mexique, signé le 12 août 1992, ratifié en 1993, entré en vigueur au 1er janvier 1994, accord parachevé en 2007. Il est né d'accords bilatéraux signés, d'abord entre les États-Unis et le Canada en 1989, puis entre les États-Unis et le Mexique (1992) et le Canada et le Mexique (1992). L'organisation a pour objectifs : la suppression des barrières douanières afin de faciliter les échanges transfrontaliers des biens et des services, l'augmentation des investissements directs étrangers au sein des pays membres, la protection et l'application adéquate des droits de propriété intellectuelle dans chacun des territoires, l'adoption de procédures efficaces de mise en œuvre, d'administration conjointe et de résolution des litiges, la protection de l'environnement et des conditions de travail. L'Alena est aujourd'hui la plus grande zone de libre-échange du monde, s'étendant sur plus de 21 millions de km^2 et près de 490 millions de consommateurs potentiels.

Vingt ans après la création de la zone de libre-échange de l'Amérique du Nord, un bilan peut être établi des apports réels aux économies nationales. L'Alena a incontestablement permis un essor des échanges intrarégionaux de marchandises, qui ont triplé sur la zone et entre les États-Unis et le Canada, multiplication par 4,5 entre les États-Unis et le Mexique. Les échanges intrazone sont ainsi passés entre 1993 et 2013 de 288 à 701 milliards de dollars par an. Cette forte croissance s'explique par la libéralisation des règles commerciales dans de nombreux domaines : agriculture, services, énergie, finance, investissements, marchés publics, même si la liste des restrictions annexée au traité de l'Alena est longue. Les investissements directs étrangers (IDE) intrarégionaux ont connu la même intensité mais avec une forte différenciation interne : ils ont augmenté au Mexique et diminué au Canada. Les IDE canadiens sortants sont supérieurs aux entrants depuis 1995, au profit du Mexique, où nombre d'emplois autrefois canadiens ont été délocalisés. Le Mexique a ainsi profité d'une hausse de 15 % de ses emplois entre 1997 et 2007. L'interdépendance entre les trois économies est une réalité : les États-Unis captent les trois quarts des exportations du Mexique et du Canada et représentent la moitié de leurs importations. Le Mexique et le Canada captent 30 % des exportations étatsuniennes et représentent 30 % de leurs importations. Enfin, la richesse a crû d'une façon spectaculaire au sein de la zone, passant de 750 milliards de dollars de PIB avec 380 millions d'habitants en 1994 (soit 1 973,70 dollars par habitant) à 20 734 milliards de dollars en 2015. Le PIB régional a ainsi été multiplié par 28 en vingt et un ans ! Cette forte hausse explique la richesse des marchés intérieurs, mais elle s'est faite par un fort creusement des inégalités. Ces chiffres semblent indiquer une vraie réussite du modèle de la zone de libre-échange de l'Amérique du Nord, qu'il faut fortement nuancer.

Évolution du PIB/habitant en Amérique du Nord

(base 100 pour les États-Unis, moyennes quinquennales)

Pays	1980-1984	1985-1989	1990-1994	1995-1999	2000-2004	2005-2009
Canada	89,6	87,3	82,3	80,8	82,8	82,4
États-Unis	100	100	100	100	100	100
Mexique	39,8	32,3	32,1	29,6	29,4	29,9

D'après les données du FMI, *World Economic Database*, 2011.

Il n'y a pas eu de convergences économiques entre les trois États : les relations asymétriques et bilatérales ne sont pas équitables entre les États et profitent aux États-Unis, qui se sont considérablement enrichis au détriment des deux autres (*cf.* tableau). Les conséquences pour le Mexique ont été nombreuses. Au niveau politique, la lutte contre les narcodollars et la corruption a été en grande partie conduite par les États-Unis. Au niveau industriel, les délocalisations des industries traditionnelles étatsuniennes vers le Mexique (*maquiladoras*) se sont dans un premier temps développées avant de devoir faire face à la concurrence chinoise. Au niveau agricole, les importations de maïs, blé et haricots des États-Unis (le tiers de la consommation nationale) ont entraîné la ruine de trois millions de paysans mexicains. Les firmes multinationales comme Cargill contrôlent désormais 70 % des importations de maïs et les deux grands fabricants mexicains de tortillas industrielles, Maseca et Minsa.

Les crises extérieures ont remis régulièrement en cause les accords : les attentats du 11 septembre 2001 ont conduit les États-Unis à fermer leurs frontières ; la crise de 2007-2008 a eu un impact fort, même s'il a été temporaire, sur les économies du Mexique et du Canada. Surtout, les partenaires cherchent désormais de nouvelles relations commerciales moins exclusives afin de trouver une alternative à la dépendance économique au sein de l'Alena. La Chine est alors devenue le partenaire économique incontournable pour les trois États. Elle est le premier partenaire commercial des États-Unis, le deuxième pour le Mexique et le Canada. Elle a supplanté le Mexique pour les délocalisations étatsuniennes car le prix de revient des produits y est plus intéressant qu'au Mexique (*cf.* tableau). Les secteurs les plus touchés sont l'informatique, les télécommunications, les pièces métalliques et l'électroménager. Le Mexique est obligé de se repositionner sur des produits à plus hautes technologie et valeur ajoutée. Les accords bilatéraux de libre-échange hors Alena se multiplient : le Canada avec le Pérou, l'AELE, Singapour, la Corée du Sud, l'Union européenne (conclu en octobre 2013) et négocie actuellement avec l'Inde ou le CARICOM ; le Mexique a conclu des accords avec le Mercosur et a relancé la coopération en Amérique latine, jouant un rôle important lors de la création de la CELAC (*cf. infra*). En d'autres termes, l'Alena a perdu de son intérêt pour les trois partenaires, qui se tournent depuis les années 2000 vers d'autres horizons.

Emplois manufacturiers étatsuniens à l'étranger de 1997 à 2007

	Canada	Mexique	Inde	Chine
1997	600 000	400 000	100 000	200 000
2007	700 000	380 000	350 000	750 000

D'après les données de la Banque mondiale, 2011.

Sans doute faut-il voir dans cette situation une des conséquences des déceptions aux attentes des États par rapport à leur engagement de 1992 dans l'Alena. Le Canada espérait grâce à l'association mieux s'intégrer à la mondialisation, le Mexique y voyait un moyen de moderniser ses structures économiques, d'acquérir de nouvelles technologies et d'apparaître sur la scène internationale. Pour les États-Unis, il s'agissait d'asseoir leur hégémonie continentale au niveau économique et géopolitique. Les résultats n'ont pas toujours été à la hauteur des espérances. Le Mexique, a priori, en a peu profité, en passant par trois crises économiques majeures : la crise du peso en 1994 et les récessions de 2000 et 2009. La croissance économique y a été plus modeste que pour les autres pays : 2,9 % par an entre 1993 et 2008, contre + 3 % par an aux États-Unis et 3,1 % au Canada, mais elle a quadruplé sur la période. Les transferts technologiques y ont été faibles, si bien que si le Mexique est la 16e puissance exportatrice mondiale en 2012 (mais la 1re puissance commerciale d'Amérique latine) grâce aux exportations de produits manufacturés, il n'est qu'au 40e rang pour les services. Malgré tout, le Mexique est aujourd'hui la 16e puissance commerciale mondiale, le pays représente à lui seul la moitié des importations et exportations d'Amérique latine, a le PIB le plus élevé d'Amérique latine et est la 14e puissance économique mondiale. En réalité, la dépendance aux États-Unis s'est accrue, croissance et commerce dépendant des *maquiladoras*. La croissance est spatialement concentrée sur la zone frontière nord, sur le District fédéral de Mexico et la zone pétrolière du golfe du Mexique. La pauvreté n'a pas reculé, 45,5 % de la population, soit plus de 52 millions de Mexicains, vivant sous le seuil de pauvreté en 2013 (*cf.* partie 1). Au Canada, le taux d'extraversion de l'économie s'est renforcé : l'économie est désormais fondée sur les exportations de matières premières, minerais et énergie en tête, mais les IDE ont reculé. Les États-Unis sont les premiers investisseurs, avec 318,3 milliards de dollars en 2013, soit près de 41 % des IDE entrants, principalement dans les secteurs des matières premières, de la chimie, de la mécanique, des matériels de transport et de la finance. Les États-Unis sont le pays qui a le plus profité de la mise en place de l'Alena, en développant une zone de libre-échange qui répond à leurs besoins économiques. Au sud, l'utilisation de la main-d'œuvre à bon marché permet de produire des produits de faible technologie à moindre coût. Au nord, l'abondance des matières premières alimente les besoins des industries étatsuniennes, tout en permettant l'accès au marché canadien, un des plus riches de la planète, pour y vendre les produits « *made in America* ».

Par ailleurs, les partenariats commerciaux n'ont pas réglé les contentieux économiques, principalement entre le Canada et les États-Unis, et sont régulièrement portés devant l'OMC, notamment sur le bois et l'eau canadiens, ou encore sur le transport routier entre les États-Unis et le Mexique. La plupart du temps, les États-Unis, sous prétexte de concurrence déloyale, tentent d'imposer leurs propres règles. Enfin, la question des frontières n'est pas résolue : elles sont ouvertes aux marchandises et aux capitaux mais se révèlent davantage fermées aux hommes, même si leur porosité permet d'importants flux entre les États.

Au final, l'Alena, après vingt ans de mise en service, présente un bilan économique honorable (les échanges ont triplé, la richesse a doublé, le taux d'emploi a progressé de 23 %) en permettant l'essor du libéralisme et de la compétitivité. Mais ces progrès se sont globalement effectués au profit des États-Unis. Ainsi, sur les 39,7 millions d'emplois qui ont été créés, 25 millions le furent dans ce pays. L'absence de stratégie à long terme de l'association, l'apparition de nouveaux partenaires plus intéressants économiquement ont fait reculer depuis les années 2000 l'importance de l'Alena dans les économies de l'Amérique du Nord. Le commerce n'est plus un moteur suffisant de croissance, ni un moyen de garder soudée une association qui n'est qu'économique, d'autant que la crise a rendu caduc son modèle de croissance économique.

Le Mercosur

En Amérique du Sud, le Mercosur est un marché commun (en espagnol : Mercado Común del Sur) créé au traité d'Asunción en 1991, entré en application au 1er janvier 1995, entre l'Argentine, le Brésil, le Paraguay et l'Uruguay, qui a permis la suppression des droits de douane et la mise en place d'un tarif extérieur commun (TEC). Entre 1996 et 2013, huit États sont devenus membres associés (Venezuela, Colombie, Équateur, Pérou, Bolivie, Chili, Guyana et Surinam). Le Venezuela est membre permanent depuis juillet 2012 et la Bolivie depuis juillet 2015. Le secrétariat, établi à Montevideo, fonctionne sur la base d'une présidence tournante semestrielle. Constituant le troisième espace commercial du monde, et représentant un marché potentiel de quelque 302 millions de consommateurs, le Mercosur a pour principaux objectifs la libre circulation des biens et des services, la coordination des politiques macroéconomiques et sectorielles et l'harmonisation des législations des États membres. Le marché commun se réalise sur le modèle européen avec, progressivement, une volonté politique. Il regroupe 45 % de la population de l'Amérique latine, représente le troisième marché intégré du monde, mais ne couvre qu'1/8 environ du PIB de l'Alena ou de l'UE. C'est un bloc émergent formé de pays complémentaires (Argentine et Venezuela : produits bruts ; Brésil : produits manufacturés). Le marché s'est peu à peu ouvert en multipliant les accords de libre-échange. Dès 1995, un accord-cadre interrégional de coopération est signé avec l'UE, excluant l'agriculture, et depuis 2000 des négociations sont en cours pour la création d'un accord de libre-échange (avec Israël en 2007, avec l'Égypte en 2010), ou des accords de préférence douanière (avec l'Inde en 2004, le Mexique, Cuba et quatre petits pays d'Afrique australe).

Si les échanges commerciaux intrazone sont passés en vingt ans de 4 à 54 milliards de dollars, les petits pays tels que l'Uruguay et le Paraguay semblent en avoir moins profité. L'impulsion donnée au commerce régional est réelle, même s'il a surtout profité au Brésil, puissance émergente. En dollars américains courants, le PIB du Mercosur (au sens strict, sans les associés) entre 2008 et 2013 passe de 2 339 à 3 158 milliards (soit + 35 %), contre 1 175,5 milliards en 1998. Avec les membres associés, les chiffres font apparaître une croissance de 2 925 à 4 110 milliards de dollars (soit + 40,5 %). L'évolution est la même en PIB PPA : de 3 041 à 3 370 milliards (+ 11 %) et de 4 041 à 5 109 milliards (soit + 26 %), alors que dans le même temps les populations sont passées pour le Mercosur de 276,5 millions à 292,7 millions d'habitants (+ 6 %) ; et pour les associés de 103,5 à 111 millions (+ 7,3 %). Toutefois, l'asymétrie des économies est source de frictions. Un fonds pour compenser les inégalités structurelles a bien été créé en 2004, mais ses ressources sont limitées. Le déclin et la désindustrialisation de l'Argentine depuis 1945 contrastent avec la diversification productive du Brésil lors de la même période. Un géant (le Brésil représente 70 % du PIB du Mercosur), deux pays moyens (Argentine et Venezuela) et deux petits pays (Paraguay et Uruguay) peinent à avancer ensemble et à concilier leurs intérêts. Le PIB des 10 pays du Mercosur en 2013 donne la vision suivante : Brésil : 2 190 milliards de dollars et 200 millions d'habitants ; Argentine : 485 milliards de dollars et 41,5 millions d'habitants ; Colombie : 369 et 47,1 ; Venezuela : 367 et 30 ; Chili : 282 et 17,6 ; Pérou : 210 et 30,9 ; Équateur : 91 et 15,4 ; Uruguay : 56 et 3,4 ; Paraguay : 30 et 6,8 ; Bolivie : 29,8 et 11.

Les unions régionales en Amérique en 2017

Alexandra Monot, 2017.

B. Une multitude d'unions au sud

En dehors de ces deux unions, l'Amérique compte un grand nombre de petites unions ou de coopérations économiques, que l'on peut résumer dans le tableau ci-dessous.

Acronyme	Signification	Date de création	Pays membres	Pays associés ou observateurs	Données
MCCA	Marché commun centraméricain	1960	Costa Rica, Guatemala, Honduras, Nicaragua, Salvador	Panama	Superficie : 423 000 km² Population : 40,2 millions PIB : 145,3 milliards de dollars
Pacte andin, devenu CAN en 1996	Communauté andine des nations	1969	Bolivie, Colombie, Équateur, Pérou, Venezuela (parti en 2006)		Superficie : 4,7 millions de km² Population : 133 millions PIB : 999 milliards de dollars
CARICOM	Communauté des Caraïbes	1973	Barbade, Guyana, Jamaïque, Trinité-et-Tobago, puis Antigua, Bahamas, Belize, Dominique, Grenade, Montserrat, Grenadines, Haïti, Sainte-Lucie, Saint-Christophe-et-Niévès, Surinam	Anguila, Bermudes, îles Vierges anglaises, îles Caïman, îles Turques-et-Caïques	Superficie : 440 000 km² Population : 27,6 millions PIB : 120 milliards de dollars
ALBA	Alliance bolivarienne des peuples d'Amérique	2005	Venezuela, Cuba, Bolivie, puis Nicaragua, Honduras (parti en 2010), Dominique, Saint-Vincent-et-les-Grenadines, Antigua-et-Barbuda, Équateur	Iran, Haïti, Russie, Uruguay	Superficie : 2,5 millions de km² Population : 72,9 millions PIB : 142 milliards de dollars
CAFTA	Central America Free Trade Agreement	2005-2009	Pays du MCCA, République dominicaine, États-Unis		Superficie : 10,1 millions km² Population : 365 millions PIB : 16 402 milliards de dollars

Face à cette multiplication d'organisations en Amérique latine, des propositions de regroupements ont été lancées :

- En 1980, l'ALADI, ou Association latino-américaine d'intégration, succède à l'ALALE (Association latino-américaine de libre-échange) lancée en 1960 mais qui a échoué. Son rôle est de donner un cadre politique à la mise en place d'un marché commun latino-américain. Il s'agit d'un organisme d'intégration économique intergouvernementale, tous les pays latino-américains sont libres d'y adhérer. L'organisme compte actuellement 12 membres : Argentine, Bolivie, Brésil, Chili, Colombie, Cuba, Équateur, Mexique, Panama, Paraguay, Pérou, Uruguay et Venezuela, qui représentent 20 millions de km² et 510 millions d'habitants.

- Les nombreuses structures régionales qui ont en commun une volonté d'autonomie face à Washington sont rassemblées depuis 2008 au sein de l'Unasur (Union des nations d'Amérique du Sud). Le projet remonte aux années 1980 avec la création du Groupe de Rio en 1986, dont une partie des membres souhaitait créer une véritable unité sud-américaine, notamment face aux ingérences étatsuniennes. L'initiative a été reprise en 2004 dans la Déclaration de Cuzco, qui prévoit une réunion du Mercosur et de la CAN en une seule communauté sur le modèle de l'Union européenne, la Communauté sud-américaine des nations (CSN), transformée en 2007 en Union des nations sud-américaines (Unasur), officiellement créée le 23 mai 2008 lors d'un sommet à Brasilia. Dans les objectifs de l'Unasur apparaissent une monnaie commune, une citoyenneté sud-américaine avec un passeport commun et un parlement. Ce serait alors la seconde plus vaste union économique, monétaire et politique.
- La CELAC, Communauté des États latino-américains et caribéens, est née officiellement en décembre 2011 à Caracas, entre tous les États du continent américain à l'exception des États-Unis, du Canada et des territoires ultramarins européens. Ce bloc de 33 pays sur 20,5 millions de km² représente 591,7 millions d'habitants. Cette organisation traduit la volonté d'affirmation face à Washington de la part des pays latino-américains, même si concrètement elle n'a pour l'heure abouti à aucune décision particulière. Cette émancipation par rapport à la tutelle étatsunienne (*cf. infra*) se développe depuis 1998 et l'accession au pouvoir d'Hugo Chavez au Venezuela, puis l'élection dans toute l'Amérique du Sud de présidents de gauche (Brésil, Argentine, Bolivie, Équateur, Pérou).

Ces deux dernières organisations sont par ailleurs une réponse à la ZLEA (Zone de libre-échange des Amériques, sur 34 pays, à l'exception notable de Cuba) voulue par les États-Unis depuis 1994 par le président George Bush, qui fut violemment rejetée au sommet de Mar del Plata par les chefs d'État des géants sud-américains (Brésil, Argentine, Venezuela). En 2005, le processus a débouché sur la création de l'ALEAC (Accord de libre-échange d'Amérique centrale) ou CAFTA, entre les États-Unis, la République dominicaine, le Nicaragua, le Salvador, le Guatemala, le Honduras et le Costa Rica.

Malgré de réels progrès en matière d'échanges commerciaux, la répartition intérieure des richesses entre les pays latino-américains et au sein de ceux-ci ne s'est pas améliorée, et il n'a pas été entièrement possible de faire face à la demande croissante d'emplois urbains, résultat de l'explosion urbaine du continent (*cf.* partie 1). De plus, la diversité des pays (pays pétroliers, miniers, touristiques, financiers), leurs forts écarts de richesses et leur éparpillement favorisent le protectionnisme et le repli sur soi.

C. Des unions à l'origine de recompositions territoriales

L'envol du commerce intracontinental

Les unions douanières et les tarifs extérieurs communs ont favorisé l'essor du commerce intrarégional. Il représente aujourd'hui près de 20 % du commerce total de l'Amérique latine, après avoir chuté à 15 % au début des années 2000 suite aux crises économiques. Mais la majeure partie des échanges s'effectue dans le cadre d'accords bilatéraux entre États. Le Brésil et l'Argentine, membres du Mercosur, sont devenus les principaux partenaires commerciaux mais d'une façon inégalitaire, ce qui crée des tensions du fait des déficits commerciaux de l'Argentine vis-à-vis du Brésil.

Les puissances commerciales du sous-continent sont fonction du niveau de développement (Mexique, Brésil, Argentine, Venezuela, Chili). En 2013, le Mexique domine très largement, avec près de 718 milliards de dollars d'exportations et d'importations, principalement avec les États-Unis (80,2 %) dans le cadre de l'Alena. La plupart des États sud-américains ont une balance commerciale positive, alors que pour les pays d'Amérique centrale et des Caraïbes elle est dans l'ensemble négative. Les flux économiques sont principalement constitués de produits manufacturés en provenance des puissances industrielles régionales (Brésil, Mexique) et de produits agricoles. Les produits énergétiques sont en plein essor, grâce à la volonté des pays producteurs du continent (notamment le Venezuela) de favoriser leur commerce intrarégional. Les échanges entre le Mexique et la CAN ont augmenté de 40 % depuis 2000, entre le Mercosur et la CAN de 38 %, et le Mercosur représente 69 % des échanges de produits manufacturés des pays membres.

Depuis 2005, les trois quarts des échanges commerciaux entre les pays latino-américains s'effectuent sans droits de douane. Ces liens économiques ont des répercussions géopolitiques, l'essor économique favorisant le règlement des litiges internationaux et les pacifications nationales.

L'essor des coopérations transfrontalières et transcontinentales

La construction de l'intégration régionale s'élabore également par la réalisation d'une série de projets de réseaux transcontinentaux, qui soit permettent la connexion des réseaux nationaux soit aboutissent à la création de nouveaux corridors de transports transcontinentaux ou bi-océaniques (ponts terrestres) visant principalement à ouvrir l'Amérique du Sud sur le Pacifique et le commerce avec l'Asie. L'intégration territoriale et le commerce intrarégional passent ainsi par l'ouverture à la circulation des frontières des États. Les infrastructures de transports sont désormais au cœur des négociations entre les États membres du Mercosur. Les projets de développement de réseaux panaméricains se multiplient. Des réalisations sont effectives, comme la construction de ponts sur les fleuves du bassin de la Plata ou l'autoroute entre Buenos Aires et São Paulo. Lors des accords d'Asunción en 1991, le Mercosur décidait de réaliser 36 passages transandins. Trois passages transocéaniques principaux (entre le Chili et l'Argentine ou le Brésil) émergent alors, espacés d'environ 1 000 km : le Corridor du Capricorne (2 800 km entre Antofagasta et São Paulo), le Corridor central (1 400 km entre Valparaíso et Buenos Aires, mais fermé en hiver) et le Corridor Sud, en cours de réalisation (de Puerto Montt au Chili à Bahía Blanca en Argentine). Au sommet des présidents sud-américains en 2000 à Brasilia, un plan d'action, l'Initiative pour l'intégration de l'infrastructure de la région sud-américaine (IIRSA), est lancé pour la création de 12 axes nord-sud et est-ouest au sein du sous-continent.

À l'échelle régionale, ce sont les réseaux transfrontaliers qui font l'objet d'aménagements par des acteurs locaux (*bottom up*) afin de les connecter et de faciliter les relations transfrontalières. Les frontières entre les pays andins et avec le Brésil sont les plus concernées. Certaines coopérations sont toutefois institutionnalisées, notamment celles portant sur de grandes infrastructures. L'intégration officielle du Venezuela dans le Mercosur en 2012 a fortement dynamisé la région frontalière entre ce pays et le Brésil, car cette région possède les plus grandes réserves pétrolières du monde, et les principaux gisements de bauxite, uranium, minerai de fer, or et diamants des deux voisins. Depuis 2006 (accord de principe de l'intégration du

Venezuela), une série de projets binationaux ont été menés, comme dans les infrastructures énergétiques (connexion du Barrage de Guri avec les lignes d'Eletronorte) et de communications (fibre optique de Caracas à Boa Vista et Manaus). Depuis 2012, le Groupe frontalier binational travaille à l'articulation des chaînes productives (pôle industriel de Manaus et zone franche de Puerto Ordaz, au Venezuela), à l'augmentation des échanges commerciaux entre les deux régions et au renforcement de l'infrastructure routière qui va de Manaus et Boa Vista (Brésil) jusqu'à Puerto Ordaz et Ciudad Bolívar, en passant par Pacaraima et Santa Elena de Uairén (Venezuela).

Un exemple de coopération transfrontalière : la région trinationale d'Itaipu

La région d'Itaipu a été l'objet de la première entreprise transfrontalière menée en Amérique latine et a démontré qu'il était possible de faire travailler ensemble ces pays voisins au passé parfois conflictuel, ce qui a servi de prémisses au Mercosur. Cette région, aux frontières de l'Argentine, du Brésil et du Paraguay, se développe autour de trois activités principales : l'hydroélectricité, le commerce transfrontalier et le tourisme.

À l'origine de la coopération se trouve le barrage d'Itaipu, né en 1973 du traité d'Itaipu signé par le Brésil et le Paraguay, selon le principe d'une construction paritaire par les deux compagnies nationales électriques, Eletrobras et ANDE, et d'une répartition égale de la production. Mais le Paraguay est devenu un exportateur net d'électricité (le pays, grâce à trois barrages hydroélectriques, produit 100 % de ses besoins électriques), ayant moins de besoins que son géant voisin à qui il revend la moitié de sa part. Depuis 2000, il exporte à ses voisins, l'Argentine et le Brésil, environ 90 % de sa production d'électricité, il est ainsi devenu un des principaux exportateurs mondiaux d'électricité, qui est une de ses principales richesses. Le barrage est entré en fonctionnement en 1984 avec 2 turbines, et n'a atteint sa pleine production qu'en 1992 (avec 18 turbines, puis en 2005 avec 20 turbines). Il est situé sur le fleuve Paraná et produit 25 % de l'énergie électrique consommée par le Brésil et 90 % de celle du Paraguay. C'est la seconde centrale hydroélectrique de barrage au monde, après celui des Trois Gorges en Chine, mais la première en termes de production électrique. La construction du barrage a donné une impulsion à toute la région. Elle a d'abord donné naissance à une agglomération trinationale située à 20 km du barrage, formée de Foz do Iguaçu au Brésil, Ciudad del Este au Paraguay, qui est en quelques décennies devenue la seconde plus grande agglomération du pays. Une zone franche commerciale y a été développée, mais elle sert surtout de plate-forme de revente de la drogue. Enfin, le troisième pôle s'est développé lors du chantier du barrage d'Itaipu, côté argentin, Puerto Iguazú, le plus modeste des trois. Cette agglomération constitue aujourd'hui une étape importante sur le Corridor central du Mercosur (*cf. supra*). Enfin, le développement de l'agglomération et d'un aéroport à proximité a facilité l'accès aux cataractes de l'Iguaçu, une des attractions touristiques majeures d'Amérique du Sud.

D'autres enjeux portent sur l'énergie. En effet, avec le développement économique, notamment agricole et industriel, des problèmes d'approvisionnement électrique et en gaz sont apparus, principalement au Brésil et en Argentine. Différents projets ont alors été mis en œuvre au sein du Mercosur à partir du milieu des années 2000, notamment pour transporter les hydrocarbures des espaces de production (pays andins, Venezuela) vers les espaces de consommation (Brésil, Cône Sud, villes). Un ensemble de nouveaux gazoducs sont en projet, à commencer par le méga-projet du Gazoduc du Sud, mais qui se heurte notamment aux revendications écologistes, car le gazoduc traverserait quelques-unes des principales régions de biodiversité de la planète (Orénoque, Amazone et Rio de la Plata). Lancé en avril 2006 à Rio de Janeiro par le Venezuela, le Brésil et l'Argentine, ce gigantesque projet de pipeline, dont le coût est estimé à 18 000 millions d'euros, devrait s'étendre sur 8 000 kilomètres et approvisionner – outre ces trois pays – le Paraguay, l'Uruguay, le Pérou et l'Équateur, pourrait transporter environ 150 millions de mètres cubes de combustible par jour, soit presque la moitié de la consommation actuelle de la région. Pourtant, ce projet est hypothéqué par la forte fragmentation politique de la région, les profils énergétiques inégaux des pays (entre pays dépendants et indépendants, pays producteurs et consommateurs), les politiques protectionnistes du Venezuela et de la Bolivie (réticences à l'abandon de la souveraineté nationale au profit de logiques régionales), ou la nationalisation du secteur de l'énergie dans certains pays (Bolivie en 2005, Argentine en 2012).

Ainsi, les unions régionales, certes nombreuses sur le continent, ont permis de faciliter les échanges intracontinentaux et de mener à bien des projets de nouveaux réseaux de transport. Néanmoins, des tensions demeurent fortes entre les différentes parties du continent et les différents pays : entre ceux jaloux de leur souveraineté nationale, les rivalités pour le leadership régional (entre le Brésil, l'Argentine, le Venezuela, voire le Mexique), les litiges entre l'Amérique latine et les États-Unis, notamment sur la question des migrants latino-américains à la frontière États-Unis/Mexique. Ainsi, malgré une intégration croissante du continent, la question des frontières, de leur contrôle et de leur tracé est toujours prégnante.

❸ Le retour de la question des frontières

A. Une coupure Nord/Sud matérialisée : la frontière mexaméricaine

Les 3 200 km de la frontière entre les États-Unis et le Mexique marquent toujours une fracture évidente au sein de l'Amérique du Nord. La frontière États-Unis/Mexique correspond à une discontinuité structurelle majeure à l'échelle mondiale, qui exprime la fracture entre le Nord et le Sud et partage le continent en deux sous-ensembles de part et d'autre du Río Grande (ou Río Bravo pour les Mexicains). On peut dire qu'elle sépare, au risque d'être caricatural, un Nord riche et marqué par l'héritage britannique et un Sud en développement marqué par les influences ibériques. Cette coupure est d'autant plus frappante qu'elle est la seule frontière terrestre à mettre en contact direct un pays du « Nord », qui plus est la première puissance mondiale, et un pays du « Sud » émergent. D'après les calculs de Claude Grasland (« La mondialisation : abolition ou multiplication des frontières ? », in Ghorra-Gobin C. (dir.), *Dictionnaire des mondialisations*, Armand Colin, 2012, pp. 313-318), elle se place au 2e rang des plus fortes différences relatives de PIB par habitant (selon ses chiffres de 2008), la première place revenant à la frontière entre la Finlande et la Russie. On a affaire à une fracture à la fois économique, sociale et géopolitique. Cette discontinuité majeure repose sur un fort différentiel socioéconomique, tant en termes de niveau de vie que de puissance économique globale. Mais la frontière s'affirme aussi comme une interface entre deux économies interdépendantes, qui nourrissent des activités et des flux multiples, par l'utilisation de l'« effet frontière » et du différentiel économique qui génèrent échanges et « complémentarité » structurelle dans le cadre d'une économie globalisée, notamment par le développement de l'industrie *maquiladora*[2] du côté mexicain. Cette zone, peu peuplée à l'origine, rassemble aujourd'hui une population de 12 millions d'habitants établie de manière très discontinue et se concentrant pour l'essentiel dans 14 villes jumelles (*twin cities*).

2. Usines développées par le gouvernement fédéral mexicain par le Programme national d'industrialisation de la frontière nord (PRONAF) lancé en 1965, pensé comme un moyen de peupler le Nord du pays et d'offrir une alternative aux migrants voulant partir aux États-Unis. 2 090 maquiladoras étaient recensées dans les cinq États frontaliers du Nord début 2012 (chiffres de l'AIM, Association de l'industrie maquiladora mexicaine), générant 943 554 emplois formels.

Née de l'existence de la frontière, chacune de ces villes est formée de deux entités contiguës mais très dissymétriques et dissemblables, la partie mexicaine étant plus peuplée, et concentrant les quartiers pauvres et sous-équipés. Ces villes se trouvent sur les principaux axes de passage frontalier. L'intensité des relations de part et d'autre de la frontière se traduit par l'organisation méridienne des réseaux de transport terrestre. Il existe une quarantaine de passages frontaliers routiers pour personnes et marchandises, sans compter les points de traversée exclusivement ferroviaires. Le nœud de Laredo est le plus important : 35 % du trafic de marchandises de toute la frontière y transite, et même 50 % du trafic ferroviaire.

Cette frontière pose aussi la question de la place du Mexique au sein de l'Amérique du Nord. Caractériser la frontière entre les États-Unis et le Mexique comme la principale discontinuité Nord-Sud place le Mexique dans le « sud » et interroge donc sa place au nord. On touche là l'ambiguïté majeure de la position du Mexique, qui doit être soulignée. Il ne fait aucun doute que, géographiquement, le Mexique appartient à l'Amérique du Nord, mais il est classé dans les pays du Sud d'un point de vue économique, et il fait partie de l'Amérique latine. Si le tropisme du Nord est un trait majeur, le Mexique se trouve malgré tout partagé entre son appartenance à la Mexamérique (J. Garreau, *The Nine Nations of North America*, Boston, Houghton Mifflin Ed., 1981)[3] et à la Mésoamérique (l'Amérique du centre)[4]. Enfin, cette frontière apparaît comme une limite géoculturelle de moins en moins nette, sous l'effet de l'interpénétration croissante des influences venues du Nord et du Sud, largement en lien avec les circulations migratoires. Les migrants mexicains aux États-Unis apportent avec eux leur culture et leurs valeurs, et reviennent dans leur pays avec celles du pays d'accueil, participant ainsi à un brassage culturel. L'importance de cette communauté a amené à parler de « latinisation » et même plus précisément de « mexicanisation » des États-Unis.

L'intensité de ces interactions frontalières dessine un espace réticulaire et interroge donc l'existence d'un véritable territoire transfrontalier binational,

---

3. Mexamerica, capitale : Los Angeles. Associe les États du sud des États-Unis, de la Californie au Texas, ainsi que ceux du Nord du Mexique (n'arrive pas jusqu'à Mexico). Ensemble significativement de langue espagnole, ayant connu un boom économique de part et d'autre de la frontière.

4. Sur les bases coloniales de la vice-royauté de Nouvelle Espagne dont la capitale était Mexico et qui s'étendait du sud des États-Unis actuels jusqu'au sud du Costa Rica. Mésoamérique est un terme créé par l'anthropologue et archéologue allemand Paul Kirchhoff en 1943.

alors que par ailleurs la frontière reste bien présente. Depuis 1993, les dispositifs de fermeture et de contrôle de la frontière ont été renforcés par les États-Unis, car de nombreux flux, souvent illégaux, traversent cette frontière. Outre les flux de migrants sans papiers, de drogue ou d'armes, le commerce illégal concerne également de nombreux produits : alcool, ordinateurs, vêtements, plantes, animaux, automobiles, etc. Commencée en 2002, l'édification d'un mur s'est accélérée à partir de 2006 sur certains segments californiens, atteignant au total plus de 600 km. Sa prolongation de 90 mètres en mer est effectuée en 2012 sur la côte Pacifique pour empêcher les migrants de profiter de la marée basse, et l'objectif final est de construire 1 200 km de murs de la Californie au Texas. Le mur se présente le plus souvent sous la forme de deux palissades, dont une barrière d'acier de plus de trois mètres de hauteur (sur laquelle les Mexicains apposent des croix en souvenir des migrants morts en tentant de traverser la frontière), entre lesquelles circulent les véhicules de la US Border Patrol, la patrouille frontalière étatsunienne. À côté de l'armée et de la police, la constitution de milices civiles est un élément frappant. Leurs membres (les *minutemen*) ont pour objectif de patrouiller à la frontière pour détecter les traversées des candidats à l'immigration. Pourtant, la frontière demeure très poreuse. De plus, les autorités mexicaines s'insurgent contre la fermeture physique de cette frontière au sein de l'Alena, ce qui crée de vives tensions politiques entre les deux pays.

B. Des contestations frontalières non résolues

Même si les frontières, dont la géographie a été fixée par les indépendances et les guerres qui les ont suivies (*cf. supra*), ne font pas l'objet de conflits militaires, des contentieux subsistent, principalement sur la démarcation même de frontière entre deux ou plusieurs pays. Le continent est celui qui connaît le plus de conflits frontaliers au monde. Sont concernées les frontières entre le Venezuela et la Colombie (dans le golfe du Venezuela), le Venezuela et le Guyana, le Guyana et le Surinam (sur l'embouchure du Courantyne), la Bolivie et la plupart de ses voisins (Brésil, Paraguay, Pérou, Chili). En Amérique centrale, les litiges se situent entre le Salvador et le Nicaragua (sur le golfe de Fonseca), entre le Nicaragua et le Honduras (délimitation des eaux territoriales et frontière terrestre), entre le Nicaragua et le Costa Rica (sur le Río San Juan). Ces conflits, latents pour la plupart, résolus pour certains grâce à l'intervention de la Cour internationale de justice, relèvent souvent du discours politique et des idéologies nationales. Ils sont également souvent liés à la question du contrôle des ressources naturelles (hydrocarbures, minerais, eau, etc.). Néanmoins, certains connaissent sporadiquement et de façon imprévisible des retours de tensions assez vifs. Ils ne dégénèrent toutefois que rarement en affrontements armés, sauf dans le cas de la guerre des Malouines (1982) ou de la guerre entre l'Équateur et le Pérou en 1995.

Les Malouines, un eldorado pétrolier revendiqué par l'Argentine ?

Les Malouines sont un archipel découvert en 1764, inoccupé jusqu'en 1820, devenu anglais en 1833 (Falkland Islands) en dépit des revendications de l'Argentine qui y avait installé une colonie pénitentiaire en 1820. En 1965, après l'application de la Déclaration des Nations unies sur l'octroi de l'indépendance aux pays coloniaux, les négociations commencèrent entre l'Argentine et le Royaume-Uni, sans grande avancée. En 1976 toutefois, le comité juridique interaméricain, organe consultatif de l'Organisation des États américains, déclare l'existence d'un « droit de souveraineté irréfutable » de l'Argentine sur les Malouines. Entre avril et juin 1982, la dictature argentine a tenté de prendre par la force les îles par un débarquement inopiné. La réaction anglaise fut vive et se solda par sa victoire très rapide, ce qui provoqua la chute de la junte militaire en Argentine. Aujourd'hui, l'archipel, d'une superficie de 12 173 km^2 situé à 480 km des côtes de l'Argentine, est peuplé d'environ 3 000 habitants, dont les deux tiers résident dans la capitale, Port Stanley.

Au conflit historique se surimpose un conflit pour les ressources, d'abord halieutiques et désormais pétrolières. La mise en exploration d'hydrocarbures de la zone économique exclusive (ZEE) des Malouines par le Royaume-Uni en février 2010 a remis le feu aux poudres. Les gisements semblent être équivalents à ceux de la mer du Nord en Europe. Or, la ZEE des Falklands recoupe en partie celle de l'Argentine dans sa partie occidentale, qui revendique par ailleurs, depuis avril 2009, son extension au plateau continental, qui engloberait l'archipel. Mais, de son côté, le Royaume-Uni a également déposé en mai 2009 une demande d'extension de sa ZEE au plateau continental.

En 2012, le 30e anniversaire de la guerre qui a opposé le Royaume-Uni et l'Argentine à propos de ces îles, faisant plus de 900 morts, a suscité un regain de tensions entre les deux pays. En mars 2013, le Royaume-Uni a organisé un référendum sur le maintien dans le giron britannique de l'archipel qui, avec 92 % de votants, a obtenu 99,8 % de « oui ». La discorde demeure.

La Bolivie, un pays enclavé à la recherche de sa mer perdue

La Bolivie est encore aujourd'hui façonnée par un lien particulier entre guerres et frontières. Elle doit en effet ses limites territoriales actuelles à 9 conflits entre 1867 et 1938, qui lui ont fait perdre 53 % de son territoire, et notamment son accès à l'océan Pacifique.

En particulier, la guerre du Pacifique (1879-1883), lancée à l'origine pour l'accès au salpêtre (nitrate de sodium) de l'Atacama, a permis grâce à un vrai *blitzkrieg* de la part des Chiliens d'obtenir une grande partie du territoire occidental de la Bolivie, qui depuis est enclavée. Les nouvelles frontières ont finalement été entérinées par le traité de La Paz en 1904. Entre 1932 et 1935, la guerre du Chaco permet au Paraguay de s'agrandir aux dépens de la Bolivie, réduisant encore le territoire de cette dernière. Là aussi les ressentiments sont vifs.

La question a rebondi avec la mise en valeur des gisements de gaz de l'Amazonie bolivienne à partir des années 2000. Le Chili et le Pérou sont très intéressés par son exportation. En 2003, des manifestations populaires (« la guerre du gaz », 80 morts[5] ; le président de la république Sanchez de Lozada s'enfuit à Miami) ont été lancées pour protester contre la décision du gouvernement d'exporter le gaz naturel vers le Chili (port d'Arica), pays pour lequel le ressentiment de la population est profond, et contre son exportation d'une façon plus générale ; puis en juin 2005, une « deuxième guerre du gaz » a lieu. Aujourd'hui, les relations diplomatiques entre le Chili et la Bolivie sont rétablies grâce à l'intervention du Venezuela (rapprochement entre Hugo Chavez et Evo Morales) et à l'obtention d'un accord tripartite en 2007 sur la mise en place d'une route transocéanique Chili-Brésil passant par la Bolivie. De plus, en 2010, La Paz signe un accord avec le Pérou, qui concède à la Bolivie un accès permanent à l'océan Pacifique au port d'Ilo, ainsi qu'une implantation militaire de la flotte bolivienne pour une durée de 99 ans. Les intérêts économiques prennent ainsi le pas sur les différends historiques.

5. Il y avait eu la « guerre de l'eau de Cochabamba » en 2000, lorsque la multinationale nord-américaine Bechtel avait été expulsée sous la pression populaire après une tentative de privatisation du système municipal de gestion de l'eau.

C. De nouvelles contestations liées aux ressources

Ainsi, les causes principales de conflits sont aujourd'hui liées avant tout à la question de l'accès aux ressources. La question de l'eau est devenue un enjeu crucial des relations internationales au sein du continent, alors que l'Amérique est une des régions du monde les plus riches en eau, concentrant un tiers des ressources hydriques du monde et deux des dix plus grands bassins du monde (*cf.* partie 1). Mais rares sont les pays ayant créé des relations multilatérales afin de réduire les tensions hydrauliques, même si les coopérations peuvent exister (*cf. supra*, Itaipu). De nombreux exemples peuvent illustrer cette géopolitique de l'eau sur le continent, y compris en Amérique du Nord, qui du fait de son niveau de développement pourrait sembler à l'écart de ces différends. Les insuffisances de la ressource aquifère constituent aujourd'hui la principale pomme de discorde entre le Mexique et les États-Unis. On assiste de part et d'autre de la frontière à une stratégie de prédation de la ressource dans un contexte de climat semi-aride (250 mm à San Diego), voire aride (moins de 125 mm), et de forte croissance démographique et économique. Toute la région est classée en situation de « stress maximal » sur les planisphères. La ressource se répartit en deux bassins-versants majeurs :

- Le Colorado (2 300 km), avec son affluent venu de l'est, la Gila. Un bassin-versant de 640 000 km² et seulement 650 m³/s de débit qui alimente au Mexique les États de Baja California et de Sonora, et aux États-Unis les États de la Californie et de l'Arizona.
- Le Río Grande/Río Bravo (3 033 km, 24e fleuve mondial), avec la Pecos et le Brazos au Texas, le Río Conchos au Mexique, depuis le Chihuahua, soit un bassin-versant de 467 000 km², qui alimente au Mexique la plupart des États du Nord (Durango, Chihuahua, Coahuila, Nuevo León, Tamaulipas) et aux États-Unis le Colorado, le Nouveau Mexique et le Texas.

Au début du XXe siècle, la Colorado Development Company met l'Imperial Valley en valeur en détournant les eaux du Colorado, mais la crue de 1905 emporte tout. Dans les années 1930 et 1940, à l'amont, le Colorado et ses affluents sont aménagés par une série de barrages servant à alimenter les grandes villes (Los Angeles, Phoenix ou Las Vegas, ces deux dernières étant des oasis artificielles dans le désert). Aujourd'hui, avec la pénurie, les États-Unis confisquent l'eau du Colorado ; le périmètre irrigué de Mexicali est à sec ; le Colorado ne parvient plus à la mer. En principe, le droit prévoit des solutions négociées. En effet, sur le Río Bravo, dès le traité de 1906, le Mexique doit recevoir 74 millions de m^3 par an ; le reste allant aux États-Unis qui, en échange, concèdent de l'eau du Colorado au Mexique. En 1944, le traité bilatéral sur l'eau oblige les États-Unis à garantir un débit minimal du Colorado de 20 m^3/s au Mexique ; à partir du Falcon Dam (Río Grande), les deux tiers de l'eau devraient aller au Texas et un tiers au Mexique.

Mais tout ceci n'a plus de sens du fait de la pénurie, ce qui attise les tensions. Les Mexicains soulignent que les consommations moyennes en gallons[6] par jour divergent : un Mexicain consomme moins de 100 litres par jour ; un Étatsunien, de 170 à 220 selon les villes. Cependant, le principal utilisateur et consommateur d'eau demeure l'agriculture irriguée avec des cultures intensives très consommatrices. Les contentieux augmentent avec la concurrence d'autres usagers : urbanisation galopante et tourisme (Californie, Arizona et Mexique), et d'une façon générale les modes de vie et les choix économiques des Américains en font de grands consommateurs d'eau, sans utilisation rationnelle de la ressource. Apparaissent également des conflits entre les États fédérés aux États-Unis pour le partage des eaux des bassins hydrographiques. Ces conflits et les difficultés d'accès à la ressource en eau conduisent les États-Unis à convoiter le potentiel hydraulique du Canada par des projets de transferts massifs des eaux des Grands Lacs et des Rocheuses vers le Centre et l'Ouest des États-Unis, mais les États riverains, canadiens comme étatsuniens, y sont majoritairement opposés.

Aux côtés des conflits terrestres, de nombreux contentieux liés aux frontières maritimes en Amérique latine comportent en toile de fond la question des ressources selon quatre problématiques principales :

- l'accès à la mer, pour garantir notamment une fenêtre sur le commerce maritime international et par là l'insertion dans la mondialisation (*cf.* Bolivie, *supra*, Guatemala côté mer des Caraïbes, Venezuela qui a besoin de son débouché du lac de Maracaibo par le golfe du Venezuela) ;
- l'accès aux ressources halieutiques (*cf.* France/Canada, États-Unis/Canada dans le golfe du Maine) ou du sous-sol sous-marin (hydrocarbures : Argentine sur les Malouines, *cf. supra* ; Venezuela/Guyana/Trinité-et-Tobago, mer de Beaufort entre les États-Unis et le Canada) ;
- la possession de certaines îles, récifs, cayes, voire d'archipels inhabités mais permettant d'agrandir la surface des eaux territoriales, des zones économiques exclusives et éventuellement de demander l'extension de la

6. 1 gallon = 3,785 litres.

limite de la ZEE au plateau continental et ainsi étendre les droits sur la possession d'éventuelles richesses sous-marines (*cf.* archipel San Andrés et Providencia entre le Nicaragua et la Colombie, archipel Los Monjes dans le golfe du Venezuela entre ce pays et la Colombie, territoire de l'Essequibo entre Venezuela et Guyana, récifs et cayes de l'embouchure du Río Coco entre Honduras et Nicaragua, îles de Ranguana et Sapodilla entre le Guatemala et Belize, île Machias Seal dans le golfe du Maine entre les États-Unis et le Canada, îlot Hans entre le Danemark et le Canada, île de Conejo dans le golfe de Fonseca entre le Salvador et le Honduras côté Pacifique) ;

– les dépôts de demande d'extension des ZEE au plateau continental (*cf.* conflit États-Unis/Mexique dans le golfe du Mexique, France/Canada entre Terre-Neuve et Saint-Pierre-et-Miquelon, Canada/États-Unis/Russie/Danemark dans l'océan Arctique, Argentine et Chili contre le Royaume-Uni dans l'Antarctique), dans le cadre de l'application de la Convention de Montego Bay sur le droit de la mer (signée en 1982, entrée en application en 1994).

Malgré tout, de nombreux accords de délimitation ont été conclus, notamment dans le cadre de règlements par la Cour internationale de justice, mais certains pays demeurent plus revendicatifs que d'autres, comme le Nicaragua, en conflit sur les frontières maritimes avec tous ses voisins (Colombie, Honduras, Costa Rica), ou la Bolivie, c'est-à-dire les pays qui sont soit enclavés, soit ont un difficile accès à la mer du fait de la configuration des côtes. Certains de ces conflits sont anciens, remontant à des contentieux non résolus lors des indépendances ou des guerres qui suivirent, d'autres sont liés au nouveau droit de la mer, d'autres enfin sont liés aux nouvelles convoitises sur les ressources.

Quoi qu'il en soit, ces conflits frontaliers, terrestres ou maritimes, sont symptomatiques d'un climat conflictuel et violent relativement important sur le continent, à toutes les échelles.

II

Un continent terre de violence et de trafics ?

Outre les tensions politiques, le continent subit une violence sociale et révolutionnaire forte.

1 Des inégalités sociospatiales, sources de tensions à toutes les échelles

A. Des tensions sociales marquées en Amérique latine

Les inégalités sociales importantes sur le continent (*cf.* partie 1) provoquent régulièrement des troubles et des mouvements populaires, notamment dans les campagnes où la question foncière demeure un problème malgré les quelques réformes agraires tentées et les fronts pionniers lancés. Ainsi, dans le Sud du Mexique, les espaces ruraux pauvres (460 municipalités sur 570 sans assainissement ni eau potable, électricité ou routes) et souvent indigènes (3,4 millions de personnes dont 50 % d'Indiens subissant des discriminations) ont connu plusieurs soulèvements : en 1994 au Chiapas avec le sous-commandant Marcos, ou en 2006 la révolte de l'Oaxaca contre un gouverneur corrompu. Les populations autochtones regroupées en associations revendiquent désormais la gestion de leurs ressources naturelles et le droit à l'autodétermination. En effet, ces régions mexicaines ont des potentialités importantes, tant en termes de biodiversité que de tourisme (sites archéologiques) ou de richesses minérales (uranium, charbon, fer, or, argent, plomb et mercure), encore largement sous-exploitées. Les mouvements des sans-terre sont nombreux en Amérique latine. Les crises économiques que subissent régulièrement les pays latino-américains conduisent également systématiquement à des manifestations sociales violentes, auxquelles les autorités répondent souvent par la force, comme en Argentine, qui a du mal à sortir de la crise économique depuis 2001, ou au Chili lors des émeutes d'août 2011 suite à des manifestations étudiantes réclamant une plus grande participation de l'État aux dépenses d'éducation. Pour autant, l'Amérique du Nord n'est pas épargnée, comme le montrent les manifestations du groupe Occupy Wall Street, dénonçant les conséquences de la crise des *subprimes* aux États-Unis, ou la grève étudiante au Québec de février à septembre 2012 suite à la forte hausse annoncée des frais de scolarité qui a donné lieu à d'importants affrontements entre manifestants et forces de l'ordre.

B. La violence, une conséquence des inégalités ?

Néanmoins, à y regarder de plus près, les inégalités sociales ne sont pas seules en cause. La violence[7] est omniprésente sur le continent, qui détient les records mondiaux en la matière. Selon un rapport de l'OMS (OMS, *Rapport mondial sur la violence et la santé*, 2002, et UNODC, « Transnational Organized Crime in Central America and the Caribbean. A Threat Assessment », septembre 2012, p. 16), les Amériques sont la deuxième région la plus violente du monde après l'Afrique. Surtout, le continent américain est celui qui présente le plus fort taux d'homicides : 19 pour 100 000 habitants, soit un peu plus du double du taux mondial établi à 8,8. Cette violence, selon les statistiques de l'OMS, est plus marquée chez les jeunes de 15 à 29 ans et dans les groupes ethniques minoritaires. Six pays d'Amérique latine affichent des taux annuels de mortalité par homicide supérieurs à 30 morts pour 100 000 habitants en 2010, et parmi les premiers à l'échelle mondiale : le Honduras (1er, avec 77,5 pour 100 000), le Salvador (4e avec 65 pour 100 000), le Guatemala

7. Définie par l'OMS comme l'utilisation intentionnelle de la force physique, de menaces à l'encontre des autres ou de soi-même, contre un groupe ou une communauté, qui entraîne ou risque fortement d'entraîner un traumatisme, des dommages psychologiques, des problèmes de développement ou un décès.

(5e, avec 41,5 pour 100 000), le Belize (6e avec 38,8), la Colombie (7e, avec 36) et le Venezuela (8e), soit des taux supérieurs à ceux de pays en conflit comme le Soudan, la République démocratique du Congo ou encore la Somalie (Geneva Declaration on Armed Violence and Development, « Global Burden of Armed Violence 2011 », Cambridge University Press, 2011, p. 53). Dans les autres pays de la région (Costa Rica, Panama et Nicaragua), les niveaux de violence sont moins élevés mais on y constate une augmentation du taux d'homicides ces dernières années. Les États-Unis ne sont pas épargnés. C'est le seul pays développé à posséder un taux d'homicides de plus de 12 pour 100 000 habitants, taux beaucoup plus élevé chez les jeunes hommes afro-américains et chez les migrants latino-américains (les jeunes Afro-Américains ont un taux d'homicides 24 fois plus élevé que les jeunes blancs, et les jeunes Latino-Américains 12 fois plus élevé).

Cette violence se décline ensuite différemment selon les pays, selon les populations rurales ou urbaines de ces pays (en Colombie par exemple, la violence rurale est forte, alors qu'au Brésil la violence est plus un fait urbain), selon le niveau de richesses des groupes sociaux considérés et enfin entre les groupes ethniques. Cette violence fait peser un lourd fardeau sur l'économie. Selon une étude de la Banque interaméricaine de développement, l'augmentation des dépenses de santé liées aux homicides se chiffre en moyenne entre 2 et 5 % du PIB des pays du continent. Les surcoûts sont évalués à 168 milliards de dollars par an, ce qui peut représenter jusqu'à 25 % du PIB de certains pays comme le Salvador et la Colombie, et se paye en morts, blessés, dommages aux infrastructures et difficultés pour le commerce international. Les causes avancées pour expliquer cette violence plus marquée du continent américain, notamment chez les jeunes, mettent en jeu souvent le rôle d'un contexte familial ou étatique violent (instabilité politique, conflit interne, guérillas révolutionnaires), un accès facile aux armes, la faiblesse des politiques de protection sociale, l'importance de la pauvreté et de la criminalité.

C. Un continent à forte criminalité ?

En Amérique, les marchés légaux et illégaux sont relativement imbriqués, notamment par le flou des frontières entre le licite et l'illicite dans de multiples activités : dans les paradis fiscaux où l'argent du trafic organisé se mêle aux bénéfices des entreprises multinationales, le blanchiment de l'argent illégal dans des commerces légaux, ou encore la vente dans un même magasin de biens légaux, de biens issus d'un trafic illégal et de produits contrefaits. À la différence des anciens pays communistes, où la croissance du crime organisé a profité de la déstructuration des États, en Amérique latine le crime organisé ne s'est pas développé dans les pays où l'État était le plus faible, mais dans ceux aux institutions en général bien établies. Ce phénomène semble s'expliquer par le fait que le crime organisé a besoin des règles de l'économie licite pour le développement de sa logistique et la sécurisation de ses finances. De plus, la corruption encore relativement développée dans un grand nombre d'États facilite le maintien de formes presque officielles de criminalité.

Les espaces de non-droit sont les plus violents. Ils se concentrent au niveau des fronts pionniers (anciens ou actuels) où les conflits fonciers se règlent souvent dans le sang (*pistoleros*, milices financées par les grands propriétaires terriens), des espaces de montagnes enclavées en Amérique centrale et dans les Andes (Bolivie, Pérou, Équateur), sur les piémonts amazoniens des Andes (Colombie, Bolivie), dans les bassins de l'Orénoque et de l'Amazone. Ces espaces souffrent d'une absence de contrôle des États, jouissent de la proximité des zones frontalières et de milieux naturels difficiles dans lesquels il est facile de se cacher. Ce sont également ces espaces qui accueillent de nombreux groupes armés dissidents (FARC en Colombie, Sentier lumineux au Pérou). Les villes sont également d'importants espaces d'expression de la violence au sein du continent, au nord comme au sud. Le sentiment d'insécurité y est général, dans les quartiers aisés comme dans les bidonvilles, ce qui a pour conséquences la multiplication des milices urbaines, l'enfermement dans des *gated communities* (qui aujourd'hui existent pour toutes les classes sociales, *cf.* partie 1) et au final une fragmentation de l'espace urbain, quand il ne fait pas sécession, qui alimentent les peurs et entretiennent la violence. Pourtant, les populations pauvres forment l'immense majorité des victimes, mais la peur engendre une certaine « criminalisation de la pauvreté » (*cf.* les sinistres « escadrons de la mort » qui faisaient régner l'ordre dans les *favelas* de Río de Janeiro dans les années 1980 et 1990, ou les politiques de « pacification » qui sont menées depuis 2011 pour préparer la Coupe du monde de football au Brésil). En 2015, les 20 villes les plus violentes au monde sont toutes latino-américaines, principalement au Honduras, Mexique, Brésil, Venezuela, Colombie, Guatemala et Salvador. Ces 20 villes ont des taux d'homicides supérieurs à 50 pour 100 000 habitants (avec le triste record de San Pedro Sula au Honduras : 111,03 pour 100 000), soit 2,5 fois le taux moyen du continent. Il faut toutefois nuancer le tableau, car l'amélioration de la situation est indéniable (au Brésil, le nombre d'homicides a chuté de 79 % en sept ans à São Paulo et San Pedro Sula de 30 % entre 2011 et 2015) et la violence est dans l'ensemble très localisée, en fonction des régions, des villes et surtout des quartiers.

2 L'importance de l'antimonde et des « zones grises »

L'antimonde est un concept développé en 1982 par Roger Brunet. Il s'agit de la partie du monde mal connue – et qui tient à le rester – qui se présente à la fois comme le négatif du monde et comme son double indispensable. Il est généré par la mondialisation elle-même, résultat de ses effets pervers et de ses insuffisances.

La violence et la criminalité du continent américain sont elles-mêmes fortement liées à l'essor des activités illicites, aux trafics en tout genre, et notamment au narcotrafic dominé par quelques cartels qui n'hésitent pas à se livrer à des guerres pour asseoir leur autorité sur les territoires, soit de production soit de vente.

A. Des trafics nombreux

Un trafic d'armes actif

La violence armée reste encore aujourd'hui un véritable fléau sociétal en Amérique latine, au cœur duquel les armes à feu jouent un rôle essentiel (V. Moreau, « Détournements et trafics d'armes en Amérique latine », note d'analyse du GRIP, 27 juin 2013, Bruxelles. URL : http://www.grip.org/fr/node/928). Elles circulent et se jouent des frontières au détour de multiples détournements, dont les formes les plus courantes sont le détournement à partir du marché civil des armes, des stocks militaires et policiers. Les armes légères et de petit calibre (ALPC) jouent un rôle crucial dans cette violence. Leur flux incontrôlé produit une violence chronique dans de nombreux États. Cette diffusion à travers tout le continent est facilitée par certaines caractéristiques de la région : de vastes côtes maritimes, des frontières poreuses, des forêts denses, des pistes aériennes clandestines, une corruption largement répandue au sein des États latino-américains, un manque de ressources gouvernementales mais aussi de volonté politique, et enfin la présence de puissants narcotrafiquants aux ressources financières presque illimitées. La proportion des homicides commis avec des armes à feu dans un grand nombre de ces pays est plus élevée qu'ailleurs dans le monde, avec toutefois des variations entre eux. Ainsi, alors que 42 % des homicides dans le monde sont commis avec des armes à feu, ce taux atteint 70 % en Amérique centrale et 60 % en Amérique du Sud. On estime que le nombre d'armes en circulation en Amérique latine se situe entre 50 et 85 millions. Il y aurait entre 25 et 60 millions d'armes à feu civiles non enregistrées en Amérique du Sud et au Mexique, et 2,8 millions en Amérique centrale. Les détournements sont au cœur de la prolifération des armes illicites. En Amérique latine, ils ont contribué, et encore aujourd'hui dans certains cas, à soutenir les activités de groupes armés non étatiques et de milices paramilitaires, de groupes criminels organisés transnationaux tels que les narcotrafiquants, ainsi que de criminels de rue, dont les *maras* (*cf. infra*). Ces détournements sont d'ampleur diverse, allant de détournements de grande envergure de transferts internationaux à des trafics transfrontaliers ou domestiques. Par exemple, au Mexique, en dépit d'une législation restrictive, il y aurait 15,5 millions d'armes à feu illicites dans les mains des civils mexicains, alors que les autorités étatiques en détiendraient environ 1,16 million (655 000 pour les forces de maintien de l'ordre et 505 000 pour les militaires). Or, le pays est frontalier du plus gros marché d'armes légères : les États-Unis. Entre 107 000 et 427 000 armes à feu ont été achetées annuellement aux États-Unis pour être ensuite détournées, notamment vers le Mexique, durant la période 2010-2012. Ces achats se font souvent légalement, soit dans les quelque 6 700 armureries des États américains frontaliers du Mexique (70 % des armes à feu saisies au Mexique et tracées aux États-Unis entre 2004 et 2008 provenaient de trois États frontaliers : 39 % du Texas, 20 % de la Californie et 10 % de l'Arizona), soit dans les foires d'armes américaines. La seconde source d'armes à feu est l'Amérique centrale, suite aux guerres civiles qui ont émaillé cette région jusque dans les années 1990 (le Guatemala, 1960-1996, le Salvador, 1980-1992, et le Nicaragua, 1972-1991). Ainsi, 36 % des armes présentes en Colombie en seraient originaires. Enfin, une troisième source relève des détournements des stocks militaires et policiers, souvent avec la complicité de membres des forces de l'ordre corrompus (près de la moitié des armes militaires en circulation en Amérique latine proviendraient de ces stocks).

L'Amérique du Sud est aussi une zone propice aux trafics d'armes : plusieurs États (Colombie, Pérou, Bolivie, Brésil) sont confrontés au crime organisé, la violence urbaine y est très présente, la corruption des autorités publiques et notamment militaires est largement répandue et la porosité des frontières terrestres et maritimes y facilite généralement l'entrée discrète de biens en toute illégalité. De vastes trafics transfrontaliers ont ainsi lieu à l'échelle du continent. Par ailleurs, l'Amérique du Sud compte plusieurs pays producteurs et exportateurs d'armes. Au moins neuf d'entre eux sont ainsi capables de produire des ALPC et des munitions : l'Argentine, la Bolivie, le Brésil, le Chili, la Colombie, l'Équateur, le Paraguay, le Pérou et le Venezuela. Parmi eux, seul le Brésil est considéré comme producteur et exportateur.

Le trafic d'êtres humains, un autre trafic lucratif

La fermeture des frontières des États-Unis et du Canada, avec une logique de contingentement des migrants par pays ou par métier, contribue à la fragilisation des migrants qui tombent aux mains de passeurs peu scrupuleux et appartenant souvent à des groupes criminels. On estime que les migrants payent entre 7 000 et 14 000 dollars pour passer aux États-Unis. Dans la région andine, en Colombie et au Mexique, les bandes criminelles utilisent parfois le trafic de personnes pour se financer grâce aux rançons réclamées suite à des enlèvements. Une troisième problématique du trafic humain concerne les réseaux de prostitution, davantage développés dans les pays touristiques comme le Brésil (le trafic sexuel y génèrerait un revenu annuel de 8 milliards de dollars), l'Argentine ou le Mexique. Mais l'esclavage n'a pas non plus disparu du continent, notamment pour les travaux agricoles : 25 000 à 40 000 Brésiliens en seraient victimes, comme des Boliviens, mais aussi des Africains, des Chinois ou des Coréens, migrants exploités. Dans plusieurs pays de la région, on trouverait donc des réseaux commerciaux liés à ces différentes dimensions du trafic de personnes, mais ils ne sont pas encore considérés comme des problèmes publics face à l'ampleur de la criminalité et de la violence, aussi passent-ils souvent inaperçus dans l'opinion publique.

Les guérillas et mafias

Issus d'une certaine tradition latino-américaine de la révolution (*cf. supra*), dans la veine des révolutions bolivarienne, castriste ou guévariste, sur le modèle des *focos* (foyers révolutionnaires d'avant-garde), certaines régions latino-américaines, notamment parmi les plus pauvres, sont agitées par des mouvements armés, souvent marxistes, d'opposition au pouvoir en place. Ces groupes sont des sources de violence car ils sont souvent liés aux narco-trafiquants, comme les groupes Túpac Amaru ou Sentier lumineux au Pérou, ou les FARC en Colombie, qui contrôlent les régions productrices de coca.

En Amérique du Sud, deux pays sont plus particulièrement concernés : la Colombie et le Pérou. La Colombie est le pays le plus affecté. Des guérillas[8] communistes y sont apparues à la fin des années 1950 et se sont progressivement scindées dans les années 1960. En effet, tandis que le gouvernement colombien, soutenu par les États-Unis, contrôle Bogota et les grandes villes, les campagnes demeurent fragmentées en une série de territoires contrôlés par des guérillas relevant de trois groupes principaux :

- les FARC (Forces armées révolutionnaires de Colombie) créées en 1966 ;
- l'ELN (Armée de libération nationale) ;
- les paramilitaires d'extrême-droite (AUC : Autodéfenses unies de Colombie).

Malgré les répressions des forces de l'ordre, elles sont parvenues à se maintenir dans les régions périphériques, sur les contreforts andins ou dans la jungle, sans véritablement déstabiliser le régime, d'autant que les paramilitaires se sont depuis le milieu des années 1990 alliés au pouvoir, avant de passer un accord de démobilisation avec le gouvernement en 2004. Depuis les années 1980, ces guérillas participent au trafic de drogue, avec des liens de plus en plus forts aux cartels de la drogue, celui de Cali et celui de Medellín. Ces conflits armés internes sont responsables de plus de 8 000 homicides par an, de centaines de disparitions (dont certaines célèbres, *cf.* Ingrid Betancourt) et de 3,5 millions de déplacés. Mais, après 4 années de négociation, un accord de paix a été conclu entre les FARC et le gouvernement le 24 novembre 2016. Le désarmement de la guérilla a débuté le 1er mars 2017 sous l'égide de l'ONU et une loi d'amnistie des anciens combattants a été votée en décembre 2016. Ce processus devrait s'achever en 2018. Au Pérou, le Sentier lumineux maoïste apparaît en 1980,

8. On consultera avec intérêt le tableau de recensement des guérillas en Amérique latine depuis les années 1960 dans l'*Atlas de l'Amérique latine* aux éditions Autrement.

au moment de la transition du pays de la dictature vers la démocratie, mais le pays avait déjà connu une période de guérilla dans les années 1960. Il développe, au moyen de la terreur et de l'intimidation, une forte présence dans les régions rurales, puis mène des campagnes violentes dans la capitale. Le conflit aurait fait plus de 70 000 morts ou disparus. L'arrestation du principal dirigeant de l'organisation met pratiquement fin à celle-ci en 1992. Une commission Vérité et Réconciliation est chargée depuis la fin des années 1990 d'assainir la situation. En janvier 2014 a été jugé l'un des derniers dirigeants du mouvement, lequel n'est pas mort pour autant et qui, tel l'hydre de Lerne, pourrait rejaillir. Dans les décennies 1980 et 1990, le pays a aussi été le théâtre de la guérilla du groupe marxiste léniniste Túpac Amaru, fondé en 1984, mais qui depuis 1997 serait démantelé et n'aurait plus qu'une existence marginale. Il serait à l'origine de près de 1 500 morts.

En Amérique centrale, trois pays ont connu jusque dans les années 1990 des vagues révolutionnaires (principalement dans les années 1960 et 1980) : le Nicaragua, le Salvador et le Guatemala. En effet, la mise en place de la démocratie y a été compliquée par l'opposition entre les dictatures et les révolutionnaires d'inspiration marxiste. Les États-Unis ont joué un double jeu, soutenant les révolutionnaires ou les dictatures en fonction de leurs intérêts propres. Ces pays sont aujourd'hui pacifiés, soit par la force (militarisation des civils au Guatemala puis intervention de l'ONU en 1996), soit par la disparition des régimes (défaite électorale des sandinistes en 1990 au Nicaragua), soit par une solution négociée (Salvador sous encadrement de l'ONU entre 1989 et 1992). Depuis, des mouvements contre-révolutionnaires sèment régulièrement le trouble dans certains pays comme le Nicaragua ou le Guatemala.

D'autres organisations violentes et criminelles se développent selon le système des mafias, c'est-à-dire par une organisation réticulaire présente dans plusieurs pays, semant la terreur parmi la population et contrôlant les trafics illicites de leurs territoires. Ce sont les *maras*, bien implantés au Mexique et aux États-Unis (surtout en Californie), ayant suivi les routes migratoires à partir des années 1980, à localisation urbaine dans les quartiers hispaniques des villes de la Mexamérique. Les *maras* sont ainsi des gangs apparus à Los Angeles dans les années 1980, avec deux structures rivales : la Mara Salvatrucha et la Mara 18, essentiellement par de jeunes Salvadoriens immigrés. Leurs activités sont spécialisées dans les règlements de compte, vols à main armée, rackets, enlèvements et trafic de drogue. Les *maras* compteraient de 250 000 à 500 000 *mareros*. L'entrée dans le gang se fait vers 10-12 ans par un crime de sang qui permet l'obtention d'un tatouage de reconnaissance et d'appartenance. Les politiques répressives ont accéléré la professionnalisation de leurs membres et l'essor du trafic d'armes dans la région étant donné leur plus grand besoin d'armes pour combattre la police, et de ressources économiques pour soutenir leurs camarades emprisonnés et leurs familles. Dans le même sens, ils se mettent au service des réseaux de trafic local, notamment de drogue.

B. La drogue, fléau du continent

La culture de la drogue, ici la coca, est ancienne en Amérique latine, relevant d'une tradition inca en lien avec la religion et la médecine traditionnelle. Mais actuellement, elle est encadrée et poussée par les cartels ou les mafias. De puissants réseaux de commercialisation se sont montés, impliquant des États, des clans transnationaux et des banques (*via* les paradis fiscaux qui blanchissent l'argent du narcotrafic). Mais le développement des cultures de la coca révèle aussi la crise des agricultures des pays en développement (insuffisance des revenus agricoles pour survivre, présence étatique insuffisante, cadre de guerres civiles, crise économique liée aux plans d'ajustement structurel du FMI). Ainsi, depuis les années 1980, la production de drogues s'envole. Elle représente malgré tout un volume faible, mais rapporte d'énormes revenus. Surtout, elle crée des millions d'emplois et représente dans certains pays jusqu'à 50 % des exportations agricoles (comme la Bolivie). Si la coca est la principale plante à drogue produite en Amérique latine, sur les versants chauds et humides des Andes (Pérou, Bolivie, Colombie), elle n'est pas la seule. On trouve également du pavot (Venezuela, Mexique), du cannabis (Paraguay, Mexique, États-Unis) et des drogues de synthèse (États-Unis, Canada, Mexique).

Le narcotrafic est un marché (c'est-à-dire là où l'offre rencontre la demande) qui a les dimensions d'une entreprise transnationale et dans lequel l'Amérique latine sert de plate-forme de production et de distribution, se localisant à proximité de la principale zone de consommation de drogue au monde, les États-Unis. Ainsi, la région dans son ensemble participe à toutes les phases de l'activité : la production des plantes, leur transformation en drogue (la Colombie est la principale plate-forme de création de la cocaïne à l'échelle mondiale), la distribution et la consommation au sein de marchés qui s'étendent à différentes échelles (continentale pour le trafic, régionale pour la production, locale pour la consommation). Dans leur totalité, les chiffres de l'économie de la drogue sont considérables : l'Organisation panaméricaine de la santé a calculé un échange de 600 milliards de dollars par an. Mais les profits finaux sont beaucoup moins élevés : 18 milliards de dollars en 2009, soit à peine 0,6 % du PIB régional, mais avec des concentrations spatiales. Par exemple, la valeur ajoutée de la cocaïne transitant par les pays d'Amérique centrale en direction des États-Unis avoisine 5 % du PIB de la sous-région. Au Mexique, le département d'État américain évalue le revenu annuel lié au trafic de drogue en général (cocaïne, héroïne, méthamphétamine, marijuana) entre 15 et 30 milliards de dollars, soit 3 % du PIB. En Colombie, la part du trafic de cocaïne dans l'économie nationale a baissé. Elle serait passée de 6,3 % dans les années 1980 à 1 % en 2010 selon les données de l'Office des Nations unies contre la drogue et le crime (UNODC) et l'Organisation internationale de contrôle des stupéfiants (OICS). Mais ces estimations ne traduisent pas l'impact réel de l'argent de la drogue sur les économies, car les profits se répartissent entre un nombre réduit de personnes. Selon le magazine *Forbes*, Joaquim Guzman, le chef du cartel mexicain de Sinaloa, est l'un des hommes les plus riches du monde avec une fortune estimée à 1 milliard de dollars. Néanmoins, comme pour le commerce de produits licites, le narcotrafic rapporte en priorité aux pays développés !

Répartition des profits bruts du trafic de cocaïne en Amérique en 2008 (en %)

Acteurs	Part
Cultivateurs des pays andins	1,5
Trafiquants des pays andins	1
Trafiquants internationaux de Colombie	12,5
Grossistes aux États-Unis	15
Dealers intermédiaires aux États-Unis	70

D'après les données de l'Office des Nations unies contre la drogue et le crime (UNODC) et l'Organisation internationale de contrôle des stupéfiants (OICS).

Mais la géographie du narcotrafic à l'échelle continentale connaît d'importantes évolutions. Les pays d'Amérique centrale se trouvent sur le chemin du flux de drogue le plus rentable au monde : celui qui mène la cocaïne de l'Amérique du Sud aux États-Unis. Alors qu'auparavant ils n'étaient utilisés que comme des points de transit pour le réapprovisionnement en fuel des bateaux transportant la drogue vers le nord sur des routes alors surtout maritimes, ils sont devenus depuis les années 2000 de véritables centres de logistique et de stockage pour les organisations criminelles transnationales, dans le cadre de routes désormais terrestres (80 à 90 % de la cocaïne transiterait désormais par la voie terrestre à travers l'Amérique centrale). Les nouveaux chemins empruntés par les trafiquants à l'intérieur des terres des pays d'Amérique centrale ont fait se rencontrer les groupes locaux du crime organisé et les trafiquants de drogue, provoquant une lutte de pouvoir entre eux.

Le Mexique et la drogue

Le Mexique constitue la seconde zone de production de drogue du continent, après les pays andins, mais avec un profil plus diversifié. En effet, il est le 3e producteur mondial d'opium et d'héroïne, cultivant près de 20 000 ha de pavot en 2009, le 2e producteur continental de marijuana (après le Paraguay) avec 12 000 ha en production en 2009, et enfin le 3e producteur continental de drogues de synthèse. Base d'activité du crime organisé, la drogue dégagerait un chiffre d'affaires annuel de 30 milliards de dollars.

Longtemps, le pays a vécu d'une entente tacite entre les autorités et les groupes criminels. Mais en 2000, l'élection du premier président non issu du PRI (parti au pouvoir depuis 1929), Vicente Fox, conduit à lancer la lutte contre la corruption et donc contre les cartels qui se sont développés depuis les années 1970. Cette lutte, soutenue par les États-Unis, qui la financent et forment les cadres de la police et de l'armée, se radicalise en 2006 avec l'arrivée au pouvoir de Felipe Calderón. La guerre contre le narcotrafic aurait depuis causé près de 60 000 morts violentes. De plus, en 2000, se déclenche la guerre entre le cartel de Sinaloa et celui du Golfe. L'insécurité du pays augmente, au point qu'en 2011 l'UNODC estime que le trafic de drogue et ses conséquences seraient à l'origine de la cessation d'activités de 160 000 entreprises et d'une perte de près de 200 millions de dollars par an de recettes touristiques.

Pourtant, malgré les homicides et la lutte menée par les autorités, les cartels peuvent souvent compter sur l'appui des populations pour lesquelles ils financent écoles et protection sociale, palliant les carences de l'État, notamment dans le Sud du pays. En 2015, 75 % des municipalités mexicaines seraient contrôlées par les cartels, contre 56 % en 2006.

Malgré les multiples saisies et les milliards investis dans la lutte contre les stupéfiants à l'échelle continentale, le trafic reste florissant, à commencer par celui de la cocaïne, produite exclusivement en Colombie, au Pérou et en Bolivie. Cette lutte ne décourage pas les organisations criminelles, car leurs marges bénéficiaires sont énormes (un kilo de cocaïne coûterait 130 dollars en achat de feuilles de coca, mais le kilo « coupé » à 50 % prêt pour la vente est revendu au détail 120 dollars le gramme, soit 240 000 dollars le kilogramme de cocaïne pure). Selon les Nations unies, sur les 85 milliards de dollars générés par le trafic mondial de cocaïne en 2009, 84 sont allés dans les poches des trafiquants et 1 milliard dans celle des paysans producteurs de feuilles de coca. Qui plus est, pour combattre le narcotrafic, consacré ennemi numéro un de leur sécurité nationale, les États-Unis ont intensifié leur aide financière et logistique aux pays de la région, tout en les incitant à « militariser » la lutte. Ce « combat prioritaire » a fourni à Washington un excellent prétexte pour effectuer sa rentrée sur une scène latino-américaine délaissée depuis la fin des conflits centraméricains, et pour reprendre en main les armées continentales, notamment en multipliant leurs bases militaires en Amérique centrale.

En effet, les relations entre l'Amérique et les États-Unis sont marquées historiquement par une volonté de contrôle et de domination des États-Unis, qui ont souvent en sous-main soutenu ou combattu les régimes politiques en place dans les différents pays. Mais la décennie 1990 a marqué une rupture en Amérique latine avec la fin des dictatures, l'essor de la démocratie et la mise en place de gouvernements socialistes prônant l'émancipation par rapport au grand frère du Nord.

III

Des relations ambiguës avec les États-Unis, entre fascination et rejet

Au nord du continent, les États-Unis dominent leur voisin, le Canada, tant d'un point de vue économique que géopolitique. En effet, le dynamisme économique du pays est très lié à celui du géant voisin : 65 % des investissements directs étrangers en proviennent, les trois quarts des exportations lui sont destinées (notamment les matières premières) et 75 % des industries canadiennes sont contrôlées par des capitaux et des firmes étatsuniens. L'accord commercial signé en 1989 (à l'origine de l'Alena en 1992) entre le Canada et les États-Unis a encore renforcé cette domination économique. Le Canada joue un rôle mondial dans l'ombre, voire sous la tutelle de son voisin. Le pays s'engage régulièrement aux côtés de celui-ci à l'étranger, comme dans la guerre en Afghanistan, applique les mesures de sécurité américaines (NORTHCOM) ou encore achète, sans appel d'offres international, du matériel militaire américain. Pourtant le Canada possède une place dans toutes les instances de gouvernance mondiale ou régionale : membre du G8, du G20, de l'ONU, de l'OCDE (Organisation de coopération et de développement économiques), de l'APEC (Coopération Asie-Pacifique). Il appartient de plus à l'une des plus grandes alliances d'États du monde : le Commonwealth.

Néanmoins, cette tutelle est dans l'ensemble acceptée, ce qui n'est pas forcément le cas des pays latino-américains.

1 La « chasse gardée » ou « l'arrière-cour » des États-Unis

Le principe de l'arrière-cour passe par le contrôle de l'Amérique latine au nom de la défense des intérêts des États-Unis, éventuellement de la démocratie, ce qui confère un droit d'ingérence, en se sentant légitime. Trois types d'ingérence ont eu ou ont lieu en Amérique latine de la part des États-Unis. D'abord par une intervention militaire directe : Saint-Domingue (1916-1940, 1963), Nicaragua (1925,1933), ou plus récemment Grenade (1983). Ensuite, par une intervention militaire indirecte en finançant par exemple le trafic d'armes ou des groupes rebelles (Nicaragua ou Panama dans les années 1980). Enfin par la « République bananière » : un gouvernement dictatorial à la solde des États-Unis et des grandes firmes multinationales (United Fruit dans les années 1920 en Amérique centrale, coups d'État soutenus et préparés par la CIA, comme au Chili). Mais la domination des États-Unis est remise en cause depuis les années 2000 avec l'élection d'hommes ou de femmes de gauche à la présidence de plusieurs États. Ainsi, la volonté étatsunienne de créer la ZLEA (Zone de libre-échange des Amériques) décidée à Miami par 34 pays (seul Cuba est exclu) en 1993 pour 2005, qui se concrétise au sommet de Buenos Aires à l'automne 2005, sera finalement un échec, notamment suite à l'obstruction menée par le Venezuela, le Brésil ou l'Argentine. En effet, les puissances émergentes, soutenues par les nouveaux gouvernements de gauche, ont montré aux autres pays l'illusion d'un développement commun face à la toute-puissance militaire, culturelle, financière et économique des États-Unis. En décembre 2011, à Caracas, 33 États d'Amérique latine ont créé la Communauté d'États latino-américains et caribéens (CELAC), constituant ainsi un nouveau bloc régional excluant de fait les États-Unis, et le Canada (*cf. supra*).

A. Des relations forgées par l'histoire des affaires étrangères des États-Unis

Lors des indépendances de l'Amérique latine, les États-Unis sont une jeune nation (depuis 1783, *cf. supra*) encore largement en construction, qui se forge notamment contre les puissances coloniales (*cf.* guerre de 1815 entre les États-Unis et la Couronne britannique). Dans ce contexte, ils voient d'un bon œil les colonies d'Amérique latine se libérer de la tutelle ibérique.

Cependant, à cette époque, Anglais, Français et Espagnols n'ont pas encore renoncé à s'attribuer des territoires en Amérique et le Mexique est toujours sous contrôle de l'Espagne. La doctrine du président Monroe en 1823, qui synthétise les ambitions américaines dans la formule lapidaire « l'Amérique aux Américains », est dirigée contre les Européens d'Amérique afin de laisser les Américains, c'est-à-dire les habitants de l'ensemble du continent, vivre leur propre destinée. Bien qu'elle soit sans effet immédiat, la doctrine Monroe établit les prétentions américaines sur le Nouveau Monde et définit la ligne de conduite de la politique étrangère américaine sur le continent. L'avancée rapide de la *Frontier* en Amérique du Nord incarne le triomphalisme de la marche de la civilisation américaine vers l'ouest. La notion de « destinée manifeste » (« Manifest Destiny », article de John Sullivan) recoupe toute la problématique liée à l'expansion et à la conquête du continent. Les auteurs du *Dictionnaire des États-Unis* (D. Royot, dir., Larousse, 2010) rappellent que l'expression apparue en 1845 fait référence au droit sacré que les Américains ont invoqué pour conquérir les territoires occupés par les indigènes au nom d'une mission divine[9]. Cette interprétation d'un « peuple élu » repose sur le postulat d'une supériorité des Anglo-Saxons et sert de justification à l'appétit de terres et à la dépossession des nations indiennes autant qu'aux conquêtes de la guerre du Mexique, puis aux pratiques parfois impérialistes menées, car ce qui est bon pour l'Amérique est bon pour le monde ! Cette théorie sera dénoncée par Simón Bolívar comme un nouveau risque d'impérialisme, les Américains se substituant aux Espagnols.

Mais au cours du XIXe siècle, les États-Unis n'ont pas les moyens de leurs ambitions et sont avant tout occupés à agrandir et à mettre en valeur leur propre territoire. Ils laissent le champ libre aux interventions européennes sur le continent :

- en 1845, le Royaume-Uni intervient pour régler la querelle entre le Brésil et l'Argentine ;
- un partage de compétence entre Anglo-Saxons pour le contrôle des Amériques est envisagé et se traduit par le traité Clayton-Bulwer (1850) par lequel les États-Unis et la Grande-Bretagne reconnaissent mutuellement leur zone d'influence ;

9. Voir le célèbre tableau de John Gast intitulé American Progress (1872) et représentant l'avancée des chariots du front pionnier guidés par Columbia, une représentation allégorique des États-Unis et de leur « destinée manifeste ».

– sans compter l'expédition française au Mexique (1861-1867) pour soutenir l'archiduc Maximilien d'Autriche proclamé empereur du Mexique.

Ce n'est qu'au tournant du XXe siècle que les États-Unis mettent la main sur l'Amérique centrale en s'opposant aux Espagnols lors de la guerre de Cuba (1895-1898). Le traité de Paris, signé en décembre 1898, met fin au conflit et accorde aux États-Unis Porto Rico, Guam, les Mariannes et les Philippines. Cuba devient protectorat américain en 1901, suite à l'amendement Platt qui interdit toute annexion de l'île. En 1901 également, ils obtiennent l'exclusivité de la construction et de l'exploitation du canal de Panama (percé entre 1903 et 1909, rétrocédé à Panama en 1999), transformant de fait pour « l'oncle Sam » l'isthme en espace stratégique à contrôler et protéger. Dès le début du XXe siècle, les États-Unis ont fait et défait les gouvernements des fragiles États d'Amérique centrale pour garantir leurs intérêts et ceux de leurs multinationales.

En effet, à partir des années 1900, la doctrine Monroe est interprétée de manière interventionniste par le président Théodore Roosevelt : désormais, les États-Unis s'arrogent le droit d'intervenir « légalement » dans les affaires internes des États latino-américains. C'est la diplomatie du dollar, corollaire de la politique du « Big Stick » de Théodore Roosevelt et de son successeur William Taft :

– diplomatie du gros bâton (*Big Stick Diplomacy*) : menaces constantes d'intervention qui peuvent se transformer en « *gunboat diplomacy* » (diplomatie de la canonnière) ;
– diplomatie du dollar (*Dollar Diplomacy*) : le contrôle de la région s'effectue par l'intermédiaire d'investissements financiers ainsi que le contrôle des douanes des pays endettés.

En 1904, le président Roosevelt définit les États-Unis comme le gendarme du continent, ce qui l'autorise à intervenir dans les autres pays. En Amérique centrale, dans le cadre de la diplomatie du dollar, apparaissent des Républiques bananières, terme désignant un pays peu développé, dont l'économie repose peu ou prou sur la seule production de bananes, et dirigé par une petite ploutocratie autoritaire sujette à renversement. L'expression apparaît dans un sens politique en 1904 sous la plume de l'écrivain américain O'Henry. Dès cette époque, la United Fruit Company, grand producteur américain de bananes, finance et ordonne pendant environ cinquante ans des coups d'État dans cette région pour mieux conduire ses activités.

B. Le rôle de la guerre froide

À l'échelle continentale, la doctrine Monroe continue de marquer la politique étrangère des États-Unis pendant la guerre froide. Ainsi, toute perception d'une menace à l'encontre des intérêts nationaux est sanctionnée par des mesures agressives. Afin d'asseoir son emprise sur le continent, et dans le cadre d'une stratégie d'endiguement du communisme dans les pays voisins, les États-Unis consolident l'Union panaméricaine de 1889 en créant l'Organisation des États américains (OEA) à Bogota en 1948, ce qui conduit à de multiples interventions en Amérique latine pour contrer toute velléité d'installation de régimes marxistes après le succès des communistes à Cuba en 1959 et surtout la crise des fusées à Cuba en 1962. Néanmoins, les États d'Amérique latine ne se considèrent pas comme zone de sécurité des États-Unis. Ce sont de grands États, souvent très peuplés, avec des élites d'origine européenne et qui ont connu de grands succès économiques (*cf.* cycles de production au Brésil). Malgré tout, ils sont englobés dans les objectifs de Washington, qui apporte sans restriction son appui aux dictateurs, à condition qu'ils lui soient favorables : Pinochet au Chili en 1973, la junte militaire au Brésil de 1964 à 1985, en Uruguay de 1973 à 1984 et en Argentine de 1976 à 1984. Les coups d'État et la mise en place des régimes autoritaires n'ont cependant pas été effectués directement par les États-Unis, mais les dictatures ont été appuyées par la CIA, par la diplomatie et par le silence des médias et des politiques américains sur les exactions et les violations des droits de l'homme, notamment lors de l'opération Condor dans les années 1970, visant à éliminer physiquement les opposants communistes où qu'ils se trouvent (assassinats à Paris, Madrid et Washington).

C. Un gradient de domination et de mise sous tutelle ?

Néanmoins, la mainmise des États-Unis sur l'Amérique latine s'est effectuée selon un gradient nord-sud. L'Amérique centrale est l'arrière-cour, l'Amérique du Sud un terrain de jeu ?

L'Amérique, un continent sous la domination des États-Unis ?

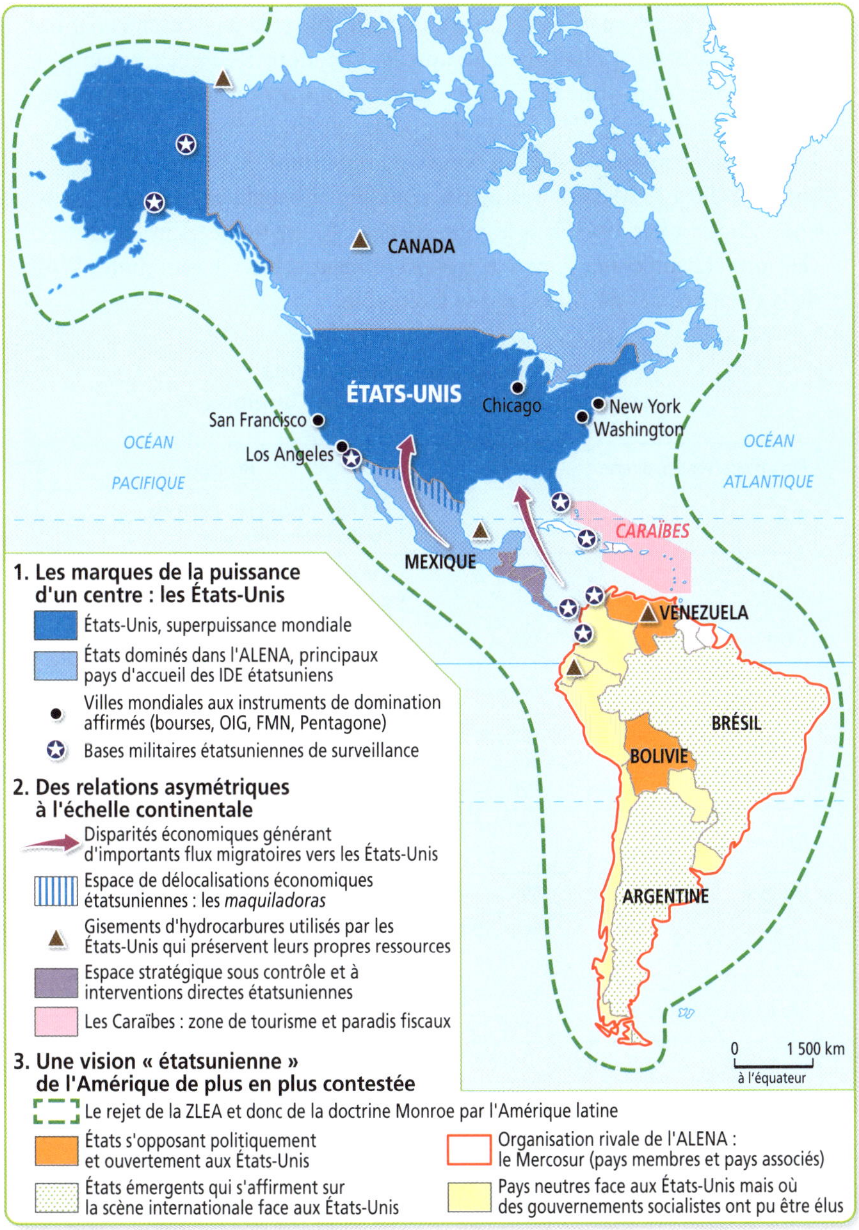

Alexandra Monot, 2017.

L'Amérique centrale et les Caraïbes : l'arrière-cour

L'unité de cet espace s'est construite par le rôle et le poids exercés par les États-Unis depuis 1904, date à laquelle Théodore Roosevelt attribua à Washington « un droit de police » dans « son » arrière-cour, considérée comme vitale, ce qui légitimait n'importe quelle intervention militaire. Deux vagues principales d'interventions ressortent, la première dans les années 1900 à 1930 dans le cadre des républiques bananières (*cf. supra*), puis une seconde après 1945 dans le contexte de la guerre froide. Ainsi, les interventions étatsuniennes (envoi de troupes, embargo, etc.) se sont multipliées de la frontière sud du Mexique à la Colombie.

Les ingérences américaines en Amérique centrale et aux Caraïbes

Pays d'intervention directe	Dates	Héritages
Porto Rico	1898	État libre associé aux États-Unis Base navale américaine
Cuba	1898 1906 1912 1917 1961 1962	Création de la base aérienne et navale de Guantánamo
Nicaragua	1909 1912-1933 1984-1990	Création de la base aérienne de Soto Cano au Honduras
Panama	1903-1914 1989	
Mexique	1914-1917	
Haïti	1915-1934 1994	
République dominicaine	1916-1924 1965-1966	
Guatemala	1954	Succession de dictatures pendant trente ans
Salvador	1979-1984	
Grenade	1983	

Depuis la disparition de l'URSS, l'enjeu idéologique et militaire de la région s'est fortement estompé. Les États-Unis gardent pourtant sur cette région un regard attentif, en particulier pour leur sécurité propre et leurs intérêts stratégiques. En effet, la mer des Caraïbes est une zone de transit : de la drogue qui alimente le marché nord-américain, des immigrants clandestins (Haïtiens, Cubains) ainsi que des produits de contrebande d'Asie du Sud-Est; c'est dans cette mer que débouche le Canal de Panama et les superpétroliers sont nombreux à y naviguer. Les États-Unis sont toujours dans tous les domaines le principal partenaire. Présents physiquement grâce à l'État associé de Porto Rico et à leurs dépendances (îles Vierges américaines), ils entretiennent dans la région un important dispositif militaire (bases de Guantánamo à Cuba, au Honduras, à Porto Rico), même si certaines bases ont fermé (Porto Rico) ou ont été rétrocédées (Panama en 1999). Leur monnaie apparaît *de facto* comme la principale monnaie régionale, leurs multinationales sont omniprésentes, surtout en Amérique centrale, qui offre plus de potentialités agricoles et minières que les îles. Ils ont maintenu un blocus de Cuba (loi Helms-Burton), obtiennent le droit d'intervenir contre les trafiquants de drogue dans les espaces maritimes et aériens de plusieurs États.

Les dernières décennies du XXe siècle ont vu naître différentes initiatives de structuration économico-politique de la zone, CBI (Caribbean Basin Initiative) en 1982, Alena (Accord de libre-échange nord-américain), CAFTA (*cf. supra*), sommets des Amériques, qui visent à une meilleure intégration de la région dans une aire d'influence directe des États-Unis. En dehors de l'opposition frontale de Cuba et du Venezuela, les États de la région participent globalement à ces dispositifs, tout en renforçant des solidarités régionales et le développement de liens avec d'autres partenaires (Mercosur, Union européenne et plus récemment l'Asie).

L'Amérique du Sud : des relations plus distantes ?

Le sous-continent n'appartient pas directement à la zone de sécurité des États-Unis. De plus, les pays qui le composent sont souvent vastes et pour certains de plus en plus puissants économiquement et diplomatiquement à l'échelle internationale, d'autant plus qu'ils appartiennent pour beaucoup à l'autre grande union régionale américaine, le Mercosur. Néanmoins, étant situés sur le même continent que les États-Unis, ceux-ci entendent bien rester attentifs à leur devenir.

Depuis les années 1990 et la fin de la guerre froide, les pays d'Amérique latine, soutenus par l'Union européenne et quelques pays émergents (Chine, Inde, Afrique du Sud), s'émancipent de la tutelle des États-Unis, obligeant ceux-ci à y repenser leur politique étrangère. Le *soft power*, fondé sur des relations économiques bilatérales ou des interpénétrations culturelles, a remplacé la canonnière et le gros bâton.

❷ L'émancipation du continent face aux États-Unis

Face à l'omniprésence des États-Unis dans les affaires de l'Amérique latine, celle-ci tente de se défaire de cette tutelle jugée pesante par divers moyens, tant politiques qu'économique. Sur la scène internationale, certains gouvernements latino-américains, principalement des pays émergents, n'hésitent plus à s'opposer à la politique étrangère étatsunienne, comme le Mexique et le Chili, qui se sont opposés à la guerre en Irak.

A. Des tentatives économiques d'émancipation

Un modèle économique de développement différent : l'industrialisation par substitution aux importations

Après la Seconde Guerre mondiale, le Conseil économique et social de l'ONU met en place en 1948 la Comisión Económica para América Latina (Commission économique pour l'Amérique latine, CEPAL), avec à sa tête Raúl Prebisch, avec pour objectifs d'aider au développement du sous-continent par une aide technique, en favorisant l'intégration régionale et l'insertion dans une économie de plus en plus mondialisée. Il s'agit ainsi de renforcer les relations économiques des pays d'Amérique latine et de l'Amérique latine avec le reste du monde. En 1984, les Caraïbes intègrent la CEPAL.

Dès les années 1950, Prebisch dénonce le modèle agro-exportateur et les échanges inégaux fondés sur les exportations de matières premières, notamment avec les États-Unis. Il promeut un modèle de développement économique par industrialisation par substitution aux importations et par la création de marchés communs. En réalité, les industries de substitution démarrent dès les années 1930 avec la Grande Dépression et se terminent à la fin des années 1970. Cette industrialisation est conduite de pair avec la mise en place de banques nationales de développement économique (comme au Brésil en 1952), de grandes firmes nationales et étatiques dans les secteurs stratégiques à développer (création de Petrobras au Brésil en 1953). Les firmes étrangères sont invitées à produire in situ (*cf.* automobile, agroalimentaire, industries lourdes). Néanmoins, le modèle se heurte à la faiblesse et à l'étroitesse des marchés nationaux, faute d'un développement social suffisant, et à des problèmes de corruption, de bureaucratie et d'infrastructures liés au mal développement des pays.

La recherche de nouveaux partenaires économiques

Outre des unions économiques régionales qui se multiplient, l'Amérique latine cherche à se connecter aux nouveaux pays industrialisés asiatiques (NPIA), dont les investissements à la fin des années 1990 y sont très faibles. En 1998, le forum de coopération Amérique latine – Asie de l'Est lance le mouvement. Dès 2004, la Chine devient le premier investisseur en Amérique latine. La même année, des traités de libre-échange sont signés entre la Corée du Sud et le Chili et entre le Japon et le Mexique. Les chefs d'État chinois, coréen et japonais font une tournée en Amérique latine, qui exporte surtout des matières premières, dont la Chine est friande, tandis que l'Asie-Pacifique lui vend des produits manufacturés. Fin des années 2000, l'Asie-Pacifique est devenue le troisième débouché des produits latino-américains avec près de 23 % des exportations, soit autant que vers les pays anglo-saxons d'Amérique du Nord. C'est surtout avec la Chine que les relations commerciales ont le plus augmenté, passant de 15 milliards de dollars en 2000 à plus de 180 milliards en 2010, composés à l'exportation de 90 % de produits primaires et à l'importation de 89 % de produits industriels. La Chine est devenue le premier investisseur et le premier créancier d'un certain nombre de pays sud-américains. Selon des chercheurs de la Banque mondiale, la région a indubitablement tiré un bénéfice net de l'expansion de la Chine, surtout grâce à l'effet « matières premières ». Mais, par ce biais, la Chine conforte ces pays dans leur attitude de rentiers. Pourtant, l'ouverture à la Chine pose un certain nombre de problèmes. Les difficultés se sont concentrées sur des pays et des secteurs spécifiques. Ainsi, pour le Mexique, l'un des pays les plus industrialisés de la région, la Chine est un concurrent, notamment sur le marché des États-Unis, dans des secteurs qui vont du textile à l'électronique. Au Brésil aussi, la quasi-totalité de l'industrie de la chaussure et du jouet a disparu ou a été délocalisée en Chine. Néanmoins, les nouveaux liens de l'Amérique latine avec la Chine lui ont permis de traverser la récession mondiale sans grand dommage. Du même coup, l'Amérique latine tourne le dos aux États-Unis : l'arrivée de la Chine sur les marchés latino-américains a bouleversé les équilibres régionaux. Enfin, les appétits chinois se portent également sur les terres agricoles, notamment en Argentine.

Le sous-continent se tourne ensuite vers l'Europe, qui est le deuxième partenaire commercial hors commerce intra-régional, avec laquelle les relations culturelles sont restées fortes, notamment par la permanence des flux migratoires. L'Union européenne signe, à partir de 1997, de nombreux accords bilatéraux avec les pays latino-américains et caribéens : en 1997 avec le Mexique, en 2002 avec le Chili, en 2008 avec le CARICOM, en 2009 avec le Pérou et la Colombie, en 2010 avec les pays d'Amérique centrale (Guatemala, Salvador, Honduras, Nicaragua, Costa Rica, Panama). Mais l'accord de libre-échange avec le Mercosur est en négociation depuis 2000, se heurtant à la question agricole, et avec la Communauté andine des nations depuis 1993, devant faire face aux dissensions internes à cette organisation andine. Malgré ces accords commerciaux, les exportations de l'Amérique latine vers l'Union européenne stagnent à 18 % et les importations à 15 %. L'Union européenne reste cependant le second investisseur en Amérique latine, même si, depuis les années 2000, 85 % des flux d'IDE sont à destination du seul Mercosur, où de nombreuses firmes européennes sont implantées. Ainsi, les relations avec l'Europe s'effectuent davantage dans une perspective géopolitique et culturelle, mais sans relation homogène entre les deux ensembles géographiques, notamment parce que les pays sont en concurrence pour attirer les IDE européens.

Dans le cas de l'Inde, le commerce avec l'Amérique latine reste modeste, en dépit de la signature d'un accord de libre-échange avec le Mercosur en 2004, alors que les entreprises indiennes sont de plus en plus présentes (Mittal, Tata, etc.) et ont lancé d'importants investissements dans les secteurs des logiciels (notamment de gestion), des produits pharmaceutiques et des exploitations des ressources naturelles, par exemple au Brésil. Le sous-continent possède par ailleurs une importante diaspora indienne de plus d'un million de personnes qui, dans certains petits États, a un poids démographique considérable (40 % de la population à Trinité-et-Tobago). Les relations sont également diplomatiques et politiques, dans la veine de la conférence de Bandung (1955), et renforcées par le Forum IBAS (Inde, Brésil, Afrique du Sud) depuis 2003. En s'appuyant sur le Brésil, l'Inde espère, tout comme le Brésil, obtenir un élargissement du Conseil de sécurité de l'ONU à 25 membres, dont 11 permanents. Néanmoins, d'autres pays latino-américains contestent ces velléités, comme le Mexique ou le Chili.

Le développement de l'autogestion

L'essor économique réel du continent, notamment au sud (+ 1,1% de croissance du PIB en 2016 en moyenne en Amérique centrale et du Sud, mais avec de fortes variations entre des États à forte croissance tels les pays centraméricains et ceux en récession comme le Venezuela, le Brésil, l'Équateur ou l'Argentine), est soutenu par un certain nombre d'organismes, à commencer par la Banque interaméricaine de développement (BID), fondée en 1959 afin de financer le développement économique et social (lutte contre la pauvreté et pour la réduction des inégalités) des pays d'Amérique latine et caribéenne (à l'époque dans le cadre de la politique d'endiguement du communisme). Elle finance des projets de développement qui attirent peu de capitaux privés et fournit une assistance technique pour l'exécution des projets. Ses actionnaires regroupent, en 2014, 48 pays nord et sud-américains (26 pays latino-américains et caribéens) ainsi qu'européens, asiatiques et moyen-orientaux. Depuis 2007, un nouvel organisme a été fondé par les pays moteurs du développement économique en Amérique latine : la Banque du Sud. Elle vise à renforcer le processus d'intégration régionale tout en construisant une alternative au système économique néolibéral, en vigueur dans les pays du Nord. La Banque du Sud, dont le premier Conseil des ministres a eu lieu le 12 juin 2013 à Caracas, en son siège, constitue la dernière étape de cette construction. Créée à l'initiative du Venezuela (Hugo Chavez) et de l'Argentine (Néstor Kirchner), la Banque du Sud cherche à collecter 20 milliards de dollars, bien que ses actionnaires n'aient réussi à en recueillir que 7 : les pays qui l'ont impulsée, sont pour le moment l'Équateur, le Paraguay, l'Uruguay, le Brésil, la Bolivie, l'Argentine et le Venezuela, c'est-à-dire, les pays du Mercosur plus l'Équateur et la Bolivie. La Banque du Sud doit aussi permettre aux pays membres d'être financés sans passer par le FMI ou la Banque mondiale, accusés d'être à la solde des États-Unis et d'imposer des mesures économiques difficiles (*cf.* plans d'ajustement structurels) pour les pays qui font appel à eux.

B. Des tentatives politiques d'émancipation

La voie révolutionnaire marxiste : castrisme et guévarisme

Comme Mao Zedong dans une première phase, Fidel Castro et « Che » Guevara s'appuient d'abord sur les paysans en prônant réforme agraire et distribution de terres. En 1960, les États-Unis cessent d'acheter le sucre cubain, base économique du pays. C'est pourquoi Fidel Castro collectivise l'agriculture puis nationalise les outils de production en 1968. Le castrisme ranime des mouvements révolutionnaires antérieurs, souvent des luttes armées à partir des campagnes, et leur donne une idéologie que les Indiens en particulier peuvent facilement accepter. En Colombie, en 1964, les zones d'autodéfense reprennent les foyers de l'insurrection de 1948. En Bolivie, Nancahuaz devait être une plate-forme de lutte vers les pays voisins. Deux mouvements principaux ont survécu : les FARC en Colombie et le Sentier lumineux au Pérou et en Bolivie (*cf. supra*). Mais, dans l'ensemble, ces mouvements révolutionnaires sont restés minoritaires et circonscrits à quelques régions.

Depuis 1998 : l'essor des gouvernements de gauche

Aujourd'hui, les nouveaux mouvements anti-étatsuniens et pour le développement d'un modèle sud-américain s'expriment à travers des gouvernements de gauche élus. La victoire d'Hugo Chavez aux élections présidentielles au Venezuela en 1998 a marqué le début d'une nouvelle ère pour l'Amérique latine. À sa suite, de nombreux autres hommes et femmes politiques de gauche accèdent aux plus hautes instances des États, profitant de la faillite du modèle économique néolibéral sur le sous-continent (*cf.* crises des années 1980 et 1990). Le Mexique et la Colombie semblent être les seuls grands États latino-américains à demeurer à l'écart de ce mouvement général qui a déjà affecté une quinzaine de pays. Ce dernier est surtout prégnant en Amérique du Sud et se maintient dans quasiment tous les pays élection après élection. Ainsi, Hugo Chavez a été élu quatre fois avant de mourir et de laisser la place à son dauphin Nicolás Maduro en 2013 ; en Bolivie, Evo Morales est en fonction depuis 2006, réélu deux fois ; en Argentine, les Kirchner ont été à la tête de l'État de 2003 à 2015 (2003-2007 : Néstor Kirchner et, 2007-2015, Cristina Kirchner, son mari étant décédé en 2010) ; au Brésil, Lula (2002-2010) a laissé la place à sa dauphine Dilma Rousseff (réélue en 2014, elle est destituée en août 2016) en 2010; en Équateur, Rafael Correa, proche de la gauche, est au pouvoir depuis 2007; au Chili, c'est Michelle Bachelet de 2006 à 2010, réélue en 2014; même l'Uruguay a basculé entre 2010 et 2015, avec José Mujica.

Mais ces gouvernements de gauche, ou proches de la gauche, relèvent de deux types principaux qui transparaissent dans les politiques menées[10]. D'un côté, il y a les partis issus des mouvements révolutionnaires ruraux bolivariens, menant souvent des politiques de nationalisations et d'expulsion des firmes étrangères, comme au Venezuela et en Bolivie, tandis que d'un autre côté les gauches modérées ou les partis de centre gauche conduisent des politiques plus pragmatiques, tentant de renforcer le rôle régulateur de l'État et d'introduire des politiques plus sociales dans des économies qui demeurent globalement libérales, comme au Brésil, en Argentine ou au Chili. Malgré les évolutions sociales indéniables (baisse de la pauvreté et des inégalités), les conflits sociaux demeurent. Sur le plan économique, les pays se sont effectivement émancipés, notamment des instances internationales (FMI, Banque mondiale).

10. Sur ce thème, on consultera l'ouvrage d'Olivier Dabène, *La Gauche en Amérique latine 1998-2012*, Presses de Sciences Po, 2013.

Conclusion

En définitive, outre la violence endémique sur le continent en lien avec l'importance de l'antimonde, s'opposent sur le continent des forces centripètes (démocratisation, opposition aux États-Unis, entrée dans la mondialisation sur la base de grandes unions régionales) et des forces centrifuges (gouvernements pro-étatsuniens de Colombie et d'Amérique centrale, querelles souvent anciennes liées aux conflits frontaliers et aux divergences économiques, faiblesse des relations économiques Sud-Sud par rapport aux échanges Nord-Sud). Les États-Unis ont accumulé des échecs dans leurs tentatives hégémoniques sur le continent, même s'ils n'ont jamais frappé directement au sud de Panama. La politique de la canonnière semble révolue, d'autant qu'il faut tenir compte aujourd'hui des critiques musclées d'acteurs extra-continentaux comme l'Union européenne et surtout la Chine. Néanmoins, les États-Unis maintiennent une présence militaire forte sur l'ensemble du continent, soit en renforçant les bases existantes (Porto Rico, Cuba, Honduras), soit en formant des armées sud-américaines (Argentine, Brésil, Pérou, Colombie, Équateur), soit par l'intermédiaire d'un système d'espionnage et de surveillance. Le nouveau contexte international, qui a fait émerger la Chine comme nouvel adversaire et cependant incontournable partenaire, conduit à un redéploiement militaire étatsunien dans le Pacifique, sans oublier la lutte contre le narcotrafic qui permet aux États-Unis de s'insinuer dans les politiques étatiques du Mexique ou dc la Colombic.

Par conséquent, le continent américain se fragmente en trois parties selon l'influence plus ou moins déterminante des États-Unis :

- au nord, un bloc formé autour de l'Alena depuis 1994, mais qui repose sur des relations asymétriques au profit des États-Unis ;
- au centre, autour du bassin Caraïbes (Amérique centrale, Caraïbes et Guyane), les pays sont dans la sphère d'influence économique, politique et géostratégique des États-Unis, qui polarisent les flux (financiers, migratoires, touristiques) ;

– au sud, les pays du Mercosur et les pays andins échappent en grande partie à l'influence de l'oncle Sam, et ont impulsé une démarche d'intégration sous-continentale et d'insertion dans la mondialisation par une diversification des partenaires commerciaux. Cette politique d'émancipation est largement soutenue par l'Union européenne et la Chine face aux velléités de domination américaine.

Ainsi, la croissance économique accentue l'autonomie des États d'Amérique du Sud, obligeant les États-Unis à manier davantage le *soft power* et la diplomatie du dollar plutôt que « la canonnière » et « le gros bâton ». Mais se maintient une veille étatsunienne sur l'Amérique centrale, considérée comme un espace de défense stratégique. De plus, la lutte pour le leadership est aussi interne à l'Amérique latine avec le Brésil, qui appuie son émergence sur le Mercosur pour s'imposer comme leader régional, face à l'Argentine et au Venezuela, plus incertains, alors que l'émergence du Mexique ne peut compter sur l'Alena, trop dominée par les États-Unis pour traiter réellement d'égal à égal avec son puissant voisin.

Pour aller plus loin

Ouvrages

Bret, B., Ghorra-Gobin C., Medina L., *Géopolitique des Amériques*, Sedes, 2008.

Carroué, L., Collet, D., *Les Amériques*, Bréal, 2008.

Dabène, O. (dir.), *La Gauche en Amérique latine 1998-2012*, Presses de Sciences-Po, 2013.

Gauchon, P., Gervaise, Y., *Le Nouveau Monde. Géopolitique des Amériques*, PUF, coll. Major, 2005.

Monot, A. (dir.), *L'Amérique du Nord. Unité, diversité ou complexité géographiques ?*, Bréal, 2012.

Monot, A. (dir.), *Les Amériques*, Bréal, coll. Le monde en fiches, 2017.

Musset, A. (dir.), *Géopolitique des Amériques*, Nathan, coll. Nouveaux Continents, 2014.

Royot, D. (dir.), *Dictionnaire des États-Unis*, Larousse, 2010.

Documents

Ghorra-Gobin, C., Poiret, G., « États-Unis/Canada. Regards croisés », *La Documentation photographique*, La Documentation française, n° 8092, 2013.

Prevôt-Schapira, M.-F., Velut, S., « Amérique latine. Les défis de l'émergence », *La Documentation photographique*, La Documentation française, n° 8089, 2012.

Atlas

Dabène, O. (dir.), *Atlas de l'Amérique latine*, Autrement, coll. Atlas/Monde, 2016.

Cattaruzza, A., *Atlas des guerres et conflits. Un tour du monde géopolitique*, Autrement, 2014.

Rapports

State of Latin American and Caribbean Cities Report 2012. Towards a new urban transition, ONU-Habitat, 2012, 195 p.

UNODC, *Transnational Organized Crime in Central America and the Caribbean. A Threat Assessment*, Vienna, UNODC, septembre 2012.

The Geneva Declaration on Armed Violence and Development, *Global Burden of Armed Violence 2011*, Cambridge, Cambridge University Press, 2011.

Moreau, V., « Détournements et trafics d'armes en Amérique latine », Note d'Analyse du GRIP, 27 juin 2013, Bruxelles. URL : http://www.grip.org/fr/node/928.

Révisions

Principales problématiques

– Comment les États se sont-ils décolonisés ?
– Quelles sont les difficultés des États-nations ?
– Comment s'effectue le processus de régionalisation à l'échelle du continent ?
– Quels sont les enjeux frontaliers entre les États ?
– Quels sont les origines et les effets de la criminalité sur le continent ?
– Quels sont les conflits présents sur le continent à différentes échelles ?
– Quel est le poids des États-Unis sur le continent ?

Idées à retenir

La géopolitique du continent américain est avant tout interne et souvent liée aux relations entre les pays anglo-saxons au nord du continent et les pays latins au centre et au sud, et notamment autour de la question des relations que les États-Unis entretiennent avec les autres pays américains.

1. L'Amérique entre intégration et dislocation

– Les États se sont créés différemment au nord et au sud du continent. Au nord, les États-Unis sont le premier pays à acquérir l'indépendance en 1783, alors que le Canada ne le sera qu'en 1867 et totalement souverain seulement en 1931. Dans les colonies espagnoles, les insurrections chassent rapidement les Couronnes ibériques, mais débouchent sur une succession de coups d'État, de révolutions et de guerres interétatiques qui vont secouer l'Amérique latine jusque dans les années 1980-1990, aussi la construction des identités nationales est difficile, longue et inachevée.
– Pour faire face à ce fractionnement initial du continent, des unions régionales se multiplient depuis les années 1960, d'abord au sud où elles se

chevauchent ou se superposent, puis au nord dans les années 1990. Deux organisations régionales puissantes se font face, l'une au nord, l'Alena, comprend la première puissance mondiale, la seconde au sud, le Mercosur, est un ensemble de pays émergents ou en développement. Cette intégration, avant tout économique voire politique au sud autour d'un rejet commun de l'ingérence étatsunienne, se fait cependant au profit des pays les plus puissants et aboutit à des recompositions territoriales majeures (essor de régions transfrontalières, des flux de marchandises et de capitaux, construction d'infrastructures transcontinentales).

– Néanmoins, les tensions interétatiques ne sont pas toutes levées, notamment sur la question des frontières, dont les limites aussi bien terrestres que maritimes demeurent souvent floues et sujettes à revendications, qui entretiennent des contentieux, de faible intensité et rarement armés. Les convoitises sur les ressources attisent de plus en plus ces conflits latents et parfois les réaniment.

2. Un continent terre de violence et de trafics ?

– Continent aux inégalités sociales marquées, l'Amérique porte de fortes tensions sociales, qui se traduisent par une violence d'autant plus importante qu'elle s'appuie sur une circulation relativement aisée des armes. La criminalité, aussi bien au nord qu'au sud, est l'un des symptômes de cette violence.

– En effet, la juxtaposition de pays développés à d'autres en développement engendre des trafics illicites souvent contrôlés par des mafias ou des cartels. Ces trafics sont de tous ordres : armes, êtres humains, contrebande. Mais c'est celui de la drogue qui est la principale cause de tensions à l'échelle continentale. Au nord, les États-Unis sont le premier foyer de consommation de drogue au monde, au sud se situe la principale région de production de cocaïne au monde. Entre les deux, Amérique centrale et Caraïbes font l'objet de luttes de pouvoir entre groupes mafieux pour contrôler les routes de transit de la drogue, ce qui aboutit à des taux d'homicides les plus élevés de la planète. D'autant plus que les guérillas encore présentes en de nombreux pays s'appuient de plus en plus sur l'antimonde pour se financer.

3. Des relations ambiguës avec les États-Unis, entre fascination et rejet

- Les États-Unis considèrent, depuis la doctrine Monroe (1823) et la « Big Stick Diplomacy » (1904), que le continent américain est leur affaire, possédant de ce fait un droit d'ingérence dans les affaires internes des pays. Par ce biais, ils ont régulièrement conduit des interventions militaires directes, notamment en Amérique centrale et dans les Caraïbes, jusque dans les années 1990, n'hésitant pas à y favoriser des dictatures.
- Mais depuis les années 1990 le contexte continental a changé. L'essor économique des pays et la consolidation des démocraties a conduit de nombreux pays, notamment sud-américains, à vouloir s'émanciper de la pesante tutelle étatsunienne.
- Désormais, le continent se scinde en trois ensembles selon un gradient décroissant de l'influence étatsunienne. Au nord, un bloc formé autour de l'Alena depuis 1994 repose sur des relations asymétriques au profit des États-Unis. Au centre, autour du bassin Caraïbes (Amérique centrale, Caraïbes et Guyane), les pays sont dans la sphère d'influence économique, politique et géostratégique des États-Unis, qui polarisent les flux (financiers, migratoires, touristiques). Enfin, au sud, les pays du Mercosur et les pays andins ont impulsé une démarche d'intégration sous-continentale et d'insertion dans la mondialisation par une diversification des partenaires commerciaux, permettant une certaine émancipation face aux velléités de domination américaine.

Chiffres clés

- Alena : 21 millions de km² pour 490 millions d'habitants. Multiplication des échanges en vingt ans par 4,5 et le PIB régional par 28. Les États-Unis absorbent les trois quarts des exportations du Canada et du Mexique.
- Mercosur : 12,8 millions de km² pour 302 millions d'habitants. Multiplication des échanges en vingt ans par 13,5 et le PIB régional par 18 en dix ans.
- Une dizaine d'organisations régionales ont été mises en place sur le continent.

- Les trois quarts du commerce entre pays d'Amérique latine sont sans droits de douane.
- La croissance du PIB des Amériques centrale et du Sud est de + 1,1 % en 2016.
- La frontière entre les États-Unis et le Mexique est longue de 3 200 km (construction en cours d'un mur d'une longueur de 1 200 km), avec le 2e plus gros écart de PIB à l'échelle mondiale.
- Taux moyen d'homicides du continent : 19 pour 100 000 habitants (taux mondial : 8,8), mais beaucoup plus élevé en Amérique centrale (entre 15 et 77 pour 100 000).
- Le continent porte les 20 villes les plus violentes du monde, toutes latino-américaines.
- 50 à 85 millions d'armes à feu sont en circulation en Amérique latine.
- La drogue : 600 milliards de dollars d'échanges sur le continent, 5 % du PIB de l'Amérique centrale.

Exercice

Construction de carte

Points méthodologiques

1. Pour réaliser la carte ou le croquis, il y a quelques étapes élémentaires à suivre :

– mobiliser ses connaissances : faire l'inventaire des informations à cartographier;

– organiser les connaissances dans une légende : classer les informations en 2 ou 3 grandes rubriques;

– choisir les figurés adaptés aux différents éléments de la légende, figurés issus du langage cartographique;

– réaliser la carte.

2. La légende est l'élément le plus important de la carte :

– c'est la clé de lecture de la carte;

– elle doit être construite et structurée comme un plan;

– elle doit être explicative et détaillée (une ligne d'explication pour chaque figuré, ne pas se contenter d'un mot).

La légende doit correspondre à la carte et être située à côté d'elle, ni en bas dans un coin, ni au dos.

3. Il ne faut pas oublier la nomenclature, c'est-à-dire les noms de lieux et de sites qui doivent être connus, correctement orthographiés et placés sur la carte au bon endroit.

Exercice d'application

Sujet : Géopolitique de l'Amérique centrale et du Mexique

Une carte répondant à ce sujet suppose d'abord de le définir. Il s'agit de se demander ce que cette région, l'Amérique centrale et le Mexique, région à délimiter précisément (de la frontière entre les États-Unis et le Mexique au nord, à celle de Panama avec la Colombie au sud), a de particulier en termes géopolitiques, c'est-à-dire en lien avec les conflits présents sur ce territoire à différentes échelles.

Ensuite, il faut mobiliser ses connaissances. L'Amérique centrale et le Mexique sont la région du continent la plus soumise à l'ingérence et à la tutelle des États-Unis. C'est également celle la plus affectée par la violence et le narcotrafic, alors que les conflits interétatiques peuvent encore y être vifs sur la question des frontières. Ce sont tous ces éléments qui doivent être représentés sur la carte.

La troisième étape consiste à établir la légende et à choisir les figurés. Enfin, la dernière étape porte sur la réalisation de la carte : ne pas oublier la nomenclature et le titre.

Géopolitique de l'Amérique centrale et du Mexique

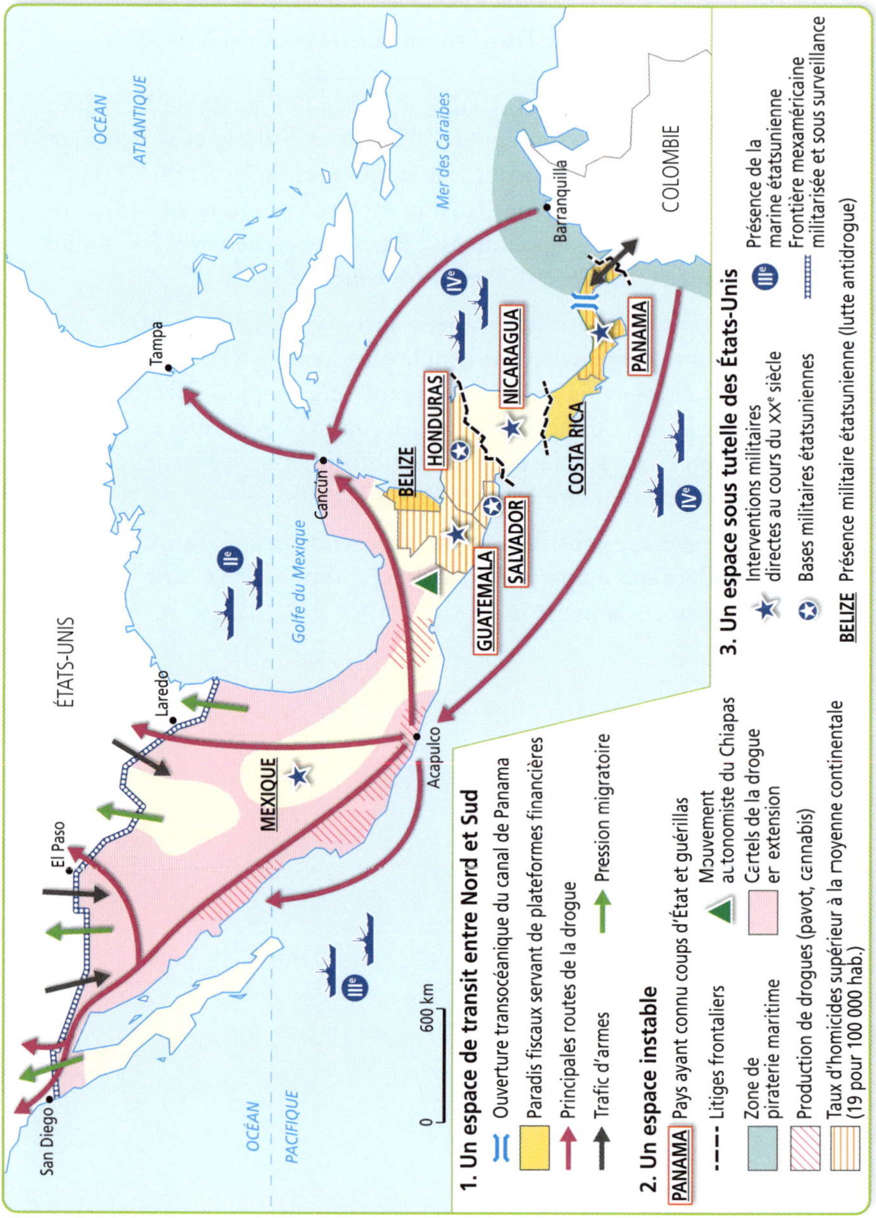

Alexandra Monot, 2014.

Autres sujets possibles

- Les États-Unis et l'exercice de la puissance en Amérique
- Les zones d'intégration régionale en Amérique : étape ou alternative au processus de mondialisation ?
- L'Amérique, un continent conflictuel ?
- Trafics et conflits en Amérique
- La contestation de l'hyperpuissance étatsunienne en Amérique
- Les Amériques entre intégration et fragmentation

Impression & brochage sepec - France
N° d'impression : 10803170806 - Dépôt légal : septembre 2017
IMPRIM'VERT®
PEFC™ 10-31-1470 / Certifié PEFC / Ce produit est issu de forêts gérées durablement et de sources contrôlées. / pefc-france.org